Lo que las parejas inteligentes saben

El secreto para
una relación feliz

Patricia Covalt, Ph.D.

TALLER DEL ÉXITO

Lo que las parejas inteligentes saben

Publicado por:

Taller del Éxito, Inc.
1669 N.W. 144 Terrace, Suite 210
Sunrise, Florida 33323
Estados Unidos

Editorial dedicada a la difusión de libros y audiolibros de desarrollo personal, crecimiento personal, liderazgo y motivación.
Diseño de carátula y diagramación: Diego Cruz

ISBN 10: 1-607380-63-3
ISBN 13: 978-1-60738-063-4

Library of Congress Control Number: 2011944925

Printed in Colombia
Impreso en Colombia por D'vinni S.A.

12   13   14   15   16   ❖|CD   05   04   03   02   01

DEDICATORIA

Dedicado a mis difuntos padres, Fred y Leola Meter:

Porque ellos aportaron a este libro permitiendo que mi vida fuera posible e inculcándome valores como la persistencia, la resiliencia y el trabajo duro. Su mensaje de aceptar a las personas, haciendo a un lado la estrechez de pensamiento, así como su decisión de nunca renunciar a sus sueños, dejó en mí una impresión duradera y valiosa. Un matrimonio puede ser feliz y saludable a pesar de las adversidades aparentemente insuperables, y ellos lo demostraron hábilmente. Por eso, mamá y papá, ¡esto es para ustedes!

También es para los dos mejores regalos bajo el árbol de la vida: mis hijas, Brandon y Heather:

Brandon —cuyo brillo ilumina la habitación y la vida de muchos a quienes ella hábilmente toca—, me ha enseñado el gozo del amor, la importancia de la integración y el respeto por todos los seres humanos, y el desdén por la exclusión, la intolerancia, y el elitismo. Ella me ha apoyado durante este largo y arduo proceso, evolucionando al mismo tiempo en el suyo. ¡Es toda una súper estrella!

Heather —la pequeña gigante, el universo me la dio para ayudarme a aprender humildad, amor incondicional y sabiduría—, personifica la fortaleza y el valor que se requieren para eliminar a los dragones de la vida sin importar ni detracciones ni aquellos que dudan. La profundidad de su espiritualidad refleja uno de los fundamentos de este libro, sin la cual la vida tiene poco sentido. ¡Una de mis mejores maestras!

CONTENIDO

Dedicado a Sandy Sarver
Consultora técnica y editorial

Estoy muy en deuda con Sandy por su infatigable compromiso con la finalización de este libro. Ella imprime su energía positiva y todos sus dones al reto de ayudar a quienes desean ser autores a alcanzar sus metas. Para este libro, Sandy aportó incontables horas de colaboración, consultoría, investigación, uso de habilidades en sistemas, edición y consejo. También aportó inspiración, entrenamiento, ánimo, optimismo y creatividad. He aprendido que no se puede publicar un libro sin ese tipo de ayuda. Recomendaría a cualquiera que tenga el deseo de publicar un libro, que la busque a ella. Un millón de gracias Sandy.

RECONOCIMIENTOS

Hay muchas personas a quienes deseo reconocer y que merecen que les exprese mi gratitud.

A **Jacquie Flynn**, Editora Ejecutiva de AMACOM Books, por correr el riesgo de apoyar el potencial de este proyecto. Abriste la puerta hacia una nueva oportunidad de crecimiento y aventura profesional para mí.

A **mis hermanos**, Lois, Gene, Irene, Bertie, Donna, Phyllis, y Sandra. Finalizar este proyecto exigió que yo creyera en mí misma. Ustedes me dieron esa confianza y probablemente sin saberlo, me dieron una visión. Me aceptaron, me amaron, e impartieron en mi mente esa increíble idea de que podemos hacer lo que sea que nos propongamos. Que Dios los bendiga a todos.

A **mis amigos y colegas**, por su lealtad y eterna confianza en mi capacidad para escribir este libro. Aunque a veces fui renuente, gracias por ser constantes en hacer lo que hacen los amigos: LaMese Hurrell-Coupe, Rhoda Guerin, Susan Baker, Dra. Sandra McIntire, Karen Sandvold, Jill Cackowski, Dr. Claire Karam, Brenda Carmody, Dr. Hale Martin, y muchos más a quienes tengo el privilegio de llamar "amigos".

Grover, mi muy talentoso socio, mi compañero. Has proporcionado el entorno seguro para el nacimiento y la finalización de esta obra. Reforzaste mi creencia en que estamos obligados a usar los talentos que Dios nos ha otorgado y dar en respuesta a lo que nos ha sido dado. Tu apoyo me ha capacitado para mantener un ojo puesto en esa distante estrella.

A **mis clientes**, por aportar a casi treinta años de transformación diaria al colaborar en un viaje de crecimiento, sanidad y aprendizaje. Ustedes me han dado la oportunidad de ser un vaso en la carrera que realmente amo. Sin duda este libro se trata de ustedes y es para *ustedes*.

Al equipo de cuidado pastoral y mis amigos de la Iglesia Unity de Denver, quienes persistieron en darme inspiración y la afirmación que viene con el poder de la oración.

A mis nuevos amigos y conocidos de Lockheed Martin Corporation, por su interés en el desarrollo de este libro y por su apoyo durante el proceso.

ADVERTENCIA IMPORTANTE

Este libro contiene mis opiniones e ideas cuyo fin es dar información útil respecto a los temas aquí presentados. Ni yo, como autora, ni la editorial, ofrecemos servicios médicos en su contenido. Te aconsejamos consultar a un médico u otros profesionales antes de intentar aplicar cualquiera de las sugerencias o instrucciones aquí propuestas.

La editorial y yo renunciamos a toda responsabilidad ante alguna obligación, pérdida o riesgo en los que se incurra como consecuencia del uso o aplicación de cualquiera de los temas tratados en esta publicación.

INTRODUCCIÓN

Todo aquel que lea mi libro lo encontrará útil y aplicable para su vida. Provee una fórmula única para las relaciones comprometidas que todos hemos tenido, así como en las que estamos involucrados o deseamos tener. La única fórmula a la que me refiero es al poder y la importancia de la inteligencia emocional en nuestra vida y relaciones personales. Sin la IE no podemos relacionarnos de forma efectiva.

Cuando escuché por primera vez sobre el concepto de inteligencia emocional y supe que era ampliamente utilizada en en el mundo académico y de negocios, me pareció increíble que tan pocos tuvieran la sabiduría de aplicar estas aptitudes en relaciones duraderas o en el matrimonio. Comencé a buscar recursos que hicieran esta importante conexión y finalmente decidí hacerlo yo misma. Existen muchas publicaciones que se refieren indirectamente a ciertos aspectos de la inteligencia emocional, pero muy pocas se refieren exclusivamente a la IE en relaciones amorosas o matrimoniales.

Como he visto las luchas de incontables clientes individuales y parejas durante mi trabajo clínico por más de veintisiete años, no puedo más que desear detener el dolor y aliviar las luchas. Igualmente, al observar el gozo potencial, es importante resaltar el desarrollo personal que se hace realidad por medio de la consciencia y el mejoramiento de la IE, los cuales traen esta satisfacción. Aunque la mayoría de las personas quiere lograr matrimonios o relaciones amorosas satisfactorios, muchos de nosotros estamos desconcertados por lo difícil que es o porque muy a menudo nuestras necesidades no son satisfechas. Hay miles de libros disponibles sobre el tema del matrimonio y las relaciones, pero este libro ofrece algo especial. Se concentra en algo muy importante sobre nosotros como individuos dentro de éstas parejas y es uno de los primeros en ofrecer un vínculo entre esta ampliamente difundida teoría de la inteligencia emocional y nuestras relaciones más importantes.

Todos encontramos individuos en entornos públicos o sociales que se refieren al amor y al matrimonio con mucho entusiasmo y sentido de autoridad, ya sea un familiar en una cena, un amigo en el bar o un compañero de trabajo. Sin embargo, estos temas son mucho más complejos de lo que el "experto" promedio cree. Tanto el matrimonio como el divorcio son tomados muy a la ligera; y esto tiene consecuencias de gran impacto para nuestros hijos, familias, comunidades y cultura como un todo. Lo que se requiere es un entendimiento mucho más profundo de las cualidades que deben desarrollarse dentro de nosotros los individuos, que abarquen nuestra relación o matrimonio para que logren ser completamente funcionales en bien de todos los involucrados.

Una de las más grandes bendiciones de la vida es poder trabajar en lo que amas. ¿Qué podría ser mejor que seguir tu pasión y hacer de ésta tu profesión? Y así sucede con mi trabajo clínico y el surgimiento de este libro. Ingresar a la vida privada e íntima de personas, parejas y familias, por más de un cuarto de siglo con la intención de facilitar un funcionamiento saludable, es al mismo tiempo una lección de humildad y enormemente enriquecedor.

Durante el tiempo que he ofrecido terapia psicológica, también he dirigido el muy conocido y ampliamente utilizado taller de recuperación del divorcio conocido como "Reconstruir: cuando tu relación termina", creado por el experto doctor Bruce Fisher. Presenciar la devastación del divorcio en miles de familias es una fuerte motivación para ayudar a que las parejas permanezcan intactas. No soy consejera matrimonial sino una psicoterapeuta especializada en muchas áreas de la salud mental, una de las cuales es las relaciones amorosas comprometidas, incluyendo el matrimonio.

Los lectores que aprecian los recursos edificantes encontrarán que mi libro ofrece esperanza y optimismo. Está fundamentado en parte en la Psicología Positiva, un campo relativamente nuevo de la ciencia de la Psicología. Entre tantos otros temas relevantes, también incluye un enfoque en dos temas de interés popular actual y cómo aplicarlos a nuestras relaciones: la conexión mente-cuerpo y una discusión aterrizada sobre la madurez espiritual.

CAPÍTULO UNO

Sentando el fundamento

"La madurez es cuando dejamos de esconder de nosotros mismos nuestras fortalezas debido al temor y comenzamos a vivir al máximo nivel en lugar de hacerlo por debajo del mismo".
—Secretario General de las Naciones Unidas, Dag Hammarskjold

"La amo como persona, desde luego, pero ya no estoy enamorado de ella".

"Lo he intentado todo, libros, talleres, terapias, ¡todo lo que te puedas imaginar! ¡Y sigo fracasando en las relaciones afectivas! ¿Qué pasa conmigo?".

"Mary y yo hemos estado casados por veinticinco años y nos hemos esforzado mucho en nuestra relación, pero sigo siendo infeliz...".

"Mi divorcio fue muy doloroso, simplemente sé que nunca encontraré la persona indicada para mí".

"Jan ahora es tan fría. Antes solíamos divertirnos mucho, pero nuestra vida sexual ahora es como un desierto. Tal vez debería buscar en otra parte".

"He salido con docenas de hombres solteros y he hecho todo lo que sugieren los expertos. Pero no puedo encontrar un hombre que se ajuste a mis estándares. Los mejores hombres ya están comprometidos".

"Desde que llegaron nuestros hijos, somos como dos barcos que se cruzan en la noche. Ella tiene su vida y yo tengo la mía. Me gustaría volver a tener un matrimonio feliz".

"Él me ha herido muchas veces. Sería una tonta si lo perdonara y siguiera en esta relación, pero parece que no puedo dejarla".

"Mis padres en realidad no fueron tan felices ni se complementaban bien. Tampoco mis abuelos. Pero siguieron juntos. No espero sentirme realizada o feliz en mi matrimonio. Sólo subsistimos año tras año".

"El día de nuestra boda tenía mis dudas respecto a casarme con ella. Me sorprendo mirando a otras mujeres. Nunca debí meterme en esto".

"Sencillamente no satisfacemos las necesidades del otro. Creo que es un mito que la gente realmente pueda estar felizmente casada. No conozco a nadie que lo esté".

¿Te identificas con alguna de estas frases? ¿O con algo parecido a ellas? ¿Te gustaría aprender a construir una relación duradera y saludable? Pues pon en práctica lo que aprendas de este libro acerca de la *inteligencia emocional* (IE) y te garantizo un mayor éxito y satisfacción. ¿Garantizado? Sí. Aprenderás algo nuevo y probablemente cambiarás tu actitud, sentimientos y comportamiento, pero vale la pena. ¡Esto funciona! La *inteligencia emocional* puede ser algo de lo que nunca has escuchado o que no le hayas prestado atención.

Enciende tu televisor en la mañana y pasa los canales. Haz lo mismo en la tarde y nuevamente en la noche. Hazlo por varios días y notarás cuánta atención se le da a las relaciones amorosas entre adultos: programas que exaltan las virtudes y la dicha del "verdadero amor" y el romance; programas de entrevistas que dramatizan los peligros, las trampas y el dolor; entrevistas o conversaciones profundas con expertos, o quienes dicen serlo, con todas las respuestas a tus problemas amorosos y promesas de que vivirás feliz para siempre si participas en sus programas.

Observa el puesto de periódicos de tu tienda favorita. Verás hileras de libros y revistas bombardeándote con lo mismo. Si tenemos tanta información disponible, ¿por qué seguimos teniendo tantos problemas con nuestras relaciones? ¿Y por qué la tasa de divorcio es tan alta?

¿Hay una varita mágica? Bueno, algo parecido. Algunos de los libros, presentaciones y programas que ves publicados dan justo en el blanco, pero ¡necesitas IE para que funcionen! Si el libro que lees o el programa/taller en el que participas hablan de comunicación, debes tener IE para aplicar lo que aprendes. Lo mismo es cierto para manejar conflictos, mejorar tus relaciones sexuales o cuando se trata con la infidelidad o se hace necesario recuperarse de un divorcio y volver a comenzar. IE: ¡la varita mágica!

La buena noticia es que ya tienes cierto nivel de IE. Úsala. Mejórala. Constrúyela. Sé consistente. Mejorará tus relaciones inmensamente. Desde luego, sería aún mejor si tu pareja hiciera lo mismo.

Algunas personas sólo quieren una relación, cualquier relación. Quieren ser parte de una pareja y sin importar la calidad. Pero ¿qué si quieres una relación saludable, duradera y plena? Entonces vas a necesitar IE, y este libro es para ti.

Desafortunadamente muchas personas se concentran más en encontrar a la persona indicada en lugar de ser la persona indicada.

El éxito en las relaciones depende tanto de lo que tú *haces* así como de *quién* eres. La terapia y los recursos de autoayuda a menudo son diseñados para ayudarte a desarrollar habilidades específicas necesarias, pero las relaciones exitosas requieren más que sólo ¡habilidad!

Evidentemente, aunque ninguno de nosotros es una isla, todos somos individuos. Probablemente quieres ser la mejor persona que puedas para tu pareja ¿cierto? Y quieres que él o ella sea lo mejor para ti. Muy bien. Eso es posible.

Piensa en esto:

❖ ¿Tu relación se desarrollaría con menos problemas si mejoraras tu habilidad para leer y entender los sentimientos de tu pareja?

❖ ¿Los dos se sentirían mejor si pudieras mostrarle a tu pareja que estás en "sintonía" con él o ella?

❖ Si los dos tuvieran más interacciones positivas que negativas y fueran más optimistas sobre la relación ¿mejorarían las cosas?

❖ ¿Sería más agradable para ambos si leyeras las "señales" de tu pareja de manera más acertada y si tu pareja hiciera lo mismo contigo?

❖ ¿Estarían más felices si los dos pudieran identificar claramente sus emociones y luego expresarlas adecuadamente?

❖ ¿Cambiarían las circunstancias para bien si los dos mostraran más empatía y compasión el uno por el otro?

❖ ¿Y qué de los tiempos difíciles? Si los dos pudieran tener paciencia y ser persistentes o entusiastas respecto a solucionar problemas o enfrentar las adversidades, ¿eso facilitaría las cosas?

❖ ¿Se sentirían mejor si mutuamente se valoraran y admiraran más?

Si te sientes tentado a responder: "Bueno, es obvio. Desde luego, todos quieren esto en sus relaciones", ten la certeza que las cosas pueden ser así al usar la IE. Si te sientes frustrado con tus relaciones, usa más tu IE y mejórala. Este libro te ayuda a hacerlo.

Hace poco me senté con una pareja que estaba al borde del divorcio. Ella está herida y enfadada. Él está herido y enfadado. Ella lo culpa a él. Él la culpa a ella. Él no escucha lo que ella dice. Ella no escucha lo que él dice. No hay compasión o empatía mutuas. Apenas saben cómo llevarse con sigo mismos, mucho menos entre sí. Afortunadamente, están motivados a salvar el matrimonio, abiertos a aprender y dispuestos a cambiar. Una transfusión de IE a su relación podría ayudarlos a salvarlo.

Ahora miremos una historia exitosa. Esta pareja ha salido por cuatro años y han estado comprometidos por más de un año. También estaban enfadados, heridos y culpándose entre sí cuando me reuní con ellos por primera vez. Ella había crecido con una madre alcohólica y él con un padre alcohólico. Él tenía el patrón de ser controlador y enfadarse. Ella por su lado criticaba y se alejaba. Ambos se "hartaban" cuando surgían los problemas y no querían solucionar las cosas. Lentamente han llegado a conocerse mejor a sí mismos y a verse de forma más realista. En la actualidad cada uno se está "mirando en el espejo" para encontrar cómo empeoran los problemas cuando dejan que sus emociones fluyan sin control y no están en sintonía con el otro. Él se ha vuelto menos impulsivo. Ella se ha vuelto más compasiva. Se miran el uno al otro y su relación de una forma más positiva y se sienten mejor capacitados. Y los dos están persistiendo, a pesar del esfuerzo que esto exige. En resumen, ¡los dos están desarrollando y usando IE! Todos los talleres de comunicación, clases de manejo de conflictos y programas de enriquecimiento matrimonial del mundo no los ayudarían si no usaran su IE.

Y así es, año tras año, pareja tras pareja. Gente dispuesta a hacer el viaje para ver de qué son capaces y qué pueden lograr juntos. Es revolucionario.

Escribí este libro con una profunda pasión por ayudarte a tener más éxito en tus relaciones. Si estás casado, tú y tu pareja pueden hacer juntos este viaje. Si los dos usan su IE, les asombrará lo que puede suceder. Si eres soltero o soltera, te dará esperanza de una exitosa futura relación.

Hay muchos programas estructurados de entrenamiento disponibles para ayudarte a desarrollar o mejorar la IE en lo que respecta a tu trabajo o vida académica. Pero hay muy pocos programas de entrenamiento similares para desarrollar o mejorar tu IE en tu vida personal y en tus relaciones. En este libro se presentan técnicas específicas y ejercicios con ese propósito. Piensa en él como tu "entrenador personal" para poner en forma tu IE.

> Algunos estudios muestran que las parejas más educadas tienden a ser más felices que las menos educadas, pero yo encuentro que la presencia de IE es un factor de mayor influencia que la educación o el estatus socioeconómico.

¿Eres escéptico respecto a que ambos pueden hacer los cambios? Ten esperanza. Tus actitudes, comportamientos y emociones pueden cambiar. Afortunadamente el cerebro humano está constantemente en modo de aprendizaje. Trata de evitar "enfrentar" la excusa de que "así soy yo y no puedo cambiar" o de darte por vencido con tu pareja diciendo que "él o ella nunca cambiará".

Las primeras dos preguntas que le hago a parejas en terapia matrimonial están a continuación. ¿Cómo responderías a esas preguntas?

❖ ¿Qué tanto deseas que esta relación continúe? (Es decir, ¿cuán fuerte es tu compromiso?).

❖ ¿Estás dispuesto a aprender, hacer el trabajo, y los cambios necesarios para mejorar?

¿Has concentrado tu atención en las fallas de tu pareja o en cómo él o ella te molesta en lugar de hacerlo en ti mismo? Este libro te ayuda a concentrar en cómo tu propia IE te puede ayudar a cambiar y salvar, fortalecer o establecer una relación. Desde luego, es más probable que tengan *éxito, si los dos* están trabajando en el programa de entrenamiento en IE.

No hace mucho enfrentábamos presiones sociales, expectativas culturales y costumbres que nos mantenían dentro del matrimonio. La mayoría de las parejas permanecían casadas si cumplían con su papel prescrito como esposo o esposa. Ese ya no es el caso. Con estas presiones y expectativas que van desvaneciéndose, son las fuerzas emocionales y psicológicas de nuestras vidas las que juegan el papel clave en el matrimonio. Ya no es suficiente sólo cumplir con los papeles prescritos por la sociedad.

Hoy se supone que estos lazos emocionales son los que deben ser el pegamento que nos mantiene unidos. La mayoría de nosotros espera cercanía personal, comunicación significativa y efectiva, compañerismo, intimidad, buen sexo, apoyo e igualdad. Pero debemos ser hábiles e inteligentes en esas áreas si vamos a obtener todo eso de nuestras relaciones.

· ·

> Es de mayor importancia que tanto tú como tu pareja, entiendan el valor de la IE para funcionar y relacionarse de manera óptima.

Tanto hombres como mujeres se benefician de las relaciones en ciertas maneras. Es menos probable que los hombres hagan de su matrimonio su mayor fuente de felicidad comparados con las mujeres, aunque esto está cambiando. Ellos tienden más a buscar plenitud en sus actividades externas y en sus carreras. En contraste, así la mayoría de las mujeres esté trabajando en profesiones por fuera del hogar, es más probable que satisfagan sus necesidades relacionales por medio de relaciones plenas con amigos y familiares que en el trabajo. Generalmente, las mujeres son más propensas que los hombres a ser conscientes de sus necesidades de conexión personal y emocional; los hombres no siempre son efectivos en satisfacer sus propias necesidades psicológicas o las de su pareja.

Puede que sepas que "algo anda mal" en tu relación. O te quejas porque "no nos comunicamos muy bien", "discutimos todo el tiempo", "sencillamente no nos entendemos", o "somos tan diferentes". Los capítulos que siguen te darán la confianza y la habilidad que necesitas para desenredar y cambiar estos dilemas comunes.

> El campo de la IE es virtualmente una mina de oro porque se relaciona con las interacciones de amor entre adultos.

Una palabra respecto al divorcio

Es evidente que el divorcio es una experiencia dolorosa para todos los involucrados, y para muchos de nosotros, es la experiencia más difícil en nuestras vidas hasta ahora. Es un gran error minimizar los efectos de este trauma en nuestras familias, en nosotros mismos y en la sociedad. Aunque a algunos de nosotros nos va mejor que a otros, el divorcio hace estragos en la vida de millones cada día. De alguna manera es traumático en casi todos los casos.

Los más afectados por el divorcio son, desde luego, los niños. El 60% de todos los niños de dos años terminará en una familia de un solo padre antes que cumpla los dieciocho años. Nuestra tasa de divorcios del 50% es asombrosa y es importante que la tomemos en serio. Es un mito que nuestros hijos sean tan resistentes y que sólo "rebotan" de forma natural y que no debemos preocuparnos por su adaptación. Es claro que los hechos no respaldan esto. El trauma del divorcio a menudo lo arrastramos a nuestra vida adulta de formas drásticamente dañinas.

La mejor forma de minimizar los efectos traumáticos del divorcio en nuestros hijos para nosotros, los padres, es mantener interacciones cordiales y cooperativas entre los dos durante y después del divorcio. Y sin duda ¡esto exige IE! Es obvio que el divorcio es algo que debería prevenirse. Aprender todo lo que puedas acerca de cómo desarrollar y mantener una relación saludable vale la pena el esfuerzo que pueda exigir. Se necesitan dos personas para hacer que una relación funcione, pero sólo una para lograr un divorcio.

¿Quieres evitar el divorcio?
¡Entonces desarrolla tu IE!

Afortunadamente hay la tendencia de contraer el primer matrimonio más tarde en la vida, más personas se casan entre los treinta y cuarenta años. Esta tendencia es alentadora. Todos conocemos parejas que se casaron siendo jóvenes y tuvieron una vida feliz y saludable. Pero hay varias ventajas en casarse más tarde, y en la mayoría de los casos, con algunas desafortunadas excepciones, la gente madura a medida que envejece.

En términos generales, si pospones tu primer matrimonio, es más probable que soluciones asuntos personales y experimentes cosas que debes superar antes de comprometerte con la seria institución del matrimonio: finalizar tus estudios, establecerte en una profesión, tener más claro qué es lo mejor para ti y ser más maduro emocionalmente. Con suerte, esta tendencia influya en la reducción de la tasa y el devastador impacto del divorcio. Pero la sola edad no te hará más inteligente emocionalmente ni garantizará que vivas "feliz para siempre".

Un poco de historia: orígenes del concepto de inteligencia emocional

La inteligencia emocional es un tema tanto de interés popular como de seria investigación. Este libro es principalmente para quienes están más interesados en la Psicología popular y en el crecimiento personal y la autoayuda.

En un innovador artículo publicado en 1990 por John D. Mayer, Ph.D, y Peter Salovey, Ph.D., definieron la IE como "el subconjunto de inteligencia social que incluye la habilidad de observar los sentimientos y emociones propios y de los demás, para discriminarlos y hacer uso de esta información para orientar el pensamiento propio".[1]

En esencia, esto significa tener la capacidad para entender tus emociones y las emociones de otros y usar la razón en el manejo de esta información emocional. Esto a su vez, también dirige nuestro comportamiento. El trabajo de Mayer y Salovey ayudó a pasar de la perspectiva tradicional de la emoción como aleatoria e inmadura, a la actual y más positiva perspectiva de la emoción como adaptativa y útil para organizar y dirigir nuestros pensamientos y acciones.

Podemos y debemos usar nuestras emociones como una fuente para la solución de los problemas en nuestra vida. Si tienes mejores habilidades de buena comunicación personal, empatía y conexión con los demás, es menos probable que sufras de depresión.

El campo de la inteligencia en general añade credibilidad a la noción de IE. El conocido psicólogo E. L. Thorndike, Ph.D., aportó significativamente en los años veinte y treinta a nuestro entendimiento moderno de coeficiente intelectual (CI) y el uso de pruebas de CI. Cabe anotar que él propuso que la inteligencia social, un subconjunto de la IE, refleja un aspecto de nuestro CI general. Él definió la inteligencia social como la habilidad para percibir nuestros propios estados, motivos y comportamientos así como los de los demás, a fin de reaccionar ante estos de forma óptima, basados en la información y para relacionarnos con los demás de manera efectiva.

> El psicólogo de Yale, Peter Salovey, Ph.D., hizo un esquema de las formas como podemos traer inteligencia a nuestras emociones y facilitó un marco para la interacción entre las emociones y el razonamiento.

También es importante anotar que David Wechsler, Ph.D., el autor de las pruebas más ampliamente utilizadas para la medición de la inteligencia individual, llamó a la inteligencia "el conjunto o la capacidad global del individuo para proceder con propósito, pensar racionalmente y tratar efectivamente con su entorno".[2] Wechsler dice que la inteligencia no es sólo un proceso cognitivo o de desempeño académico y de habilidades, sino que también incluye la forma como interactuamos con otros, dirigimos nuestro comportamiento y emociones y funcionamos en la vida en general.

El individuo cuyo trabajo ha tenido el mayor impacto en mis puntos de vista sobre IE, es el periodista científico Daniel Goleman, Ph.D. Su libro éxito en ventas, *Inteligencia Emocional: ¿Por qué puede ser más importante que el coeficiente intelectual?*, hizo popular este concepto.

El trabajo de Goleman es ampliamente aplicable a los negocios y a la industria, y sus teorías son utilizadas en entornos académicos en todo el mundo. Ha ayudado a miles a ver que las emociones juegan un papel crucial en la vida diaria y que la mayoría de nosotros puede ser más competente en términos emocionales. Encontré que su libro es muy relevante para las relaciones personales cercanas.

Si bien es cierto que el control que tengas sobre tus respuestas emocionales tiene un componente genético, puedes aprender a dominar tus emociones hasta cierto grado. La mayoría de nosotros lo experimenta en algún punto. Esto significa que la IE se puede adquirir.

> Aunque todos somos diferentes en nuestros estilos de procesamiento y habilidades, la IE y las habilidades que la acompañan, se pueden aprender o mejorar, y esto contribuye a nuestra salud mental general y a nuestras relaciones.

Recientemente asistí a una cena de una organización gerencial durante la cual el orador principal, un alto ejecutivo de la industria aeronáutica, hizo un llamado a la necesidad de una mayor IE en su industria. Este ejemplo demuestra que incluso en las industrias o comunidades más científicas, las cualidades de la IE son esenciales para el funcionamiento personal óptimo y para relacionarse con otros.

NUEVE COMPONENTES DE LA INTELIGENCIA EMOCIONAL

Hay varias habilidades o aptitudes de la persona emocionalmente inteligente.[3] He elegido las nueve listadas a continuación porque son necesarias para tus relaciones afectivas. Están presentadas en un orden que puede representar su importancia. Cada una de estas habilidades y destrezas de IE es diferente e individual; pero hay una importante interacción entre ellas, cada una depende de la otra o se fundamenta en ella.

1. Ser autoconsciente y tener conocimiento propio.

2. Conocer, entender, regular o manejar tus emociones, y expresarlas o usarlas apropiada y adaptativamente.

3. Tener empatía y estar en sintonía con otros, especialmente con tu pareja, y tratar con ellos de forma efectiva.

4. Conservar la esperanza, el pensamiento positivo, y una actitud de optimismo.

5. Evitar que la angustia inunde tu habilidad para pensar, llegando a superar las emociones o los estados de ánimo negativos para saber pensar y funcionar de forma apropiada.

6. Conservar el entusiasmo y la persistencia ante las frustraciones o adversidades y tener la capacidad para tolerar la derrota.

7. Mantener un sentido de autoeficacia.

8. Posponer la gratificación y controlar o resistir tus impulsos, tanto emocionalmente como en acciones.

9. Ser automotivado, dirigiendo tus emociones para alcanzar una meta.

En esencia, si eres una persona emocionalmente inteligente, es muy probable que seas mentalmente saludable, crees una vida plena, y sea cómodo tenerte cerca porque aportas para el bienestar de otros. Por el contrario, si te hacen falta estas cualidades, es más probable que te conviertas en un esclavo de tus emociones, tengas menos relaciones satisfactorias, tengas menos probabilidades de crear una vida emocionalmente plena, y probablemente seas insensible o hiriente para los demás. Miremos unos ejemplos:

Consciencia propia

A la edad de treinta y siete años, Greg está listo para establecer una relación duradera y casarse. Después de su último "desamor" cuando la mujer con la que estaba saliendo terminó la relación, él comenzó a examinar cuidadosamente quién era él y qué había salido mal en sus relaciones.

Miró a comienzos de su vida y qué había influido en sus decisiones y maneras de relacionarse. Observó su comportamiento y buscó las opiniones de sus amigos y familiares. Llevó un diario, leyó libros e incluso le preguntó a la mujer que lo había dejado que le diera su opinión. Estaba conociéndose y entendiéndose a sí mismo y estaba listo para hacer cambios, un primer paso esencial.

Empatía, sintonía y autoeficacia

Hannah ha sufrido de depresión y problemas de salud física durante la mayor parte de su vida. John, su esposo de veinticinco años es una persona optimista con un buen sentido del humor, pero con frecuencia usaba esto para quitarle importancia a los sentimientos de ella. Mientras ella sufría, él reía y hacía bromas, a veces ridiculizándola y otras tratando de "levantarle el ánimo".

Su falta de empatía y compasión sólo empeoraba las cosas. Ahora ella está aprendiendo a hacerse cargo de su dolor, está capacitándose más (autoeficacia), y se está sintiendo mejor. John ahora puede responderle a su esposa con sincera empatía (sintonía). El resultado para ellos es esperanzador.

Manejo de emociones

Rhonda lloraba por todo, por así decirlo, y también se enfadaba de inmediato cuando las cosas no salían como esperaba. Alejaba a sus amigos, creaba distancia entre ella y su esposo e indisponía a sus hijos.

Ella reconoce que ha desarrollado unos malos hábitos emocionales, los cuales comenzaron en su niñez. Ella está aprendiendo a sintonizarse consigo misma, incluso con su cuerpo, cuando está enfadada; a detenerse y respirar; a centrarse; a identificar y cambiar los pensamientos y sentimientos; y a hacer elecciones diferentes acerca de cómo reacciona.

Su matrimonio está mejorando y la familia está funcionando sin problemas. Los nuevos hábitos pueden reemplazar los viejos.

Manteniendo esperanza y optimismo

Andy engañó a Zoe, y de su aventura tuvo un hijo. Al comienzo Zoe sintió que su mundo había colapsado. Ellos tenían un hijo mayor, y ella pensaba que su matrimonio había ido bien. Estaba furiosa y se sentía humillada; Andy estaba avergonzado y arrepentido. Ellos peleaban, lloraban y discutían sobre el asunto sin llegar a un final.

Luego se adaptaron y decidieron intentar salvar su matrimonio. A veces sentían que no había esperanza, pero estaban decididos y optimistas. Han luchado por ser positivos entre sí y sobre el futuro. Y su relación está funcionando.

Cada uno de estos ejemplos deja por fuera detalles importantes para proteger la identidad de los individuos descritos, pero demuestran la aplicación práctica de la IE en las relaciones.

MADUREZ

A medida que avances con este libro, se hará claro que entre más madures, es más probable que tengas IE o que estés dispuesto y capacitado para desarrollar tus cualidades de IE. La mayoría de nuestras relaciones o matrimonios consisten en dos niños con heridas dentro de cuerpos de adultos. Para crear una relación real y satisfactoria, cada uno de nosotros debe hacer todos los esfuerzos para pensar, sentir y proceder de la forma más madura posible. Algunos componentes de la madurez incluyen:

- ❖ Enfrentar la frustración y aceptar diferencias de formas no destructivas

- ❖ Ser paciente, cortés y amable

- ❖ Disposición a posponer la gratificación

- ❖ Perseverar ante las adversidades

- ❖ Hacerse responsable y rendir cuentas por tus acciones, actitudes y sentimientos

- ❖ Enfrentar el disgusto sin amargura

- ❖ Demostrar humildad y habilidad para decir, "lo siento" o "estaba equivocado"

- ❖ Aceptar responsabilidad por los resultados de tus decisiones

- ❖ Ser confiable

- ❖ Mantener la integridad personal

- ❖ Evitar el juzgar y las actitudes críticas hacia los demás

- ❖ Por lo general aceptar a los demás y tener una actitud de inclusión

¡Imagina la tasa de matrimonios exitosos si más de nosotros tuviéramos las nueve cualidades de IE y funcionáramos con una perspectiva de madurez! ¡VAYA!! ¡Revolucionario!

PSICOLOGÍA POSITIVA

Puedes sentirte tentado a "ver todo malo" o concentrarte en lo que está mal contigo en lugar de construir sobre tus fortalezas y lo que está bien. Si eres alguien que ha experimentado mucho dolor y heridas a lo largo de la vida, es probable que primero debas concentrarte en arreglar lo que anda mal y trabajar en la sanidad. Pero al hacerlo, trata de hacer énfasis en tus fortalezas y potencial. Esto definitivamente rendirá utilidades para ti y para tu pareja.

Es un error negar o ignorar cualquier profundo dolor psicológico, físico, social o espiritual que sea el resultado de un trauma o de una enfermedad emocional y mental. Pero tu crecimiento personal o sanidad pueden estar igualmente concentrados en la fuerza, la resiliencia y el bienestar, así como en las debilidades, vulnerabilidad y enfermedad.

En la edición del milenio (enero de 2000) de la revista *Psicólogo americano*, los autores de dieciséis artículos sobre Psicología Positiva, hicieron un llamado a hacer más énfasis en lo que lleva al bienestar y la prosperidad psicológicos (lo que está bien con nosotros) y menos énfasis en la patología (lo que está mal con nosotros). Podemos prosperar (no sólo sobrevivir) incluso bajo las peores circunstancias.

. . . .

Encontrarás que este libro te da esperanza y optimismo debido a que ha sido ampliamente influenciado por el campo de la Psicología Positiva.

La Psicología Positiva se preocupa por tales temas así como por los de la siguiente página. Usa esto como una lista de chequeo y pregúntate en cuál de estas áreas eres fuerte y en cuál necesitas trabajar.

El campo de la Psicología Positiva es una fuerza motivadora clave detrás de este libro.

- ☐ Bienestar
- ☐ Contentamiento
- ☐ Satisfacción
- ☐ Esperanza y Optimismo
- ☐ Empatía y felicidad
- ☐ Valor
- ☐ Capacidad para amar y vocación
- ☐ Perseverancia
- ☐ Perdón

- ☐ Originalidad
- ☐ Mentalidad futurista
- ☐ Espiritualidad
- ☐ Gran talento
- ☐ Sabiduría
- ☐ Responsabilidad
- ☐ Cuidado y protección
- ☐ Altruismo
- ☐ Cortesía
- ☐ Moderación
- ☐ Tolerancia

- ☐ Autoorientación
- ☐ Madurez
- ☐ Ética laboral
- ☐ Autonomía
- ☐ Intrínseco
- ☐ Motivación
- ☐ Habilidad Interpersonal
- ☐ Autodeterminación
- ☐ Creatividad
- ☐ Humor

¿Puedes ver el traslapo entre esta perspectiva positivista y lo que significa ser emocionalmente inteligente?

En años recientes ha habido un cambio en el campo de la Medicina pasando de un enfoque que predominaba en la enfermedad a una perspectiva más preventiva. En el pasado la Psicología y la Psiquiatría no le prestaron mucha atención a las transformaciones positivas y se concentraban mucho en la patología. Pero la investigación ha demostrado que la mayoría de nuestras luchas puede amortiguarse, aliviarse y en algunos casos prevenirse con ciertas fortalezas como las listadas anteriormente. Por ejemplo, hay una evidencia importante indicando que el positivismo y el optimismo sirven para prevenir y aliviar la depresión en algunas personas.

Cuando se trata de relaciones, no es suficiente con sólo ayudar a quienes son miserables o están al borde del divorcio. Todos necesitamos ayuda para mantener o alcanzar vidas más plenas. Hay considerable información científica disponible respecto a la neurología y la química de enfermedades mentales severas, el abuso de sustancias, la ansiedad y la depresión, pero se conoce poco respecto a la neuroquímica y anatomía de nuestras cualidades y experiencias positivas.

Puedes ser relativamente feliz mientras confrontas la vida y todos sus problemas de forma realista. Como seres humanos, por naturaleza somos atraídos a la felicidad, el bienestar y el optimismo, el cual puede producirnos un buen estado de ánimo, perseverancia, logros, salud física, solución efectiva de problemas y éxito en la vida. No es coincidencia que una actitud de optimismo esté entretejida a lo largo de este libro.

En general, nos adaptamos y volvemos a una actitud positiva aún después de haber experimentado una tragedia o una pérdida. Reenmarcamos esas preguntas como: ¿mi vida es buena o mala? ¿En general la gente es buena o mala? ¿Mi pareja es en el fondo una persona buena o no? Y ¿es nuestra relación un desastre o sólo necesitamos mejorarla?

> Si esperamos que los resultados en nuestras vidas sean positivos, es más probable que así lo sean.

RESUMEN

Diviértete a medida que avanzas con la lectura de este libro y observa cómo las listas de chequeo de lectura y los inventarios te ayudarán a mejorar tu IE. Los capítulos 9 al 15 están dedicados a dar ejercicios detallados y técnicas que, si los aplicas, te harán decir "¡Sí! Puedo mejorar mi relación".

Mientras algunos inventarios miden la IE en el lugar de trabajo y en la escuela, en este tiempo no hay disponible ningún instrumento estadístico exhaustivo que mida científicamente la IE en las relaciones afectivas. Sin embargo, las pruebas autoaplicables y las listas de chequeo de este libro, te ayudarán a entender tu propio nivel de IE, cómo puedes mejorarlo y cómo puede aplicarse en tu relación o en tu matrimonio.

Considera que hay beneficios de largo alcance y de impacto en toda la sociedad como resultado de unas relaciones afectivas y matrimoniales saludables y exitosas. Podrías ser parte de esa transformación. Disfruta el viaje mientras te conviertes en la mejor pareja que puedas ser. Está abierto, sé positivo, esfuérzate, ¡sé emocionalmente más inteligente!

CAPÍTULO DOS

¿Quién soy yo?
Comenzando el viaje

"Dentro de tí hay un lugar en el que vives solo y es ahí donde
renuevas tus fuentes de agua que nunca se secan".
—**Pearl Buck**

Tanto los solteros como las parejas tienden a concentrarse en los demás y no en sí mismos. Si eres soltero, puedes darle mucha atención a "la búsqueda" de la pareja correcta para ti; si estás en una relación es probable que te concentres más en las fortalezas y debilidades de tu pareja que en las tuyas.

Recuerda que ser la persona indicada es mucho más importante que encontrar o estar con la persona indicada.

Tu personalidad individual y estilo tienen gran impacto en tu relación de compromiso. Es importante ver *quién* eres, *cómo* llegaste a ser quien eres, tu comportamiento y el efecto que esto tiene en tus interacciones con tu pareja.

Este capítulo te ayudará a examinar cómo desarrollaste tu personalidad, tu manera de relacionarte con otros, tus patrones emocionales o hábitos, los beneficios de autorrevelación, y el valor de pensamientos y sentimientos positivos. Se hará claro para ti cuán esencial es la inteligencia emocional (IE) para todo esto.

Entonces ¿cuál es tu personalidad? Puedes definirla como tus patrones de comportamiento consistentes y las emociones, motivaciones y pensamientos que dirigen cómo te sientes y actúas. Aquí el término *consistente* es importante porque algunos aspectos de tu personalidad se pueden identificar con el tiempo y las situaciones, y no cambian rápidamente. Afortunadamente, otras cosas acerca de tu personalidad pueden cambiar y de hecho lo hacen. A veces para esto se requiere un esfuerzo consciente y a veces no. También puede afectarse por tus interacciones con otros. Si estás interesado en evaluar tu personalidad o entender tu estilo, hay numerosas herramientas para hacerlo.

Cierta cantidad de IE puede estar presente en tu personalidad tal como eres ahora, pero se puede desarrollar más. Puedes aumentar tu consciencia propia y llegar a entenderte mejor, aprender a regular y manejar tus emociones, expresarlas más apropiadamente; y reemplazar una perspectiva negativa sobre la vida con una más optimista. Todas estas cosas las trataremos en este capítulo. Hasta cierto grado, tú sólo puedes hacer estos cambios, pero también vas a necesitar la retroalimentación e interacción de otros. Los ejercicios señalados en la Parte III, (capítulos 8 al 15) ayudarán con esto.

Las relaciones están compuestas por dos personas independientes; debemos tener la capacidad de aportar para tener interacciones apropiadas.

Hay varias teorías y perspectivas respecto a cómo nos convertimos en las personas que somos, y cómo en nuestras interacciones con los demás introducimos ciertas características personales, hábitos, estilos e idiosincrasias. Cada una de estas es una escuela de pensamiento muy bien desarrollada basada en años de investigación y aplicación. Nos ayudan a entender lo que llamamos "diferencias individuales". Éstas son: el psicoanálisis, las características, la biológica/psicológica, el aprendizaje social y conductual, lo cognitivo, el Neofreudianismo, el Humanismo y la teoría de sistemas. Si estás interesado en una breve descripción de cada una de estas, las encontrarás en el Anexo A.

No eres un "producto terminado" cuando llegas a la edad adulta. Sigues cambiando y creciendo durante tu vida, desde el nacimiento hasta la vejez. Sin importar cuál sea el punto de vista o la teoría que uses, es importante tenerlo presente a medida que trabajas para aumentar tu IE y mejorar la forma como te relacionas con los demás.

¿Cómo llegué a ser quién soy?

Sin duda has sabido acerca del debate de "naturaleza *versus* crianza". Démosle un vistazo. La familia de donde vienes y las primeras experiencias de tu vida juegan un papel clave en el desarrollo de tu personalidad y por consiguiente en tus interacciones como adulto. Esto no le quita importancia a las influencias genéticas o a las tendencias naturales presentes en tu personalidad. La mayoría de expertos aseguran que la personalidad está determinada aproximadamente entre un 45% y un 50% por las influencias en los primeros años de vida y 45% a 50% por la herencia genética y fisiología.

Las experiencias de la vida, tus propios esfuerzos o el tratamiento clínico pueden influir y modificar en cierto grado los factores heredados. Ciertas cosas acerca de ti pueden estar genéticamente influenciadas o determinadas, pero eso no quiere decir que estén genéticamente fijas. Los aspectos más modificables de tu personalidad y la forma como funcionas son aquellos del factor crianza en la ecuación "naturaleza *versus* crianza". Estas son las cosas que vienen de tus experiencias de vida y los patrones de otros.

> Este libro se concentra en la influencia de la "crianza" y no tanto en la "naturaleza" o en los factores genéticos heredados.

A medida que crecemos y empezamos a entendernos a nosotros mismos, es importante que vivamos en el ahora, el presente y evitemos concentrarnos demasiado en el pasado o en el futuro. Sin embargo, muchos de nosotros no podemos hacerlo ya sea porque las heridas de nuestras experiencias pasadas deben sanarse primero o porque las influencias del pasado han sido tan fuertes que necesitamos enfrentarlas y tratarlas primero. Tu meta más importante debería ser vivir comple-

tamente en el presente, pero puede ser difícil hacerlo sin trabajar con
tu pasado.

Goleman dice que las dificulta-
des emocionales y el trauma a
temprana edad tienen un efecto
duradero y profundo en la vida
adulta y puede ser necesaria la
Psicoterapia para que algunas
personas cambien esos patrones.

A veces explicamos nuestros problemas, comportamientos inapropiados, o características de nuestra personalidad con razones como "eso es común en mi familia", o "tengo un desbalance químico como otros en mi familia". Obviamente deberías considerar tu historia genética para entender tu personalidad y condición de salud mental. Sin embargo ten cuidado de no usarla desmedidamente para explicar quién eres. Puede ser tanto "una excusa", como estar estancado culpando las experiencias de tu vida. La autoeficacia, o una confianza en tu habilidad de controlar los resultados de tu vida, te sacan del papel de "víctima". No eres víctima ni de tu genética ni de tus experiencias de vida.

El funcionamiento de tu cerebro, sistema nervioso y fisiología que contribuyen a tu personalidad, se ven altamente afectados por tus experiencias de vida y viceversa. Entre más te entiendas a ti mismo, es más probable que te hagas cargo de tu vida de una manera positiva, sin importar tu biología.

Miremos los efectos de tus experiencias de vida. A continuación hay unos ejemplos de situaciones que pueden tener efectos negativos en la formación y desarrollo de tu personalidad. Examina esta lista e identifica cualquiera que hayas experimentado en tu vida temprana.

- ❖ El alcoholismo de uno o de ambos padres

- ❖ Abuso físico, emocional o sexual

- ❖ Desatención emocional o física

- ❖ Muerte de un padre

- ❖ Enfermedad emocional o mental de uno o de ambos padres

❖ Papeles invertidos donde un niño asume roles de padre

❖ Mucha complacencia

❖ Poca claridad en los límites

❖ Entorno rígido, sobrecontrolado o excesivamente estricto

❖ Falta de amor y afecto

Si tuviste padres seguros, estables y amorosos en un entorno seguro estable y apropiado, es muy probable que esto haya tenido un efecto positivo en la formación de tu personalidad. De cualquier forma, esta experiencia temprana aportó para tu nivel actual de IE y ahora influye en tus relaciones adultas.

Según los neurólogos, tus recuerdos están almacenados en tu cerebro desde incluso antes que aprendieras a hablar (y algunos dicen que desde el desarrollo intrauterino), lo cual lleva a los sentimientos que expresas y a las acciones que realizas ahora. Goleman dice que "... las interacciones de los primeros años de vida trazan un conjunto de lecciones emocionales basadas en la sintonía y las decepciones de los contactos entre los niños y sus protectores... Una razón por la cual podemos sentirnos tan desconcertados por nuestros arrebatos emocionales como adultos es que a menudo se iniciaron en algún momento en nuestra vida temprana...".[4]

En otras palabras, tus memorias de experiencias, mensajes e influencias, están almacenadas en ciertos centros cerebrales e influyen tus sentimientos y comportamiento actual, lo cual se ilustra a lo largo de este libro en los ejemplos de la vida de las personas.

Si te entiendes a ti mismo y cómo llegaste a ser quien eres, podrás relacionarte con la noción de tu "niño interior" mucho más fácilmente que con alguien que no. Para muchos adultos, conocer y relacionarse adecuadamente con su "niño interior" puede aliviar su sufrimiento y liberarlos para llegar a ser quienes quieren ser.

Mucho de lo que experimentas a lo largo de tu vida se queda en tu inconsciente. Las investigaciones muestran que el poder de tu inconsciente juega un papel trascendental en la formación de tu personalidad e influye en tus sentimientos y comportamientos.

El psiquiatra neofreudiano suizo, el doctor Carl Jung, conocido mundialmente por sus aportes al campo de la Psicología desde los años veinte hasta los cincuenta, presentó el concepto de que elegimos nuestro cónyuge de forma inconsciente. "Entre más grande sea el área de inconsciencia, menores las probabilidades de que el matrimonio sea cuestión de elección, como se muestra subjetivamente en el terrible impulso que se siente tan intensamente cuando se está enamorado". Además: "Es la fuerza (y la naturaleza) de los lazos con los padres lo que influye inconscientemente en la elección de esposo o esposa, ya sea de forma negativa o positiva... los niños inconscientemente son atraídos en una dirección que busca compensar todo lo que sintieron insatisfecho en las vidas de sus padres". Si estás fundamentado en una relación positiva con tus padres, es más probable que te ajustes a tu pareja que si estás obstruido por una atadura inconsciente a ellos.

En cierto modo, la pareja descrita aquí representa un buen ejemplo de la teoría de Jung.

Pete y Dana tenían cerca de 25 años de casados y evidentemente habían traído a su matrimonio asuntos destructivos y sin resolver con sus padres. Dana, una mujer vital y activa, ahora comenzando sus 60 años, seguía sufriendo por una "herida de madre". Aunque había experimentado algo de sanidad y solución, seguía siendo agobiada por su madre, quien era rígida, controladora, poco afectuosa, insegura y pendiente de las apariencias, y quien adoraba a su hermana mientras desatendía a Dana. Su padre era una persona pasiva que cedía ante su madre y estaba ausente gran parte del tiempo. Dana luchaba con una baja autoestima y una particular falta de confianza en sus habilidades intelectuales. Ella llegó a ver que inconscientemente había elegido a Pete como esposo porque él era muy parecido a su madre. Ella desarrolló una relación dependiente y codependiente con él y pasó muchos años tratando de complacerlo sin haberlo logrado.

Pete fue criado por un padre frío, crítico, ensimismado y alcohólico quien abiertamente maltrataba a su madre y mostraba poco respeto por las mujeres. Aunque a Pete le desagradaba su padre y no deseaba emularlo, eso fue exactamente lo que hizo. Era ensimismado en su matrimonio y con el tiempo se volvió frío y crítico con Dana.

Dana entró a la etapa de "semijubilación", pero Pete siguió trabajando porque su identidad estaba principalmente fundamentada en su profesión. A medida que también él enfrentaba la posibilidad de jubilarse, comenzó a alejarse de Dana y se involucró con otra mujer y el matrimonio comenzó a deteriorarse. Un observador casual diría que él sólo estaba pasando por su "crisis de mediana edad" o tenía "nervios de jubilado". Ninguna de esas situaciones era el caso. Evidentemente era un caso en el que Dana estaba sometida bajo el estilo que tenía Pete para relacionarse con ella, que era una réplica de la personalidad y valores de su padre, así como el estilo de la madre de Dana. Esta pareja posteriormente se divorció.

Dana enfrentó una recuperación larga y dolorosa pero estaba muy motivada para establecer, quizá por primera vez en su vida, un fuerte sentido de identidad. Se volvió cada vez más autoconsciente, motivada y entusiasta, volvió a la universidad y desarrolló una actitud de esperanza y optimismo para su futuro. No tengo conocimiento del progreso de Pete, porque se mudó a otro estado.

La relación de tus padres también tiene un efecto potencialmente poderoso en tus interacciones como adulto. Asegúrate de entender completamente el matrimonio de tus padres y el (los) matrimonio(s) de los padres de tu futuro cónyuge antes de casarte.

¿Te encuentras resistiéndote a la idea de examinar las influencias de la familia de la que provienes por temor a "culpar a tus padres" porque, después de todo, ellos "hicieron lo mejor que pudieron"? Esto no se trata de culpar o encontrar culpables. Es un trabajo de investigación como un detective, o una excavación para encontrar respuestas a la pregunta "¿cómo llegué a ser quién soy?" ¡Puedes aprender a manejar tus emociones y comportamientos sin importar qué situaciones hayas enfrentado durante tu crecimiento!

Mira de forma realista las semejanzas y la relación entre tú y quienes cuidaron de ti, la relación entre ellos, la relación tuya con tus her-

· ·

Con la orientación adecuada, no perdemos respeto ni dejamos de amar a nuestros padres, a quienes cuidan de nosotros o hermanos al examinar nuestras experiencias de niñez temprana.

manos, y otros factores o incidentes familiares que hayan tenido un impacto en tu vida. Está bien recordar cualidades positivas y negativas de tus padres o quienes cuidaron de ti, y aspectos de tu familia y los comienzos de tu vida. Simplemente estás mirando los hechos de tu crianza y la forma como estos han afectado tu personalidad y manera de relacionarte en la actualidad.

Al hacer esto puedes notar influencias positivas que has pasado por alto o recordar lo negativo y experimentar algo de enojo o dolor. Las experiencias positivas en la niñez son esenciales para una buena salud mental, IE, y un comportamiento adecuado como adulto. Busca entender las cosas que no fueron tan agradables y requieren sanidad o atención. Así como un dentista se concentra más en tus dientes dañados o deteriorados que en los saludables, se hace necesario que te concentres en tus "moretones" o malos recuerdos para avanzar.

Un ejemplo ilustra el impacto de una experiencia de la niñez:

Bob es un hombre semijubilado en medio de sus 50 años. Nunca había buscado ayuda profesional y vino a terapia por solicitud de Hanna, su esposa. Bob estaba muy a la defensiva y cerrado cuando comenzamos el proceso, mostraba poca autoconsciencia o IE. Hanna se quejaba de que gran parte del tiempo él estaba enfadado y era inaccesible emocionalmente. También era posesivo y celoso con ella porque ella estaba involucrada en la iglesia u otras actividades de trabajo voluntario y no dependía de él para satisfacer sus necesidades. Por otro lado, Bob no mantenía una vida plena y esperaba que Hanna fuera su principal fuente de entretenimiento, compañerismo y significado. Bob experimentó una gran transformación cuando comenzó a abrirse y revelar por medio de la terapia sus experiencias de niñez temprana. La presencia de su abuela paterna en la vivienda familiar fue una influencia extremadamente destructiva en su niñez. La abuela de Bob se mudó con ellos cuando falleció el abuelo. Bob era un niño en ese tiempo, y este arreglo duró casi treinta años. La abuela nunca se recuperó de la pérdida de su esposo, y vivía con la familia de Bob como una mujer amargada, enfadada y controladora. Era gruñona y mezquina y con ella toda la familia "pisaba huevos". Bob le tenía mucho miedo y observaba que no se permitía ninguna cercanía entre los otros miembros de la familia porque todos estaban permanentemente en "modo de supervivencia". Los padres de Bob prácticamente eran esclavos de la abuela, atendiendo todas sus necesidades, y tenían poco tiempo para satisfacer las necesidades mutuas o las de sus cuatro hijos. Aunque nadie lo reconoció en ese momento, muy probablemente la abuela sufría de un severo desorden depresivo que no fue tratado.

A medida que nuestro proceso se desarrolló, Bob llegó a entender que nunca había hablado con nadie de esta experiencia ni del dolor resultante, ni siquiera con Hanna. Siempre había creído que era irrespetuoso e inapropiado identificar y hablar acerca de las formas como había sido herido y afectado por sus "mayores" incluyendo a sus padres. Comenzó a ver que su ira y posesión, así como su incapacidad de satisfacer sus propias necesidades, venían de su experiencia de vida inicial con su familia. Bob experimentó gran alivio al "descargar su equipaje" y pudo progresar en el matrimonio. Después de muchos años de vivir ese patrón, probablemente va a pasar algo de tiempo para que logre la IE que él desea, pero ya se ha encaminado.

APEGO

Tu estilo de apego inicial también tiene un impacto importante en tu matrimonio y otras relaciones adultas. El doctor John Bowlby, pionero y líder en el campo de la teoría del apego, nos ayudó a entender que el principio motivador principal en los seres humanos es la necesidad de buscar y mantener contacto con otros. Su investigación mostró que los bebés y niños pequeños forman modelos inconscientes de involucramiento interpersonal. Esto en esencia significa que las experiencias tempranas con tus protectores principales, sentaron el fundamento para la forma como abordas tus relaciones afectivas de adulto.

El estilo de apego desarrollado entre tú y tus padres en la infancia y en la niñez temprana influye sobre tus expectativas emocionales en tus relaciones de adulto. Si tus padres no estuvieron en "sintonía" contigo como niño, esto muy seguramente te decepcionó y puede haberte llevado a tener dificultades con un intercambio normal de emociones en tus relaciones íntimas de adulto. Por otro lado, si tus padres estuvieron muy sintonizados contigo e hicieron un buen trabajo satisfaciendo tus necesidades emocionales, es más probable que tengas intercambios emocionales saludables con tu pareja adulta. Los padres emocionalmente inteligentes crían hijos emocionalmente inteligentes.

Hablando en términos generales, hay muchos estilos de apego entre padres e hijos que son llevados a la vida adulta. Estos estilos generales se resumen en tres categorías.

Resultados *anciosos-ambivalentes* por una madre o protector principal que no fue adecuadamente atento o sensible a las necesidades de su hijo; el niño reacciona con más ansiedad de lo normal cuando la madre o el protector principal falta.

Resultados *evasivos*, cuando la madre o el protector principal es igual de ansioso o ambivalente como se dijo anteriormente, pero el niño reacciona a esto desarrollando un estilo de desapego o distanciamiento emocional; el niño no está ansioso cuando la madre falta y no desea su atención cuando ella vuelve.

Resultados *seguros*, cuando la madre o protector principal es adecuadamente sensible y atento; el niño generalmente es feliz y tiene autoconfianza y entiende que la madre es accequible incluso cuando no está presente. Es este último estilo, el seguro, el que es ideal para el funcionamiento óptimo, la plenitud y la felicidad.

Susan Johnson, Doctora en Educación, catedrática en Psicología y Psiquiatría de la Universidad de Ottawa y líder en el campo de la terapia marital concentrada en las emociones, dice que el apego seguro sucede cuando los protectores se unen o conectan con los niños de una forma que proporciona una base segura. Esto da como resultado un individuo capaz de desarrollar una perspectiva de sí mismo como amable y de otros como confiables y sensibles. Pueden confiar, ver el mundo como seguro y experimentar cercanía en relaciones adultas sin temor. En otras palabras, si tuviste un apego seguro con tus padres en tus primeros años, como adulto es muy probable que experimentes ese tipo de apego seguro en el matrimonio. Si no tuviste esta experiencia en tu infancia y niñez, las probabilidades de lograr este tipo de apego en tus relaciones de adulto pueden aumentarse significativamente por medio del uso de otros recursos apropiados.

Si tú y tu pareja pueden lograr un "apego seguro" entre sí, muy seguramente confiarán el uno en el otro, serán independientes, se apoyarán mutuamente, tendrán intimidad, serán más sensibles y se comunicarán bien. La conexión y la desconexión o la cercanía o separación se negocian más fácilmente.

Si puedes lograr y mantener este balance, el compromiso emocional y la sensibilidad serán más importantes que la forma como resuelvan sus conflictos. Hago énfasis en lo emocional porque es la clave de cuán bien interactúan.

Es más probable que los problemas comunes que surgen en tus relaciones o matrimonio sean el resultado de amenazas sobre el apego seguro, ya sea pasado o presente. La ira inadecuada, el comportamiento pegajoso, los celos, el desespero, ser controlador y ser posesivo pueden activarse cuando la seguridad de sus lazos se vea amenazada. Ser emocionalmente más accequible y sensible en tu relación aportará para un apego seguro.

La investigación de John Gottman, Ph.D., revela que el desapego emocional anticipa más el divorcio que la mayoría de los otros factores y que el apropiado compromiso emocional anticipa más los matrimonios exitosos y satisfactorios. En algunos casos este lazo emocional temprano puede estar seguro en su lugar pero se puede romper por crisis como la muerte de un padre, lo cual suele resultar en dificultad con posteriores apegos emocionales en la vida adulta.

El siguiente es un ejemplo útil de la pérdida de apego:

Sid representa un caso clásico de pérdida de un padre a temprana edad y el efecto resultante en posteriores relaciones afectivas. Su padre era alcohólico y era común que no estuviera disponible, pero Sid desa-

rrolló un apego cercano y seguro con su madre, cuyo estilo de materni-
dad era alentador. Desafortunadamente ella falleció por un ataque car-
diaco cuando él tenía nueve años y tras una larga enfermedad. Su padre
no le dio muchos cuidados a su madre durante su enfermedad, ésta fue
una responsabilidad que Sid asumió hasta cierto punto. Para complicar
más las cosas, su padre se casó de inmediato con una mujer que abusaba
verbal y físicamente de Sid y su hermana menor.

Trabajé con Sid de forma individual por varios años y facilitando
terapia de pareja para él y su compañera. Él era una persona notable
en muchas formas pero seguía presentando dos patrones en esas rela-
ciones. Uno era el de rescatar y proteger a "damiselas en apuros", el otro
era el de tener un estilo de relacionarse que era pegajoso, abrumador y
controlador. Sid estuvo muy motivado en la terapia, mejorando bastan-
te con el tiempo respecto a su autoconsciencia y otros aspectos de IE.
Con el tiempo pudo trabajar con las pérdidas tempranas y el abuso y
reconocer los patrones resultantes en sus relaciones. Además, Sid eligió
volver a terapia según fuera necesario y participar en otras actividades
de crecimiento, lo cual aportó considerablemente a su IE mejorándola
continuamente.

La Parte III (Capítulos 8 al 15) proporciona inventarios y herra-
mientas de autoconsciencia para ayudarte a examinar y entender tu
historia y cómo puede haberte afectado. Muy bien, ¿entonces qué haces
con esta información?

AUTORREVELACIÓN

El siguiente paso es compartir quién eres con tu pareja. ¿Se te di-
ficulta describir tu comportamiento o personalidad de forma acertada
y darle nombre a tus sentimientos? ¿Puedes describir los sentimientos
de tu pareja?

Intentar, de forma honesta, entender la personalidad de tu pareja y
sus experiencias tempranas, requiere tu habilidad para sintonizarte con
él o ella y tener empatía mientras él o ella te confía quién es, qué siente
y qué ha vivido. Evidentemente, entender y compartir quién eres con tu

pareja, es clave para una buena relación o matrimonio. Es mejor cuando ambos revelan información acerca de sí mismos aproximadamente al mismo nivel de intimidad.

Si eres soltero y te interesa volver al mundo de las citas, o estás buscando una nueva pareja, concentra tu atención más allá de la atracción física, cuán divertida es una persona y qué intereses comparten. Nota o haz preguntas acerca de la personalidad del otro, su historia, sus experiencias de vida y cómo comparten sus sentimientos. Éstas no son conversaciones a las que llegas rápidamente en el primer encuentro, pero son absolutamente necesarias antes de comprometerse con algo serio.

Sorprendentemente, es probable que no conozcamos mucho acerca de la persona con quien estamos comprometidos porque él o ella no han compartido experiencias importantes de su vida o información esencial acerca de su experiencia interior. Esto tiene varias razones. Revisa la lista a continuación para ver si éstas se aplican a ti:

❖ Sencillamente puedes no tener la capacidad de hablar con confianza con tu pareja porque te hace falta el lenguaje y la consciencia para describirte a ti mismo y a tus experiencias interiores.

❖ Posiblemente tienes miedo de abrirte porque has tenido experiencias dolorosas al compartir con otros que han traicionado tu confianza.

❖ A lo mejor fuiste criado con el mito de que no es seguro ni sabio "dejar al descubierto tu ropa sucia".

❖ Piensas que "no es problema de tu pareja". (Esto se basa en el temor).

❖ Experimentas una incomodidad general con la vulnerabilidad.

❖ Temes que tu pareja no muestre interés, así que hay poca motivación para compartir.

Todos estos obstáculos, incluyendo el temor y la falta de confianza, se logran superar por medio de un mejor manejo de las emociones de parte tuya y de empatía de parte de tu pareja.

Este corto ejemplo ilustra el valor de la autorrevelación:

Mary y David se apresuraron a casarse después de pocos meses de salir juntos. (Esto me parece muy común). Ellos no se habían tomado el tiempo ni fueron conscientes de la importancia de compartir sus historias entre sí. En entornos sociales y reuniones familiares, la madre de David a menudo era muy fría y ruda con Mary. Después ella atacaba a David, enfadada por no "enfrentar a su madre" y defenderla. Él finalmente pudo examinar sus experiencias pasadas y le compartió entre lágrimas, que su madre siempre había sido fría, gruñona y muy crítica. David se hizo consciente de que todavía se sentía intimidado de alguna manera con su madre; no había nada que pudiera ganar al confrontarla porque ella permanecía siendo inabordable y eso podía empeorar las cosas. Mary pudo tener compasión y empatía con los sentimientos de David y su historia con su madre. Así que pudieron acordar una solución concertada en la cual David le ofrecería más apoyo "tras bambalinas" y empatía en esos momentos en los que ella se sintiera herida por su madre, y ella no proyectaría esas heridas sobre David con enfado.

Es común negar el efecto de aquello que has enfrentado en el pasado, y esa negación te impide ver la verdad. Esto lo empeora cualquier sentimiento de vergüenza o temor de enfrentar la realidad de tu pasado o de quien eres en realidad. Esta falta de autoconsciencia va a hacer que tu relación sea superficial e insatisfactoria.

Estos ejemplos ilustran el poder de la negación:

Hace muchos años una joven madre recientemente divorciada, por medio de terapia, reveló un extenso abuso sexual por parte de su padre adoptivo. Luego se recostó y con una mirada de alivio dijo: "Pero nunca fui abusada sexualmente". A medida que el proceso de la terapia avanzaba, se hizo claro que ella realmente necesitaba entender lo que significaba abuso sexual, su nivel de negación era asombroso. Su vergüenza era tan penetrante que ella literalmente no podía tratar con su trauma. Ella terminó la terapia antes de tratar los asuntos de adaptación al divorcio y el ser madre soltera y volvió muchos años después, finalmente lista para sobreponerse a la negación y enfrentar su pena y su vergüenza. Procedimos a trabajar con los efectos del abuso sexual y al final ella estuvo muy agradecida de haber estado lista para hacerlo.

En otra situación, un hombre que venía de una familia en la que ambos padres eran alcohólicos activos durante su crecimiento, dijo que eso "no había tenido efecto en él". Aunque esa creencia y negación son comunes en casos de alcoholismo, no logras salir completamente ileso de un hogar en el cual uno o ambos padres son alcohólicos. Esto no es una "cacería de brujas" para encontrar disfunción, pero no usemos la negación y el engaño cuando las consecuencias pueden ser dramáticas.

Afortunadamente puedes aprender a establecer y mantener relaciones adultas que sean saludables así tengas cualidades que necesiten mejorar. Después de todo sigues sanando y creciendo durante toda tu vida si tienes autoconsciencia y estás motivado a tener esperanza. ¡Tú tienes el poder de ser quien quieres ser!

Jung, citado anteriormente, animaba a sus pacientes a familiarizarse con su "sombra" o su lado oscuro, las partes escondidas, mezquinas, egoístas, heridas y bajas de sus personalidades. Puedes tener miedo de enfrentar la vergüenza de exponer tu "ropa sucia" o vulnerabilidades. ¿Y con quién mejor para hacer esto que con tu pareja?

La autorrevelación puede ayudarte a conocerte a ti mismo. Cuando eres abierto o transparente con los demás, es más probable que seas abierto o transparente contigo mismo. "Revelación recíproca" es un término que significa que cuando le revelas información personal a alguien, es muy probable que esa persona haga lo mismo. Esto sucede generalmente cuando te sientes atraído hacia otra persona y puede resultar en confianza mutua. Es más probable que suceda si eres autoconsciente, expresas tus emociones apropiadamente y tienes empatía o puedes sintonizarte genuinamente con otros.

Se cauteloso si estás considerando revelar un trauma extremo. Es mejor buscar la orientación de un profesional en salud mental antes de hablar del trauma con otros para evitar activar o volver a sentir experiencias traumáticas. Aunque exteriorizar esto puede traer sanidad, en la mayoría de los casos debería hacerse primero con un profesional confiable y luego con amigos cercanos, seres queridos o tu pareja.

Como puedes esperar, te bene-
ficias más de la autorrevelación si al-
guien te escucha y responde apropia-
damente. Eso requiere la habilidad por
parte de quien escucha para verdade-
ramente sintonizarse con la otra per-
sona que está compartiendo. La confianza fácilmente podría perderse o
dañarse si revelas información personal delicada y la otra persona no te
escucha cuidadosamente o no responde de forma comprensiva.

¿Entonces, cómo comienzas con este proceso?

Si hay una disposición mutua y una sensibilidad adecuada, haz
preguntas sencillas como las que hay a continuación. Úsalas como guía
para lograr la autorrevelación de tu pareja. Tienes la opción de añadir
más preguntas usando tu propio juicio de lo que consideras importante
saber acerca de él o ella. Haz que sea parte de conversaciones con el
tiempo, no como una "inquisición" o entrevista.

Acerca de la vida actual de tu pareja

◆　¿Cómo describirías tu personalidad?

◆　¿En qué te pareces a tu madre?

◆　¿En qué te pareces a tu padre?

◆　¿Qué es lo más importante para ti en la vida? ¿Qué es lo menos im-
portante?

◆　Comparte tus pensamientos conmigo acerca de _____

◆　Comparte tus sentimientos conmigo acerca de _____

◆　¿Cómo enfrentas problemas como _____?

◆　¿Cómo te sientes acerca de las personas (puntuales) en tu vida?

◆　¿Cuáles son tus creencias religiosas? ¿Cuáles son tus posiciones polí-
ticas?

- Háblame acerca de tus amistades actuales.

- ¿Qué tan bien sientes que te conoces a ti mismo?

- Háblame acerca de cómo ves a la gente en general.

- ¿En qué eres bueno?

- ¿Cuáles son tus debilidades?

- ¿Has tomado algún test de personalidad como el Myers-Briggs?

- ¿Cuáles son tus recuerdos más queridos? ¿Cuáles los peores?

Acerca de la vida inicial de tu pareja:

- Describe la familia de la que provienes y el efecto que tuvo sobre ti.

- ¿Cómo fue tu crianza?

- Háblame acerca de tus amigos actuales, de la niñez, de adolescencia.

- ¿Cómo era tu madre cuando eras niño?

- ¿Qué clase de persona fue tu padre cuando eras niño?

- ¿Cómo te sentías contigo mismo cuando eras niño? ¿De adolescente?

- ¿En qué actividades participabas?

- ¿Cómo eran tus vecinos?

- Si las tuviste, ¿cómo fueron tus experiencias en relación con la iglesia?

- Háblame acerca de tus hermanos y tus relaciones con ellos.

- ¿De qué manera se relacionaban tus padres entre sí?

- ¿Cómo te trataban tus padres?

- ¿Cuáles de tus necesidades fueron satisfechas cuando eras niño? ¿Cuáles no?

- ¿Experimentaste algún trauma importante? ¿Alguna pérdida?

* ¿Tuviste algunos grandes logros o triunfos?

* ¿Cuál fue el mensaje más importante que te dio tu padre acerca de la vida? ¿Acerca de ti?

* ¿Cuál fue el mensaje más importante que te dio tu madre acerca de la vida? ¿Acerca de ti?

* Comparte conmigo cualquier logro escolar o educativo en particular del cual estés orgulloso. ¿Algún fracaso?

Cuando hagas esto con tu pareja, usa un interés honesto y hazlo con tiempo. Este ejercicio no es para hacerlo en una noche o en exceso.

Lo ideal es que deberías hablar acerca de estas cosas durante el tiempo de noviazgo y definitivamente durante el compromiso y antes del matrimonio. Hablen acerca del impacto que esto tiene en su relación o cómo creen que los afecte en el futuro. La mayoría de la gente no es muy conocedora acerca de cómo analizar esta información y estas influencias. Sin embargo, pueden hacer preguntas, explorar juntos y hacer un esfuerzo concertado para llegar a conocerse mejor a sí mismos y el uno al otro. Lo que se revela no debe usarse contra tu pareja en una ocasión posterior. El capítulo 9 proporciona varias sugerencias y herramientas para ayudar con esto.

PATRONES, ESTILOS Y HÁBITOS EMOCIONALES

Algunos de nosotros desarrollamos hábitos emocionales que "aparecen" en nuestras relaciones como consecuencia de nuestro tipo de personalidad y experiencia de vida. Estos hábitos o patrones interfieren con nuestra IE y por consiguientes con nuestras interacciones. A continuación sigue un breve análisis de tres ejemplos comunes.

Ira

Uno de estos patrones o hábitos es estar constantemente enfadado. Este es un mal hábito tomado del patrón de un padre enfadado o por no aprender a tratar con las frustraciones de la vida, o también es el resultado de abuso, una pérdida temprana u otro trauma. También podría ser un síntoma de depresión. De cualquier forma, el uso constante de la ira es potencialmente importuno en tu relación o matrimonio. Es una emoción

Los pensamientos airados evidentemente alimentan los sentimientos de ira (y viceversa), lo cual lleva a acciones inapropiadas.

seductora y energizante, y es posible que te sientas con más fuerzas cuando estás enfadado. Es probable que no conozcas otra manera de afirmarte a ti mismo en tu relación o de lograr que tus necesidades sean satisfechas a menos que uses la ira.

Cuando tus emociones tienen vida por sí solas y no se controlan de manera consciente, pueden causar estragos en tu relación o matrimonio. Cuando uno de ustedes está constante o inapropiadamente enfadado, esto erosiona sus fundamentos como "termitas emocionales". La mayoría de estados de ánimo, incluyendo la ira, se pueden controlar hasta cierto punto incluso en casos de depresión. Si en realidad eres inteligente emocionalmente, estás en la capacidad de controlar tu ira.

Aprende a replantear problemas o situaciones potencialmente explosivos para disipar tu ira hacia tu pareja. Replantear significa mirar algo o a alguien de una manera nueva y totalmente diferente, dándole a la situación o al individuo el beneficio de la duda. Otra forma poderosa de disipar tu ira es cambiando las convicciones o creencias que la alimentan. Tan difícil como parece, este control y manejo de emociones es posible incluso cuando estás enfadado.

La empatía y la compasión, las cuales son esenciales para tu relación afectiva y claves para tu inteligencia emocional, están ausentes cuando estás en un estado mental de ira. El sentido común nos dice que cuando estamos enfadados o ya sea deprimidos o arremetiendo contra alguien, la empatía sale por la ventana.

Una persona emocionalmente inteligente aprende a controlar su miedo y su ira, emociones que no van separadas.

Si tú y tu pareja están en conflicto constante y se encuentran enfadados el uno con el otro, no se sintonizan con los sentimientos y necesidades del otro. Para tener empatía y verdaderamente escuchar lo que tu pareja está diciendo o experimentando, necesitas estar calmado y no cegado por las emociones.

Miedo

Así tengas severas heridas emocionales, puedes aprender a controlar tus emociones y comportamientos resultantes.

Otro patrón emocional que tiene un impacto negativo en tus relaciones es el miedo dominante. Algunos de nosotros tienen un sentido de inseguridad en general y no experimentan al mundo como un lugar seguro, lo cual se manifiesta como sospechas, celos, estar a la defensiva, ser posesivo y la falta de disposición a probar nuevas actividades o empresas, comportamientos de apego y otros similares. El miedo habitual también suele revelar una lucha con tu autoestima o seguridad en ti mismo, lo cual tiende a pesar mucho en una relación.

Algunos expertos aseguran que el temor y la ansiedad están en todo el centro de las emociones primarias, por debajo de nuestras demás emociones, las cuales generalmente están motivadas por el temor más que por cualquier otra emoción, y que vivimos en tal forma que, en cierto grado, están "basadas en el temor". Esto podría ser cierto, pero recuerda que si tus temores se hacen severos o debilitantes, es factible que exista un desorden de ansiedad que necesite atención profesional. Si tu miedo o ansiedad no están a ese nivel, entonces, como la ira, la técnica de replantear, así como otras estrategias, van a ayudarte a controlarlo, y lograrás tener el poder sobre esto así como lo tendrás sobre la ira.

Tristeza y desesperanza

Un tercer patrón o hábito de problemas emocionales es el de la profunda tristeza, melancolía o desesperanza. Todos hemos tenido estas emociones en algún punto de la vida. Pero tú mismo sabes controlar la depresión subclínica si tienes la motivación y usas tus propios recursos. De nuevo, el replanteamiento cognitivo va a ayudarte a superar el efecto de estos sentimientos así como ciertas otras cosas que aplican componentes de IE tales como una consciencia propia y la confianza en tu habilidad para controlar tu propia vida. Si no tienes esperanza, es muy probable que tengas pensamientos pesimistas y negativos y sea difícil vivir contigo. Esto puede perjudicar un matrimonio que de otra manera sería bueno.

Aunque no tengas depresión severa ni necesites medicación psicotrópica, sí tendrás que aprender nuevas habilidades, patrones de comportamiento, actitudes y manejo de emociones que reflejen IE para mantenerte a ti y a tu relación con buena salud.

> No somos víctimas pasivas de nuestros sentimientos y emociones.

PENSAMIENTO POSITIVO *Vs.* NEGATIVO

Probablemente el vínculo más ampliamente aceptado entre manejar tus sentimientos o emociones y tus pensamientos es el ser positivo, optimista y tener esperanza. Parte de ser emocionalmente inteligente es mantener una actitud de esperanza y de esta manera generalmente se sufre menos que si eres pesimista y sin esperanza. Lo mismo es cierto sobre el tener un sentimiento de autoeficacia, lo cual significa que crees que estás a cargo de la mayoría de los resultados en tu vida y tienes un sentido de poder personal para alcanzar tus metas y superar los obstáculos.

Si eres una persona eficaz, eres una mejor pareja. La autoeficacia se aumenta en parte por medio del éxito y la maestría personal. Por lo tanto, en tu lucha por solucionar las diferencias, entre más tú y tu pareja tengan éxito en sus vidas individuales, llegando a ser lo que aspiran y teniendo éxito en mejorar su relación juntos, se sentirán personalmente más poderosos, como en una alianza.

El pensamiento positivo tiene un impacto importante en tu salud emocional y física y en el resultado general de tu vida. La mayoría de nosotros podemos regular nuestros estados de ánimo y podemos prolongar estados de ánimo placenteros y controlar nuestras mentes al concentrarnos en las cosas positivas de la vida. Puede sorprenderte el efecto que este estilo de vida tiene en tu relación o matrimonio.

Probablemente hayas escuchado sobre la idea de tener una "actitud de gratitud". Los resultados de esto son notorios. Tú y tu pareja se pueden beneficiar considerablemente al concentrarse en las "bendiciones" y cosas positivas de su vida juntos.

El siguiente ejemplo demuestra los efectos de tener una "actitud de gratitud".

Matt participó en terapia de grupo por casi un año a fin de enfrentar una ira residual hacia un padre alcohólico, un divorcio reciente, su propia y constante lucha con la sobriedad, dificultades con relaciones de noviazgo postdivorcio, depresión por la cual estaba tomando medicina psicotrópica y una permanente batalla con la autoestima y éxito profesional. Este hombre bien capacitado pero enfadado y de bajo rendimiento estaba muy motivado a superar estos obstáculos. Matt rápidamente se hizo consciente de su hábito de pensamiento negativo y patrones de "¿no es horrible?", "la vida no tiene esperanza" y "soy un fracaso". Cuando le presenté el concepto de que él podía elegir cómo ver la vida y sus circunstancias, si de forma negativa o con más optimismo, y que debía considerar el mantener una "actitud de gratitud", él sintió como si le hubieran lanzado un salvavidas y procedió a aplicar vigorosamente esto a varios aspectos de su vida e influyó en otros miembros del grupo para que adoptaran mentalidades similares. Sin duda es ingenuo creer que adoptar una actitud positiva provea una cura mágica para los problemas, pero para Matt esto claramente mejoró su calidad de vida y abrió puertas para una mayor plenitud. Con breves e inevitables adversidades, Matt pudo conservar más esperanza, un pensamiento positivo y una actitud generalmente optimista. Él mantuvo su sobriedad con más facilidad, pudo trabajar con la ira hacia su padre, se recuperó más rápido de lo esperado por la terminación de una relación amorosa e hizo cambios de profesión apropiados.

Los pensamientos, las interpretaciones, las actitudes y las creencias negativas, si son muy profundos, son tóxicos para tu relación. Si eres una persona más negativa, puedes esperar lo peor de tu pareja, interpretando su comportamiento como si fuera por una "mala motivación". Si tienes un alto nivel de esperanza y eres más optimista que pesimista, es más probable que interpretes las motivaciones de tu pareja como si vinieran de un lugar constructivo. También es más probable que seas automotivado, autoafirmado y flexible y que encuentres los medios para alcanzar tus metas.

Con una actitud positiva hacia la vida, creas experiencias interpersonales que llevan a mejores resultados y a mayores recompensas para ti y tu pareja. Cuando se relacionen de manera positiva entre ustedes, experimentarán menos estrés y mayor satisfacción juntos.

RESUMEN

De las nueve características de IE listadas en el capítulo 1, las cinco más esenciales para ayudarte a conocerte a ti mismo y a tu pareja son:

1. Ser autoconsciente y tener conocimiento propio

2. Conservar la esperanza, el pensamiento positivo, y una actitud de optimismo

3. Tener empatía y estar en sintonía con otros, especialmente tu pareja, y tratar con ellos de forma efectiva

4. Mantener un sentido de autoeficacia

5. Conocer, entender, regular o manejar tus emociones, y expresarlas o usarlas apropiada y adaptativamente.

Para reconocer y examinar las cualidades básicas de tu personalidad, tus experiencias de niñez temprana y los efectos que éstas tienen sobre quién has llegado a ser y cómo funcionas en tu vida adulta, debes estar dispuesto a conocerte y entenderte completamente. Esto exige que seas de mente abierta y no estés a la defensiva respecto a la verdad de lo que has experimentado y lo que realmente sientes, evita negar lo que ha sucedido en tu vida, examina tus recuerdos, presta atención a cómo te presentas, y escucha atentamente las observaciones de otros que te conocen y a quienes les importas. Negar cualquiera de estos, rehusándote a reconocer ciertos aspectos de tu personalidad, o hacer a un lado las influencias con cosas como "mis padres hicieron lo mejor que pudieron" o "soy lo que soy y no importa cómo llegué a serlo", interfiere con la genuina autoconsciencia.

La autorrevelación también es importante en tu relación, pero es difícil sin la *autoconsciencia*. ¿Cómo puedes revelar a tu pareja cosas importantes acerca de ti mismo y de qué te hizo quien eres hoy si realmente no "te conoces"? Esta revelación a veces viene con emociones fuertes; por lo tanto, *el uso y la expresión apropiada de tus emociones* o estados de ánimo son esenciales para que la autorrevelación sea segura. Los malos entendido y las rupturas de comunicación son inevitables si no sabes qué estás sintiendo, cómo llegaste a expresar tus sentimientos o no ignoras la forma cómo estás procediendo.

Tus estados emocionales y la forma como los expresas juegan un papel importante en tu relación. Siendo un adulto emocionalmente inteligente, es tu tarea identificarlos y usarlos de forma constructiva. Este uso efectivo de emociones es un factor clave en el proceso de compartir y recibir información con tu pareja. Es improbable que compartas información personal sensible con una pareja que no responda comprensivamente.

Saber cómo te sientes en determinado momento, qué motiva los estados de tus sentimientos en particular y cómo expresarlos de manera efectiva es de mayor importancia en el autodesarrollo así como en tus interacciones personales.

La habilidad de ser *esperanzado, optimista y positivo* subyace en casi todos los asuntos de relaciones referidos en este libro. Cómo se aplica a "¿Quién soy yo? Comenzando el viaje", te ayuda aceptar tu personalidad, tu singularidad y las experiencias actuales y pasadas de tu vida. El pensamiento negativo y desesperanzado te mantiene atascado en una "mentalidad de víctima". Esta habilidad también te proporciona un lente útil para ver a tu pareja.

Conservar un sentido de *autoeficacia*, juega un papel importante en la superación de la postura de víctima o la creencia de que "soy lo que soy y no puedo cambiar". Puedes pensar en esto como en tener "un sentido de poder personal". Si eres alguien eficaz, crees en tu habilidad de influir sobre los resultados de tu vida, alcanzar metas y superar los inevitables obstáculos que encuentres en el camino.

Si tienes esta cualidad, entenderás que eres lo que eres por miles de razones e influencias y que en algún grado tienes control sobre cualquier cambio o crecimiento desde este punto en adelante. Esto contribuye inmensamente a la fortaleza de tu relación porque ésta te da independencia, confianza y valor.

Como persona emocionalmente inteligente, sigues teniendo esperanza sobre ti mismo, pero también mantienes una actitud positiva y esperanzadora hacia tu pareja. Esto lleva a un mayor apoyo, paciencia y entendimiento de cómo ves y experimentas la idiosincrasia y luchas de tu pareja. Todos tenemos nuestra propia idiosincrasia y traemos nuestro pasado a la relación. La esperanza y el optimismo son los "maleteros" que cargan ese pasado por nosotros, este equipaje que suele ser pesado.

Todo esto debe conseguirse por la habilidad para *sintonizarte* con tu pareja y expresar cualquier *empatía* que él o ella pueda necesitar. Las interacciones verdaderamente *empáticas y compasivas* fortalecen sus lazos. Ser condescendiente con tu pareja con cosas como "así eres tú", "bueno, saliste bien", o "tú puedes superarlo" no es útil ni demuestra inteligencia emocional.

Aunque *la empatía y la sintonía* están relacionadas, son diferentes en algunos aspectos. En el contexto de este capítulo, la empatía puede ser necesaria si, por ejemplo, tu pareja está tratando con un problema que afecta su vida actual. La sintonía muy seguramente te ayudará a entender y aceptar completamente por qué él o ella tienen ciertos comportamientos, sentimientos o peculiaridades. Por ejemplo, la frase "eres igual que tu madre" puede decirse, escucharse e interpretarse en miles de formas.

La empatía y la sintonía requieren de que tengas un interés genuino en los sentimientos, creencias, comportamientos, experiencias y sueños de tu pareja. No puedes mantener una buena conexión si no hay

interés en quién realmente es esa persona, por qué ha pasado, cómo
ha llegado a ser quien es, y cómo está intentando desarrollarse a partir
de ese punto. Uno de los conectores más poderosos en una relación o
matrimonio es el mostrar genuino interés en tu pareja al salirte de ti
mismo y sintonizarte más con él o ella.

Ahora que entiendes la importancia de llegar a conocerte mejor a ti
mismo y a tu pareja, avancemos a algo un poco más divertido: la amis-
tad, el compañerismo, la intimidad, el amor y el sexo. El capítulo 3 te
guiará por estos cinco niveles de tu relación y te mostrará cuán esencial
es la IE para cada uno.

CAPÍTULO TRES

Los fundamentos "divertidos"

De la amistad al sexo

"La humanidad ha hecho un excelente trabajo en la exploración del espacio exterior, pero uno terrible en la exploración de nuestro espacio interior".

—Secretario General de Naciones Unidas, Dag Hammarskjold

¿Tú y tu pareja son amigos? ¿Compañeros? ¿Creen tener una relación íntima? ¿Cómo definirías el "amor"? ¿Y qué del sexo? ¿Podrías tener algo de ayuda? Démosle una mirada a estos niveles de relación y veamos por qué la inteligencia emocional (IE) es tan necesaria para dirigirlos.

AMISTAD Y COMPAÑERISMO

Amistad

En muchos casos, la amistad es la base de una relación afectiva duradera. Esto incluye, entre otras cosas, los once puntos enumerados a continuación. Usa esto como una lista de comprobación para definir si tú y tu pareja tienen una amistad.

❖ Tienen confidencias y revelan lo que hay en su interior con un sentido de confianza y sin temor a represalias o traición

❖ Hay disposición a ser vulnerable

❖ Comparten con afecto

❖ Pasan tiempos juntos y son compañeros

❖ Son honestos, pero cuidadosos de no ser críticos

❖ Muestran apoyo emocional

❖ Son leales y defienden a su pareja en su ausencia

❖ Son tolerantes y aceptan a los amigos del otro

❖ Comunican aprecio, expresando bondad, y son corteses el uno con el otro

❖ Conversan con frecuencia

❖ Aceptan la singularidad del otro

Algunos de estos son también aspectos de intimidad, los cuales trataremos más adelante en este capítulo. Aunque las mujeres por lo general han visto la amistad como lo descrito anteriormente, y los hombres son más propensos a concentrarse sobre todo en el compañerismo, estos estereotipos están cambiando. Los hombres cada vez esperan más de sus relaciones, incluyendo sus amistades. Esto se debe a un aumento de consciencia propia y mejores habilidades de sintonía o empatía con los demás.

La amistad es un buen modelo para todas las relaciones íntimas. Si mantienes una estrecha amistad y amas a tus amigos, estás mejor capacitado para mantener una relación o matrimonio duradero y satisfactorio. El doctor Frank Pittman, en su franco libro *Grow Up (Crece)* dice: "Se un buen amigo, antes de si quiera pensar en enamorarte. La amistad es una base mucho más estabilizadora para el matrimonio que el romance".[7]

La mayoría de relaciones o matrimonios duraderos eventualmente evolucionan hasta un punto en el que la amistad y/o la compañía es el pegamento que los mantiene unidos. Muchos de nosotros también mantenemos o reavivamos la pasión, pero disfrutamos la estabilidad de tener a nuestro cónyuge como nuestro "mejor amigo" a finales de nuestra mediana edad y años de vejez.

Este ejemplo demuestra el valor de la amistad en el matrimonio:

Steve y Kathy habían estado casados por 23 años. Habían podido compartir y comunicarse entre sí de forma constante y disfrutaban algunos de los mismos intereses. Ambos expresaban un gran aprecio por la habilidad para poder hablar el uno con el otro y por la fuerza de su amistad. Sin embargo, Kathy llegó a un punto de insatisfacción, porque ella es una persona mucho más sociable con una más amplia variedad de intereses que Steve, y empezó a encontrarlo aburrido. Tampoco habían podido reavivar o mantener una relación amorosa romántica y apasionada. Y Kathy ya no lo veía a él sexualmente atractivo. La fuerza de su amistad no era suficiente para ella, y ella tomó la terrible decisión de tratar su frustración involucrándose primero en una y luego en otra aventura sexual fuera del matrimonio. La pareja consideró el divorcio, y cada uno eligió participar en un taller de recuperación del divorcio por separado. Durante un período de tiempo, trabajé con ellos como pareja y con cada uno de forma individual. Ambos lograron mayor autoentendimiento y autoconsciencia y trataron con asuntos más profundos de sus historias individuales que no habían sido resueltos. Steve, que había dependido mucho de su amistad y compañerismo con Kathy, aprendió independencia. Kathy desarrolló aprecio por Steve. Aunque la sola amistad no era suficiente para mantener su matrimonio, definitivamente fue el ingrediente que dio la motivación para resolver sus demás problemas.

Una relación afectiva duradera debería incluir conversación íntima, personal y emocional conectando y discutiendo "las cosas que importan". Esto no tiene que hacerse en exceso, pues puede llevar a un patrón de "sobrecarga de intimidad". Las charlas informales y conversaciones diarias son también una forma de conexión y fortalecimiento de la relación.

Gottman, en su libro éxito en ventas, *The Seven Principles for Making Marriage Work, (Los siete principios para lograr que funcione el matrimonio)*, dice que cuando los dos se conectan entre sí por medio de la charla regular, es probable que estén felizmente casados.

El romance de la vida real es alimentado más por este método rutinario de mantenerse conectados que el romance salvaje y apasionado que vemos en las películas. Si pueden conversar con frecuencia sobre una gran variedad de temas de una manera no conflictiva, la relación se fortalece.

No puedes tener intimidad sin conversación. Para conocer y amar a un amigo, debe haber diálogo regular. Si una relación estrecha se rompe, es probable que sea debido a que dejaron de hablar, y una buena amistad requiere mucho tiempo para hablar. Hablar con un amigo requiere la consciencia propia y sintonía con la otra persona. También puede ser necesario controlar tus emociones, así las conversaciones no sean especialmente "pesadas".

Compañerismo

El compañerismo puede ser satisfactorio, así sea superficial porque implica pasar tiempo juntos y participar en actividades compartidas. Esto se puede hacer sin tener profunda interacción verbal o emocional. Si están contentos de participar juntos en actividades y no tienen otras expectativas de su relación, tal vez su nivel de IE es menos crucial. Sin embargo, si su compañerismo consiste en actividades que requieren habilidad o fuerza y paciencia o tolerancia, o si existe el riesgo de competencia, entonces pueden ser necesarias características como la empatía, la sintonía, la automotivación y la persistencia ante la frustración.

> Pasar el tiempo haciendo cosas juntos que ambos disfrutan, o están dispuestos a compartir, puede tener una cualidad sanadora.

La mayoría de personas cuyas relaciones son tensas, siguen pasando tiempo haciendo cosas juntas. Si tienen o no hijos, es vital pasar tiempo de calidad juntos. Si les gusta el "aire libre", podrían elegir actividades como caminar, el ciclismo, esquiar, montañismo, canotaje, acampar y pesca. Y para quienes les gusta "estar adentro", dependiendo de su ubicación, puede haber un sinfín de eventos culturales, juegos deportivos, artes escénicas, gastronomía, y otras oportunidades para el tiempo de compañerismo juntos. Idealmente, pueden aprender a ponerse de acuerdo sobre las actividades que disfrutan mutuamente o practicar el arte de turnarse y participar en su compañerismo.

Lamentablemente, a veces el compañerismo puede mezclarse con resentimiento y competencia o silencio y distancia. Si son afortunados, volverán a generar conectividad al divertirse juntos. Incluso en actividades aparentemente no íntimas puede ser necesario que pospongas la gratificación, tengas empatía, controles tus sentimientos, interpretes los sentimientos de tu pareja, y regules tus estados de ánimo. (¡IE!)

He desarrollado el hábito de observar parejas cenando juntos en los restaurantes. Parece que se dividen en cinco categorías. ¿Cuál describe tu relación?

1. La pareja íntima y profundamente comprometida

2. La pareja de charla amable, pero superficial

3. La pareja silenciosa, pero juntos y en paz

4. La pareja fría y distante

5. La pareja abiertamente hostil

La calidad de su compañerismo se puede reflejar en estos patrones observables.

INTIMIDAD

¿Piensas en el sexo cuando el concepto de intimidad se presenta en la conversación? Aunque el sexo puede ser muy íntimo, no es intimidad en sí mismo. La clave de la verdadera intimidad incluye cosas tales como las enumeradas a continuación.

> Una dosis saludable de conexión íntima puede llevar a una relación sexual satisfactoria.

Usa esta lista para ayudarte a determinar si tu relación es íntima:

- Conversación personal frecuente

- Familiaridad mutua

- Compromiso con la confidencialidad

- Exposición emocional

- Confianza mutua

- Profunda conexión o participación emocional

- Mutualidad (no una conexión de un sólo lado)

- Vulnerabilidad

La mayoría de los autores no incluyen la relación sexual en la definición o discusión de intimidad. Casi todos nosotros tenemos encuentros sexuales como parejas, pero muchos no tenemos intimidad en nuestras relaciones. Algunos de nosotros apenas conocemos a nuestra pareja y vivimos con una distancia considerable entre nosotros. Es ahí cuando las cualidades de IE como la sintonía, el conocimiento propio, y el adecuado uso de las emociones puede ser útil.

Puedes ser feliz y pleno así no tengas una relación verdaderamente íntima. Por extraño que pueda parecer, hay algunas parejas que tienen un acuerdo tácito que dice que la intimidad no es un ingrediente necesario para la plenitud. Parecen estar contentos con relacionarse a un nivel más superficial. Sin embargo, para la mayoría de nosotros, si la relación no es íntima, en algún momento uno o los dos se darán cuenta de que "algo hace falta", llegando a un punto en el que necesitamos una conexión más profunda.

Alex y Yolanda lo demuestran:

Alex y Yolanda habían estado en una relación comprometida por cuatro años cuando vinieron a una sesión de terapia de pareja. Su relación había sido pacífica y sociable con pocos conflictos abiertos, pero se hizo evidente que carecía de profundidad emocional e intimidad. Ninguno de los dos era honesto y transparente con sus necesidades, sentimientos y expectativas. Ambos eran introvertidos, y había un mínimo de autorrevelación mutua. Yolanda había decidido dejar la relación. Cada uno tomó mi taller de recuperación "Cuando tu relación se termina", y siguieron viéndose semanalmente, sobre una base de amistad. Alex, negándose a renunciar a la esperanza de una reconciliación, comenzó a ocuparse de sus evasiones a una conexión íntima e incomodidad al tratar con profundos temas personales. Él informó que compartió con Yolanda su recién descubierta consciencia propia, y comenzaron a tener interacciones más sinceras y honestas. Finalmente terminaron su relación, argumentando que los dos habían aprendido una valiosa lección acerca de compartir y conectarse a un nivel más íntimo en una relación de compromiso.

En términos generales, a las mujeres les resulta más fácil y cómodo mantener intimidad con los demás. Curiosamente, los hombres con grandes necesidades de intimidad son más felices y se ajustan mejor al trabajo y al matrimonio que los hombres con baja necesidad de intimidad. La necesidad de intimidad tiene una cualidad energizante y que produce crecimiento.

Cada uno de los componentes de la IE puede aplicarse a todos los temas que abordamos en este capítulo. Centremos nuestra atención en tres que son absolutamente necesarios para la intimidad: el uso adecuado y la expresión de sentimientos, consciencia propia, empatía y compasión. Aquí exploramos cada uno por separado.

El uso de los sentimientos

La conocida frase de Sócrates "Conocerse a sí mismo y la conciencia de sus propios sentimientos" a medida que ocurren son claves para la IE. La expresión de los sentimientos es la clave para la conexión íntima. También es importante tener en cuenta que la consciencia de tus sentimientos y las acciones para cambiarlos, van de la mano. Puedes encontrar que identificar tus sentimientos y luego decidir cambiar algunos de ellos, también conduce a un cambio en tu comportamiento. Esto mejora la interacción en pareja.

Somos más humanos cuando somos conscientes de nuestros sentimientos y podemos funcionar a partir de ellos.

Es común decir que no se deben juzgar los sentimientos sino que deben ser aceptados tal como son. Esto es verdad hasta cierto punto. No se deben negar, minimizar o suprimir. Por otro lado, es mejor que los sentimientos no te esclavicen ni utilizarlos mal o indebidamente. Ellos enriquecen tus experiencias y dan color a tu vida, intelecto e interacciones personales.

A veces es difícil identificar o expresar lo que sientes y controlar esto de forma apropiada en determinada situación. Los sentimientos demasiado reprimidos pueden crear distancia, y los que se expresan demasiado pueden crear caos para ti y tu pareja, impidiendo que se conecten a un nivel más profundo.

Cuando se le pide a una persona promedio que defina el amor, comienza diciendo: "Es un sentimiento que..." Evidentemente, el amor maduro implica sentimientos, pero no es estrictamente cuestión de tener un sentimiento, también implica entender y tener control sobre tus sentimientos, así como interpretar y tratar efectivamente con los sentimientos de otros.

En general, si sabes controlar bien tus sentimientos e interpretar y tratar efectivamente con los sentimientos de otras personas, te desempeñas mejor en todas las áreas de tu vida.

En el pasado era común pensar que tus emociones no deberían influir en tu razonamiento. El nuevo paradigma combina la cabeza y el corazón, por así decirlo. A diferencia de lo que proporciona tu sólo intelecto, los sentimientos sí añaden profundidad y riqueza a tu vida, a tus experiencias y relaciones.

Puedes ser consciente de tener sentimientos, pero se te puede dificultar reconocerlos, nombrarlos y expresarlos de manera apropiada. Sobra decir que identificar tus sentimientos tiene un valor limitado para tu relación o matrimonio si no los compartes con tu pareja.

Y luego está el problema de un exceso de emotividad. Algunos de nosotros no nos tomamos las cosas con calma y parecemos prosperar en un mundo de "drama traumático", o reaccionamos con gran emoción a la mayoría de situaciones que encontramos en la vida. Si bien esto se puede esperar de alguien con un trastorno mental o psicológico, es muy común y habitual en la población general. Aunque no hay distinciones de género fuertes y rápidas, los hom-

A pesar de la ilustración de esta época moderna, hay una extraordinaria falta de intercambio de sentimientos en muchos matrimonios actuales.

bres son más propensos a la tendencia de reaccionar con enojo o a una actitud defensiva cuando ninguna de estas es necesaria, y las mujeres reaccionan con ansiedad, miedo, dolor, o exageración. Cuando puedas identificar esta reacción como un "mal hábito", en la mayoría de los casos, se puede cambiar.

Consciencia propia

La consciencia propia es también un ingrediente esencial de intimidad. No sólo debes conocer tus sentimientos sino también tus comportamientos, pensamientos, necesidades, creencias y motivaciones. Si realmente te conoces y entiendes a ti mismo, eres más eficiente conociendo y comprendiendo a tu pareja. La consciencia propia es también la piedra angular de la IE. Según Goleman, se requiere "atención a los estados internos propios... autorreflexión, atención introspectiva a la experiencia propia, incluyendo los sentimientos... atención. La habilidad fundamental para la inteligencia emocional es la consciencia propia... y ésta es fundamental para la precepción psicológica".[8]

Entenderse a sí mismo es el primer paso para cambiar. Pero muchos de nosotros estamos perdidos cuando se nos pregunta acerca de nuestro "yo interior" o "experiencias interiores". Tenemos dificultades para identificar nuestras necesidades o motivaciones y describir con precisión nuestras acciones, comportamientos o personalidades.

Este es un ejemplo del impacto de este problema:

Alicia y Kevin iniciaron terapia de pareja debido a la insatisfacción matrimonial, la cual atribuían en gran medida a sus diferencias en los estilos de crianza de los hijos. (Con frecuencia éste es un problema "introductorio" en los desacuerdos maritales, pero no es el problema "real").

Alicia creció en una familia grande y tenía siete años cuando murió su padre alcohólico. Me enteré que Alicia tenía una importante carencia de consciencia propia y no podía identificar que la muerte de su padre y las luchas familiares resultantes tuvieran un efecto sobre ella. A medida que trabajaba con ella, se hizo evidente que había dominado el uso de la negación con respecto a su pasado, y de igual forma en su situación marital actual. Siempre había mantenido una relación demasiado involucrada con su única hija, Elizabeth, y le molestaba mucho que Kevin no fuera un padre tan atento como ella quería que fuera. Ella no podía identificar una conexión entre esta ira y la pérdida de su propio padre. Elizabeth, ahora de 24 años y que todavía vivía en casa, era exigente e irrespetuosa, algo que Alicia no pudo ver por un tiempo. Alicia había pasado años consintiendo a su esposo y a su hija debido a la negación de sus propias necesidades, y aunque tenía mucho miedo de vivir sola, finalmente se marchó. Éste fue un trágico caso de una mujer que sencillamente no pudo ver más a fondo en sus propios sentimientos, experiencias, motivaciones y comportamientos. Con el tiempo, Alicia obtuvo más consciencia de sí misma, y la pareja continuó trabajando para reconciliar su matrimonio después de una larga separación.

Entenderte a ti mismo y estar en contacto con tu "proceso interno" puede requerir atención diaria y a veces a cada hora. No es una meta alcanzada, sino un estado que debe experimentarse. Luego debes comunicarle verbalmente esta experiencia interior a tu pareja para mantener la cercanía. La verdadera intimidad implica un intercambio, un compartir mutuo, así que escuchar a tu pareja es la otra mitad de la ecuación.

La capacidad de escuchar es el elemento más importante de la comunicación. ¡Y cuánta falta hace! La mayoría de las parejas que buscan terapia matrimonial, sienten que su cónyuge no les escucha.

Algo que interfiere con tu capacidad de empatía es el ensimismamiento. Si estás demasiado centrado en ti mismo (no es lo mismo que la consciencia propia), no puedes salir de ti mismo lo suficiente como para ser empático y compasivo. El ensimismamiento es común en una o ambas personas en muchas relaciones, pero hay distintos grados de severidad. En su peor forma, puede ser narcisista. Esto significa que es una tendencia a ser arrogantes, a sobrevalorarse, creer que se es "especial y superior", y tener un interés excesivo en su propia comodidad, apariencia, habilidades e importancia. Aunque la personalidad totalmente narcisista es relativamente rara, el ensimismamiento es muy común.

No confundas la consciencia propia y el cuidado propio con ensimismamiento. Una persona ensimismada es menos capaz de tener verdadera intimidad, porque ésta requiere intercambio mutuo. Muchos de nosotros no logramos la cercanía que deseamos porque no estamos compartiendo mutuamente o nos oponemos a compartir. La cercanía no es posible si uno de los dos carece de comprensión propia y tiende a ser ensimismado.

Un breve ejemplo demuestra esto:

Dolores y Mel tienen un vínculo fuerte y estaban decididos y motivados a salvar su matrimonio. Esta joven pareja llegó a terapia con varios problemas, muchos conflictos, dificultad en la crianza de sus tres hijos, y el dolor de Dolores por el ensimismamiento de Mel. Es a esta última la que me refiero aquí. Por razones arraigadas en su composición sicológica personal, Mel no podía identificar o verdaderamente interesarse en las necesidades de sus tres hijos y, en cierto grado, las de su esposa. Él tenía una ausencia grave de IE en su cualidad de sintonía y estaba dispuesto a involucrarse en serio únicamente en cosas que fueran de su interés. Era una tarea gravosa llevar a los niños a sus diversas actividades, participar en las responsabilidades del hogar, e incluso concentrarse en lo que su esposa le decía cuando hablaba con él. Aunque no era un clásico narcisista, simplemente no podía escucharla porque estaba demasiado atrapado en sí mismo. Es cierto que Dolores era de carácter fuerte, una persona muy expresiva, que a menudo "lo agobiaba". Pero esto era más que una simple lucha de poderes. Por medio de dos series de tratamientos, esta pareja finalmente pudo reducir sus conflictos, mejorar la comunicación, y establecer una relación más satisfactoria para ambos. Mel pudo reconocer su ensimismamiento y mejorar su capacidad de sintonía con Dolores, y ella aprendió que estar enojada con él no lograba su deseado objetivo de un mayor compañerismo.

Empatía y compasión

La tercera cualidad de la inteligencia emocional necesaria para la intimidad, es la capacidad de empatía y compasión por tu pareja. ¿Tú y tu pareja se sintonizan y muestran un genuino interés mutuo?

No confundas empatía con simpatía. Ser empático con tu pareja es poder "ponerte en sus zapatos" o "entrar en su mundo". Es sentir con y por tu pareja sin ser arrastrado a sentir lástima o codependencia. Por lo general, sentirás menos ansiedad, frustración, dolor, y cosas por el estilo, cuando te sientas verdaderamente escuchado, comprendido y atendido. Si bien no puedes ser el terapeuta de tu pareja, sin duda puedes estar presente de una manera atenta. ¿Qué mejor manera de intimar?

"La empatía se basa en la consciencia propia, cuanto más abiertos estamos a nuestras propias emociones, más capacitados estaremos para interpretar sentimientos. Todo entendimiento mutuo, la raíz de la comprensión, se deriva de la sintonía emocional, de la capacidad de empatía. Quienes tienen... habilidades de empatía... tienen mejores relaciones con el sexo opuesto. No debería ser una sorpresa saber que la empatía ayuda en la vida romántica".[9] Más de la sabiduría de Goleman.

¿Sientes que tu pareja realmente te escucha, te entiende, y está pendiente de ti? Si así es, eres muy afortunado. Si a alguno de los dos le falta la habilidad de ser empático y compasivo, no estará en sintonía con su pareja. Afortunadamente, la habilidad de ser empático puede adquirirse. En muchos de nosotros, se desarrolla en la infancia, de no ser así, se puede aprender. Es casi imposible "fingir" empatía. Ser verdaderamente empático requiere que seas genuino, escuches con atención, tengas una actitud sin prejuicios, y aceptes lo que tu pareja está experimentando o diciendo.

Este es un ejemplo de este esfuerzo:

Donna es una persona que ha elegido sabiamente continuar con su terapia individual de forma intermitente por varios años, inicialmente con el fin de sanar y para crecimiento personal continuo. Y su IE se ha incrementado a un nivel admirable. Trabajé con ella la sanidad de sus heridas de sus primeros años de vida, las luchas en su profesión, la terminación de su matrimonio, problemas constantes de desarrollo espiritual, y el conservar relaciones amorosas saludables. Hace aproximadamente tres años ella se involucró con un hombre que tenía todas las cualidades emocionales, espirituales y físicas que ella creía que necesitaba en una pareja. Se comunican bien, manejan los desacuerdos con eficacia, y son buenos compañeros. Pero hay una falla potencial. Michael tiene una fuerte tendencia genética al alcoholismo, y sus primeras experiencias de vida han hecho de él un buen candidato para esta enfermedad. No tiene un patrón grave de consumo constante, pero Donna se pone muy ansiosa cuando él bebe. Ella admite una tendencia hacia el perfeccionismo y una necesidad de "vida ideal y pareja ideal", pero hace poco decidió hacer frente al "problema" de Michael con compasión y empatía. Ella está tratando de comprender que el alcoholismo es una enfermedad que él no eligió y está haciendo todo lo posible para mantener la sobriedad y no dejar que su lucha contamine su relación. Ella está tomando consciencia de que los alcohólicos tienen derecho a tener relaciones afectivas comprometidas, pero está aprendiendo a establecer límites para asegurar que sus necesidades sean satisfechas. Al tratar de ser compasiva y comprensiva, Donna tiene cuidado de evitar una actitud de negación, muy común entre las parejas y familiares de alcohólicos. El tiempo lo dirá.

Se podrían escribir muchos libros acerca de estos y otros ingredientes de intimidad. Basta decir que si tienes consciencia propia, empatía o compasión, y usas tus sentimientos de forma adecuada, esto puede profundizar y enriquecer tus relaciones íntimas de forma radical.

AMOR

Podemos ser muy ingenuos sobre el amor y su significado o su papel en nuestras relaciones adultas. ¿Alguna vez tú o alguien que conoces, ha dicho que se casó porque estaba "enamorado", o insistió en dejar una relación porque ya no estaba "enamorado"? Seguramente has escuchado la expresión: "Te amo, pero no estoy *enamorado* de ti".

El concepto de amor es quizá el más incomprendido y complejo de todos los componentes de las relaciones comprometidas.

Los medios de comunicación, en todas sus formas, y la cultura en general, promueven una noción idealizada e inexacta de lo que es el amor en una relación comprometida.

Esta sección es la única que incluye extractos de varios expertos que contribuyen a nuestra comprensión del amor. Te parecerá interesante e instructivo que cada uno propone un enfoque más maduro y emocionalmente inteligente hacia el amor. Lee cuidadosamente cada uno de estos e identifica tus propios puntos de vista e ideas erróneas que puedas tener sobre el amor.

Erich Fromm, Ph.D.[10]

- El amor no es sólo una sensación agradable, cuestión de suerte, algo en lo que "caes".

- Nos preocupamos por estar enamorados y no nos preocupamos lo suficiente por ser amorosos.

- El amor no es fácil.

Harville Hendrix, Ph.D.[11]

- El amor es una creación de nuestra mente inconsciente con base en los asuntos pendientes con nuestros padres.

- El amor romántico se nutre de la ignorancia, la fantasía, la proyección, la negación, y una imagen ideal de quién es nuestra pareja.

- Necesitamos amar de una manera más madura, al ser más conscientes.

Doctor Frank Pittman, [12]

- La elevada manía de estar "enamorado" tiene poco que ver con el amor, y la ausencia de la misma no es causal de divorcio.

- "El amor romántico", puede ser delicioso, pero es una vía de escape absurda a la cordura, una intoxicación narcisista sin relación con el amor.

- Si quieres recuperar esa magia de cuando estabas "enamorado", sé amoroso.

Doctor M. Scott Peck, [13]

- El amor es demasiado grande y profundo para entender o medir con palabras.

- Nos enamoramos cuando estamos consciente o inconscientemente motivados sexualmente.

- El enamoramiento es temporal.

- Tarde o temprano nos desenamoramos, si la relación dura lo suficiente.

Leo Buscaglia, Ph.D.[14]

- Si intentas definir el amor, corres el riesgo de ser vago o impreciso y no llegar a ninguna parte.

- No nos enamoramos o desenamoramos, sino que crecemos en amor.

- El verdadero amor requiere flexibilidad, sensibilidad, comprensión, tolerancia, conocimiento y fuerza.

John Gottman, Ph.D.[15]

- Un matrimonio saludable, exitoso y duradero no lo crea una visión romántica del amor basada en la pasión y un poderoso sentimiento de "enamoramiento".

- El amor está ligado al respeto e incluye afecto, sentirse orgulloso de la pareja, mostrar un interés genuino en la vida del otro, y tener empatía.

- El amor maduro requiere que busques y respetes los puntos de vista del otro, escuches atentamente, y te preocupes por los sentimientos del otro.

Marianne Williamson[16]

- El amor no es algo que se lleva nuestro dolor sino que lo saca a la superficie y exige habilidades de compasión, aceptación y perdón.

- "Enamorarse" ofrece un breve periodo de ver la perfección en un ser querido, pero la locura se establece rápido.

Susan Johnson, Ed.D.[17]

- El amor adulto es un lazo emocional que proporciona una base segura, refugio y fuente de consuelo y cariño.

- El vínculo o apego en el matrimonio debe ser cuidadosamente manejado para que sea un intercambio maduro de amor.

- El manejo adecuado de los sentimientos es la clave de este vínculo o apego.

Y así sucesivamente, experto tras experto refuerzan el concepto de que debemos ser más maduros en nuestra visión de lo que es el amor. Tenemos que profundizar nuestro conocimiento propio, estar en verdadera sintonía con nuestra pareja, controlar nuestras emociones con mayor madurez, mantener un sentido de optimismo cuando las cosas cambian, y persistir cuando los sentimientos de "enamoramiento" se desvanecen.

El amor romántico puede ser un primer paso importante en nuestro acercamiento. Sin embargo, no es sobre lo cual se fundamenta. En una reciente conferencia Jeffrey Zeig, Ph.D., fundador y director de la Fundación Milton Erickson, describió el amor con las siglas TOPEAO:

- Tener
- Obvios
- Placeres
- En
- La Alegría de
- Otro

SEXO

Cuando mencionas las relaciones sexuales, probablemente te refieres a éstas como intimidad. Esto parece ser cierto para los hombres y las mujeres. El sexo a veces puede ser íntimo y la intimidad puede incluir el sexo, pero los términos no se pueden intercambiar, ya que son distintos en su significado.

Una relación sexual entre adultos que actúan libremente debe incluir sincronía, entendimiento y empatía mutuos. Si tienes la IE para lograr estas cosas, es más probable que seas pleno y feliz en tu vida sexual.

Muchos de nosotros estamos "hambrientos por un toque" ¿Qué sucede entre tú y tu pareja que no tiene afecto sexual? Si tu pareja te toma de la mano con más frecuencia de lo que te acaricia los senos o te da un dulce beso en la mejilla con más frecuencia que un beso apasionado, es mucho más probable que aceptes amablemente que se acerque y estás cómodo con sus caricias. Este puede ser un problema tanto para los hombres como para las mujeres. A veces estamos demasiado centrados en el sexo y no lo suficiente en el afecto. Un aumento en el afecto no sexual por lo general aumenta la comodidad y el contacto físico y en última instancia, sus interacciones sexuales.

El sexo es vital para la mayoría de las parejas, pero no es siempre una muestra de cariño. De hecho, parece haber una tendencia a mejorar "la técnica" y sólo tener relaciones sexuales en vez de hacer el amor. Hacer énfasis en la mecánica y el rendimiento puede ser destructivo para su relación afectiva comprometida. Puede ser apropiado para las relaciones "casuales", pero no para el matrimonio. Concentrarse en la satisfacción de sus necesidades sexuales básicas y no en la ternura, el compartir o complacer, no ayuda a profundizar en los asuntos de ambos.

Es raro que una relación seria se vea destruida por la incompatibilidad sexual, así lo afirmen algunas parejas. Si tus problemas sexuales parecen destructivos, esto es más probable que sean causados por no entender tu papel en el proceso, no posponer la satisfacción propia, el mal manejo de tus emociones, no estar en sintonía con las necesidades y los sentimientos de tu pareja, o no expresar las necesidades y sentimientos. En otras palabras, ciertas cualidades de IE son esenciales para la negociación de las complejidades de cercanía física y sexual.

El papel y la dinámica de las relaciones sexuales pueden ser tan complejos e incomprendidos como el concepto de amor. A pesar de la plena disponibilidad de material sexual en esta cultura y medios de comunicación, muchos de nosotros carecemos de conocimientos fundamentales sobre el sexo y no comprendemos nuestras propias necesidades o anatomía ni la respuesta sexual de nuestra pareja. Y, sin embargo, incluso los asuntos de conocimiento y técnica no llegan al corazón de lo más importante en una relación sexual.

Las necesidad de intimidad de muchos (aunque no todos) hombres se satisface por medio de la interacción sexual. También es común que los hombres equiparen los encuentros sexuales con ser o sentirse amados. Los estudios de género evidencian que es el proceso de socialización el que ha creado esto.

La sexualidad es, después de todo, una forma de energía, un impulso natural. Pero lo que pasamos por alto es que se puede redirigir o recanalizar en otras expresiones. Concentrarse demasiado en el sexo y no ser ingenioso en la búsqueda del gozo o el placer en otros aspectos constructivos y satisfactorios puede crear un grave problema en tu relación sexual.

Es menos probable que la persona más sofisticada o evolucionada y emocionalmente inteligente, sucumba a esta fijación en el sexo. Por ejemplo, si realmente te conoces a ti mismo, estás realmente interesado en las necesidades de tu pareja, puedes posponer tu propia satisfacción, controlar tus impulsos, y comunicarte de manera efectiva, funcionarás con mayor madurez cuando se trate del sexo. Ampliar tu fuente de placer puede generar grandes beneficios.

Las mujeres tienden a ser más propensas a ceder a una falta de deseo inicial y de disposición a tener relaciones sexuales con sus parejas de forma constante. En parte, este problema es puramente físico o biológico. Las mujeres en muchos casos no son tan fácilmente estimuladas sexualmente como los hombres y posiblemente van a tener que "trabajar más". Así como un hombre aprende a reorientar el excesivo deseo sexual y ampliar sus fuentes de placer en la vida, la mujer puede optar por aumentar su deseo y la frecuencia de contacto sexual. La mujer llega a aprender a relajarse y dar a su pareja la oportunidad de participar en su excitación, a pesar de que inicialmente ella tenga poco o ningún interés.

Como en el caso de los hombres, una mujer emocionalmente más inteligente hace este esfuerzo para ayudar a una vida sexual mutuamente satisfactoria. Tener empatía con las necesidades o deseo sexuales de tu pareja, expresando de una manera apropiada y sin rechazo tus sentimientos al respecto, y tener conocimiento de tus propias necesidades sexuales resulta ser un gran avance hacia la satisfacción mutua.

Tu energía sexual y el deseo de tener relaciones sexuales son tan naturales como el deseo de sobrevivir y la necesidad de comer. Vas a tener momentos en los que no estás en contacto con esta energía y tendrás que trabajar para activarla. Esto llega a ser más común entre las mujeres, pero un sorprendente número de hombres también necesita "activar" su libido.

El sexo sirve para ayudar a apreciar y aceptar al otro. Puede ser un método de conexión profunda que no está presente en sus otras relaciones cercanas o importantes. Es un tema delicado y llega a ser desastroso si no se maneja adecuadamente.

Tú y tu pareja deben hablar de sexo y de sus necesidades sexuales directa y abiertamente. Pide amablemente lo que deseas, crea un ambiente amistoso y seguro, y no respondas a las solicitudes de cambio de manera defensiva. Puedes tener una vida íntima sexual feliz, pero ten cuidado de no tomar la solicitud de necesidades o deseos diferentes como insultos personales. Esta aceptación requiere madurez e IE.

Me gusta el acercamiento práctico y directo de Frank Pittman. En *Grow Up (Crece)*, él dice: "El sexo es bueno para ti y bueno para tu matrimonio... Las parejas deberían practicarlo con frecuencia quieran o no. El juego previo debe comenzar el día anterior... y funcionar para ambos, así cada uno obtiene lo que quiere... Las parejas pueden seguir sexualmente activas durante toda la vida si no lo convierten en un deporte de competencia. Durante toda la vida, el sexo requiere de cantidades maravillosas de humildad y buena voluntad y una buena cantidad de la comunicación. Sinceramente, si no las usas, realmente, lo perderás".[18] Mientras que Pittman no aborda directamente el tema de la IE, está implícita en su llamamiento a la humildad, buena voluntad, madurez, y la satisfacción de las necesidades mutuas.

Amplía tu visión del sexo para incluir toda la sensualidad y el placer mutuo derivado a través de tus sentidos. Tu cuerpo puede ser usado para mantener el calor y la cercanía, lo que requiere una comunicación franca. La capacidad para mantener esta visión amplia de las relaciones sexuales también requiere madurez, posponer la gratificación, la capacidad de controlar los impulsos, control de emociones, y poder manejar la frustración.

El sexo maduro implica algo más que lo puramente físico. Mantener el placer sexual con la misma pareja durante años puede ser un verdadero desafío si no hacen nuevos descubrimientos juntos ni encuentran maneras para enriquecer su vida sexual. Esto implica encontrar un nuevo potencial en ti y tu pareja, y en lo que es más satisfactorio para ambos.

· ·

Una de las claves para una buena vida sexual es creer que te mereces el placer y estar dispuesto a recibirlo.

He encontrado que las mujeres se sienten mejor consigo mismas cuando comunican sus necesidades sexuales a sus parejas. Es importante dar y recibir placer, y esto requiere un fuerte sentido propio tanto por parte del que da como del receptor. También se necesita amar o aceptar tu cuerpo. Si ves tu cuerpo feo o inaceptable, será difícil relajarse, disfrutar de los encuentros, creer que mereces placer, y sentirte cómodo dando o recibiendo. Esto es por lo general más un problema para las mujeres que para los hombres debido a la presión social de tener un cuerpo perfecto. Si te escondes en la oscuridad o bajo las sábanas, la relación sexual se ve comprometida.

Un problema de autoestima para los hombres se manifiesta con la tendencia a estar a la defensiva y sentir su "ego herido" cuando su pareja les hace observaciones acerca de hacer ciertos cambios. ¿De qué otra forma vamos a mencionar nuestras necesidades sexuales mutuamente si no nos comunicamos abierta y honestamente? Esto puede ser un gran obstáculo para un encuentro maduro y satisfactorio. Una palabra de advertencia para hombres y mujeres al comunicar sus necesidades sexuales, asegúrense de hacerlo con cuidado y sensibilidad (empatía y sintonía).

RESUMEN

Aunque las nueve características de IE consideradas podrían aplicarse a lo tratado en este capítulo, las siguientes son quizás las más esenciales.

- Tener empatía y estar en sintonía con los demás, especialmente con tu pareja, y tratar con ellos de forma efectiva

- Conocer, comprender y regular o manejar tus emociones, y expresarlas o utilizarlas de manera apropiada y adaptable

- Posponer la gratificación y controlar o resistirse a tus impulsos, tanto emocionalmente como en acciones

- Mantener la persistencia ante la frustración

- Ser consciente de sí mismo y tener conocimiento de sí mismo

- Mantener el sentido de autoeficacia

Las interacciones superficiales no suelen necesitar la evaluación o el manejo eficaz de las emociones, pero otros aspectos de IE juegan un papel importante en muchas amistades. Por ejemplo, el compañerismo estrictamente concentrado en la actividad puede ser satisfactorio sin la presencia de *empatía o sintonía*, sin embargo, si la amistad es más profunda, estas cualidades son importantes. Es evidente que cualquier amistad requiere intercambio de empatía y una cantidad adecuada de sintonía mutua o tratar con las emociones del otro.

Del mismo modo, la intimidad, tal como se describe en este capítulo, te obliga a ser empático y a estar en sintonía con tu pareja. Si desarrollas más intimidad con tu pareja, generalmente serás más pleno. *Estar en sintonía* con los demás ayuda de muchas maneras.

Amor, esa experiencia pícara y difícil de definir, no es sólo una colección de sentimientos, requiere que puedan tratar mutuamente las emociones de manera efectiva. Si quieres que tu amor sea maduro, debe ser infundido con empatía y sintonía mutua. No vivimos en un mundo de cuento de hadas, y nuestra necesidad de expresión de amor no siempre se puede satisfacer por demanda. Cuando estamos pasando por un período en el que no "sentimos" mucho amor por nuestra pareja, una pareja emocionalmente inteligente puede retroceder y no verse devastada por estos sentimientos.

La verdadera intimidad y el amor maduro de adultos también requieren que tengas la capacidad de identificar lo que estás sintiendo, para evitar que tus sentimientos se salgan de control, y transmitirlos eficazmente entre sí. Aunque hay millones de matrimonios que existen sin verdadera intimidad, estas parejas puedan estar luchando, ya sea en un árido desierto de emoción o en el dolor innecesario y el caos.

La relación sexual, una de las cuestiones más complejas entre las parejas, fluye más fácilmente si las interacciones van acompañadas con empatía y sintonía. El sexo y la intimidad son experiencias diferentes, pero estar muy en sintonía es lo que lleva sus interacciones sexuales a un nivel más profundo y más satisfactorio. Para tener una vida sexual saludable, trata de entender y tener empatía con los sentimientos del otro y sus necesidades.

Sin lugar a dudas, la posibilidad de *posponer la gratificación, controlar tus impulsos, y persistir cuando te sientas frustrado*, son aspectos de IE que se aplican a las relaciones sexuales. A veces tu pareja no está tan interesada en el sexo como tú, y puedes sentirte sexualmente marginado y frustrado. Aunque la pareja "marginada" usualmente es el hombre, ese no es siempre el caso. En esencia, el *posponer la gratificación y la persistencia* son necesarias, mientras se negocia una interacción sexual viable que satisfaga las necesidades de ambos.

Los cuatro niveles principales de las relaciones en este capítulo, la amistad, la intimidad, el amor y el sexo, requieren consciencia *propia y autoconocimiento*. A lo largo de este libro estas cualidades de IE se presentan como componentes clave o piedra angular de tus interacciones. Si quieres amistad, intimidad, amor y sexo con tu pareja, sigue esforzándote en conocerte y entenderte a ti mismo.

Esto también ayuda con la autoeficacia, porque cuanto más te conozcas a ti mismo, es más probable que creas que tienes algo de poder y control sobre los resultados de tu vida. Cuando maniobras a través de estos niveles de relación, tienes que sentir esta sensación de poder personal.

Pasemos a la forma como puedes manejar algunos de los obstáculos más comunes que enfrentan las parejas. Verás cuán importante es tu IE para expresar tus necesidades, honrando las de tu pareja, manejando sus diferencias y los conflictos. El capítulo 4 te da la esperanza de que casi cualquier dificultad pueda ser superada o la situación mejorada si tienes la actitud correcta y aplicas las herramientas adecuadas.

CAPÍTULO CUATRO

El poder del "nosotros"

"Sin entusiasmo nunca se ha logrado algo grande".
—**Ralph Waldo Emerson**

"El problema con nuestra relación es que no nos comunicamos muy bien". "No lo/la entiendo. No logro entender qué necesita". "Discutimos demasiado. Me canso de tantas peleas". "Nunca puedo ganar una discusión con él/ella".

Como ya sabes, muchas parejas dicen tener "problemas de comunicación" y "discuten demasiado". Aunque esto puede ser un hecho real, esos son síntomas de algo más complejo, como tener dificultades en la expresión de tus necesidades o en honrar las de tu pareja, no tener suficiente tolerancia ante sus diferencias de estilo y personalidad o la falta de verdadera intimidad.

Si quieres que tus necesidades sean satisfechas, satisfacer las necesidades de tu pareja, respetar las diferencias mutuas y manejar mejor el conflicto, este capítulo te ayudará. Si puedes ser persistente, trata con la frustración de forma madura, tolera las inevitables derrotas y adversidades, mantén empatía por tu pareja, mantente positivo y con esperanza y sé consciente de tu propio estilo y necesidades, todo es posible. Esto es lo que le da poder al "nosotros" en una relación.

IDENTIFICAR, EXPRESAR Y HONRAR LAS NECESIDADES

Puedes haber sido criado en un entorno en el que expresar tus necesidades era animado y permitido, o ¿fue justo lo opuesto? Algunos padres están muy en sintonía y aceptan que sus hijos expresen sus necesidades. Otros son desinteresados en lo que sus hijos verdaderamente necesitan y son ajenos o desaprueban esa apertura. Igualmente puedes haber visto a tus padres compartir mutuamente sus necesidades y responder comprensivamente o hacer justo lo opuesto. Si ellos fueron buen ejemplo con este proceso ¡reconócelo como una bendición!

A medida que avanzas, recuerda que las emociones o sentimientos están intrincadamente vinculados con cómo y qué necesitas. ¿Cuáles de estos se aplican a ti?

❖ Puedo identificar lo que necesito y expresar fácilmente mis necesidades.

❖ Veo que mi pareja responde bien cuando expreso mis necesidades con claridad.

❖ He pasado toda mi vida tan fuera de contacto con mis necesidades que no las puedo identificar.

❖ Se me dificulta identificar lo que necesito porque sencillamente no pienso en eso.

❖ Creo que expresar mis necesidades es egoísta y exigente.

❖ No tengo el derecho a que mis necesidades sean satisfechas.

❖ Temo que seguramente mis necesidades no serán comprendidas ni satisfechas de ninguna manera, así que ¿para qué molestarme?

❖ Me involucro en "concursos de necesidades" o tira y afloja en los que me rehúso a honrar las necesidades de mi pareja porque él o ella no satisfacerá las mías.

Identificar honestamente tus opiniones, preferencias y motivaciones, y "hacerlas públicas" de manera amable ante tu pareja, mejora el flujo de comunicación y entendimiento. Aunque hay algunas diferencias obvias de género, los hombres están menos dispuestos a identificar necesidades y sentimientos porque hacerlo se ve como debilidad o vulnerabilidad, si expresaran sus opiniones y preferencias.

Al mismo tiempo las mujeres están más dispuestas a compartir sentimientos que a expresar necesidades u opiniones. Tanto mujeres como hombres tienen que cuidarse de ser muy complacientes y comprometerse demasiado con otros, lo cual puede llevar al sufrimiento. Así tengas claridad en lo que necesitas, sientes, prefieres o crees, seas hombre o mujer, puede que necesites tener la habilidad para expresar estos sentimientos de forma adecuada o con inteligencia emocional (IE).

Veamos una ilustración de esto:

John inició terapia debido a la depresión, pero rápidamente se hizo evidente que estaba jugando un papel de subordinado de Karen, su esposa, con quien llevaba 10 años de casado, por miedo a perderla. Él asumió el papel de mártir en su matrimonio y negaba sus necesidades personales y de relación así como su derecho a expresarlas. John era el hijo mayor de su familia y se le había dado la responsabilidad de cuidar de sus hermanos mientras sus padres le prestaban poca atención a sus propias necesidades. Se casó con una mujer a quien "puso en un pedestal" y con quien se sentía inferior, pero su estilo de autoeliminación y falta de cuidado propio interfirió con el respeto de ella hacia él. Durante muchos meses de terapia tanto individual como de pareja con John y Karen, él comenzó a experimentar una mayor consciencia propia y autoestima. Desarrolló intereses propios y comenzó a ver que era importante que identificara y expresara sus necesidades. Aunque enfrentar la posibilidad de perder a su esposa era aterrador para él, comenzó a correr el riesgo de defenderse. Hace poco Sean informó que iban bien y que había podido mantener su consciencia propia y autoconfianza y encontró un nuevo consuelo al expresar sus necesidades.

En términos generales, como persona autoconsciente, es más probable que puedas controlar tus emociones y comportamientos y sepas qué estás pensando, haciendo, sintiendo o necesitando. Es mejor si puedes nombrar o describir esas cosas que si éstas son vagas, te haces ajeno a ellas o dejas de expresarlas.

Incluso en la toma de decisiones, ya sea si se trata de temas trascendentales en la vida como un cambio de profesión o algo menos dramático como por ejemplo cómo reaccionar ante una ofensa de tu pareja, es más fácil y firme si estás honestamente en sintonía con lo que deseas, tus estados internos, y cómo te estás comportando.

Si puedes ver de forma realista todos estos aspectos de ti mismo, es menos probable que te ensimismes o seas narcisista. También estarás mejor capacitado para "entrar" en los sentimientos o necesidades de tu pareja y mostrar esa importante cualidad de sintonía.

Calvin y Denise demuestran esta lucha:

A comienzos de su matrimonio, Calvin tenía ciclos de ensimismamiento narcisista, pensando primero en sus propias necesidades e intereses pero en últimas asumía un papel de sumisión a su esposa, permitiendo que ella lo recriminara. Él creció con un padre muy ensimismado quien lo impulsó a empezar a trabajar a temprana edad y hacerse cargo de la mayoría de sus necesidades, tanto emocionales como materiales. Decidido a lograrlo por sí mismo, Calvin creció y se convirtió en un atleta profesional y tuvo éxito en su profesión. Después de diez años de matrimonio, su esposa, Denise, se cansó de su ensimismamiento y comenzó a hacerse valer (a veces con agresividad innecesaria) lo cual al final resultó en una separación y casi divorcio. Tras muchos meses de terapia, tanto individual como en pareja, Denise y Calvin profundizaron su consciencia propia y pudieron reconocer que estaban teniendo comportamientos destructivos a raíz de sus propias historias. Calvin pasó de ser muy egocéntrico a un extremo opuesto de autonegación y un sentido de desesperación con sigo mismo. Finalmente pudo llegar a un balance y a medida que Denise seguía enfrentando la raíz de su ira y heridas, procedieron, aunque de forma cautelosa, hacia la sanidad del matrimonio.

Una de las primeras habilidades que puedes haber aprendido de niño, según los psicólogos del desarrollo, fue la de modular tus sentimientos y calmarte a ti mismo. Según Bowlby, líder reconocido a nivel mundial en el campo del afecto, los niños emocionalmente firmes aprenden a calmarse a sí mismos tratándose como los han tratado sus protectores o padres. Idealmente, si te calman o animan de forma adecuada siendo niño, aprendes a replicar ese comportamiento y estarás mejor preparado para calmarte y animarte a ti mismo y controlar tus emociones en la vida adulta. Esta es una valiosa cualidad de IE para usar en tu relación.

Muchos de nosotros hacemos malas elecciones de pareja adulta porque no sabemos qué necesitamos o qué es adecuado para nosotros, y podemos sufrir por años en esas relaciones. Aunque puedes cambiar y salvar tu relación o matrimonio con ayuda efectiva y mucho esfuerzo, es posible que tú y tu pareja nunca debieron haber estado juntos. Sí requiere verdaderamente conocer tus necesidades y tener la posibilidad de trabajar de forma eficiente con tus emociones para elegir de manera adecuada a tu pareja.

> Si te entiendes a ti mismo, lo que sigue es una mejor habilidad para controlar tu comportamiento y tratarte bien a ti mismo.

Algunos pueden identificar fácil y tranquilamente sus necesidades y expresarlas a otros, incluyendo a su pareja. Pero ¿qué si eso no es fácil o natural para ti? Esta habilidad se puede desarrollar. A continuación hay una lista de ejemplos de algunas de las cosas requeridas para este proceso. Úsala como una lista de chequeo para determinar qué tan listo estás en esta área:

> Cuando tienes claridad en lo que necesitas y logras identificar tus sentimientos y opiniones, el siguiente paso es "hacerlos públicos" ante tu pareja.

❖ Asertividad o habilidad de expresarte

❖ Disposición a correr el riesgo de no obtener los resultados esperados

❖ Autoconfianza

❖ Convicción o confianza en que tienes el derecho a expresar tus necesidades y opiniones

❖ Comunicación apropiada y sin exigencias

❖ Superar el temor a la cercanía que pueda resultar

¡Todas estas características son muestra de un aspecto de tu IE!

Es más probable que te escuchen y que tus necesidades o sentimientos sean atendidos si los haces públicos o los comunicas adecuadamente. Hacer esto exige una comunicación efectiva. Uno de los errores más comunes que cometemos es quejarnos en lugar de compartir nuestras peticiones. Detente y piensa si tratas de obtener lo que quieres en tu relación o matrimonio con quejas o criticando a tu pareja en lugar de sólo expresar claramente lo que necesitas. ¡Esto es muy importante!

> Ya sea que se trate de ti o de tu pareja, la conversación con sigo mismo puede ser poderosa para influir en tus pensamientos y sentimientos.

La adecuada conversación con sigo mismo también es importante, pero no te permitas ser negativo, ni te autodesprecies ni seas contraproducente.

¿Qué si te esfuerzas por identificar tus necesidades y tomas el riesgo de expresárselas a tu pareja y él o ella las menosprecia o se rehúsa a satisfacerlas? En general, si tus necesidades son razonables (es cierto que esto es subjetivo) es responsabilidad de tu pareja el responder adecuadamente. Lo ideal es que él o ella esté disponible emocionalmente para ti y atento a tus solicitudes. Para funcionar bien en esta área los dos deben escuchar atentamente, tener empatía y tener la capacidad de sintonía y tener suficiente autoconfianza para darse el uno al otro.

Detente y haz una lista de cosas que sabes que necesitas en tu matrimonio. Estoy seguro que necesito:

1. Estar seguro de que mi pareja es confiable

2. Afecto

Continúa la lista hasta completar 10 o más puntos.

RESPETO Y TOLERANCIA
HACIA LAS DIFERENCIAS

En general, por muchas razones, consciente o inconscientemente eliges una pareja que es significativamente diferente a ti. Sin embargo, cuando te comprometes con esa persona y pasan la luna de miel o la etapa de romance, te ves forzado a enfrentar esas diferencias. Sus diferencias pueden no generar gran inconformismo o conflicto, ni ser tan insuperables que influyan en el desfallecimiento de la relación. Lo irónico es que precisamente las características, hábitos y rasgos que nos parecen atractivos en una pareja potencial y que nos atraen, al final son la cosas que decimos que "nos enloquecen" y que encontramos intolerables.

No hay dos personas iguales, así que es inevitable y obligatorio encontrar por lo menos algunas diferencias entre tú y tu pareja. A veces esas son diferencias relativamente menores incluyendo cosas como gustos de comida. Otras son mucho más importantes como tener un sistema de valores ampliamente diferente. Puedes ser tolerante o intolerante con la forma como tu pareja hace las cosas o con sus creencias, hábitos y rasgos de personalidad. En muchos casos uno o el otro trata de "rehacer a su pareja a su imagen" (aunque esto a menudo lo niegan vehementemente). Es fácil estancarse pensando que sólo hay una manera adecuada de ser y de hacer las cosas. Es ahí cuando la tolerancia, el pensamiento positivo y optimista y el manejo de tus emociones, se hacen tan útiles. ¡IE!

A continuación hay una lista de algunos de los asuntos más comunes con los que es posible luchar debido a los tipos o diferencias de personalidad. ¿Cuáles de estos se aplican a ti?

- ❖ Métodos de paternidad o relación con los hijos

- ❖ El dilema de poca responsabilidad o de mucha responsabilidad

- ❖ La dicotomía de lo muy emocional o poco emocional

- ❖ La diferencia de relajado *versus* tenso

❖ La personalidad inquieta o tranquila *versus* la extrovertida o abierta y social

❖ El método organizado y limpio *versus* el desordenado y confuso

❖ Diferencias específicas de género

Hay muchos otros asuntos en los que pueden discrepar, pero están más relacionados con diferencias de opinión y no necesariamente personalidad o diferencias de estilo.

Puedes aprender a tratar con estas diferencias de forma pacífica. Si estás muy motivado, haces cambios significativos de forma rápida. La historia de Paula y Allen demuestra este proceso:

Paula y Allen llegaron presentando cada uno de los puntos anteriormente listado y también un par de preocupaciones. Allen no se dedicaba mucho a sus tres hijos pequeños, aunque ellos eran la parte más importante en la vida de Paula. Ella era quisquillosa y compulsiva con la casa y casi histérica, mientras que Allen se rehusaba a ayudar con las labores domésticas y tenía un estilo muy relajado. A Paula le gustaba salir a socializar; Allen odiaba vestirse elegante y salir. Ella era protestante, él era católico. Allen bebía más de lo que para Paula era cómodo y ella bebía muy poco. Ella era muy afectiva, y él no lo era para nada. Además de sus tantas diferencias, su matrimonio se estaba afectando mucho más porque ellos no discutían las cosas, no se sentaba a procesar sus sentimientos, no expresaban sus necesidades y evitaban todo conflicto. Extraordinariamente, tras seis sesiones, esta pareja estaba experimentando una satisfacción en su matrimonio que nunca habían sentido. Cada uno se hizo más consciente de sí mismo y pudieron discutir sus diferencias y problemas. Allen dejó de beber y comenzó a disfrutar el pasar más tiempo de calidad con sus hijos. Comenzaron a salir juntos un poco más. Allen mejoró notablemente ayudando con las labores de la casa. Empezaron a ir juntos a la iglesia y estaban planeando iniciar un programa de ejercicio juntos. Los dos mostraron un honesto deseo de estar más sintonizados con el otro, expresar sus propias necesidades y sentimientos y responder con empatía a los de su pareja. Allen se volvió más afectivo y aunque no mostraron una mayor comodidad con el conflicto y siguieron evitando las discusiones entre ellos, eso no pareció interferir con su habilidad para hablar las cosas y resolver sus diferencias. ¿Suena familiar? ¿Suena fácil? En una llamada de seguimiento a esta pareja, cinco meses después, ellos conservaban los cambios realizados. Esta pareja no era "incompatible". Simplemente necesitaban relacionarse mutuamente de una manera más emocionalmente inteligente.

¿Te parece una idea extraña que las diferencias deberían valorarse y honrarse? De hecho, las diferencias entre tú y tu pareja no generan la tan llamada "incompatibilidad". Lo que se interpone es la inhabilidad de discutirlas efectivamente y solucionar los problemas. En realidad, estas diferencias pueden producir crecimiento y proporcionar riquezas y textura para sus interacciones. Demasiado conflicto y discusiones en tu relación o matrimonio son el resultado de no aceptar que tu pareja es muy diferente a ti.

¿Tiendes a criticar o despreciar a tu pareja por proceder, pensar, creer o sentir de manera diferente a la tuya? Si estas críticas se vuelven ásperas y constantes, y si las diferencias no son respetadas, tu relación puede estar en peligro. Investigaciones sobre los peligros de la crítica demuestran cuán destructiva es. Con el tiempo terminas por despreciar a tu pareja lo cual en definitiva destruirá tu relación.

> Lo que crea dificultades no es aquello en lo que discrepan sino la forma como lo hacen.

El temor es una fuerza impulsora detrás de la intolerancia a las diferencias. Sientes que "si _____ no hace _____ a mi manera, entonces temo que _____ pase. Si somos muy diferentes en nuestras maneras de ser y hábitos, entonces _____ va a suceder". Te invito a llenar estos espacios en blanco con muchos ejemplos que apliquen a ti y a tu pareja. Para hacer este ejercicio es importante pensar en los temores que hay detrás de tu intolerancia; sin embargo, exigirá mucha meditación. No siempre es fácil identificar esos sentimientos.

Pittman, en *Grow Up (Crece)*, da estas palabras de sabiduría a este dilema: "No tienes que ser perfecto, tu pareja no tiene que ser perfecta, pero tienes que darte por completo".[19] ¡Y estar asustado o sentirse amenazado porque tu pareja sea diferente que tú, no es darse por completo!

No te des por vencido tan fácilmente. A veces estamos muy asustados o tenemos una perspectiva tan limitada que terminamos una relación cuando a una pareja o a la relación le faltan una o dos cualidades así haya muchas a favor. Si persistes cuando estás frustrado con tu pareja, muestra tolerancia ante sus debilidades, evita dejar que tus emociones negativas dirijan tu manera de pensar, sintonízate de manera honesta y expresa tus sentimientos y necesidades de manera apropiada, es posible que tal uso de IE salve tu relación.

Un corto ejemplo ilustra esta lucha:

Paul estaba muy bien preparado; Deb no. Habían sido buenos compañeros, compartían valores similares y conformaron una familia; tenían estilos de vida similares. Fue la falta de una educación formal por parte de Deb lo que Paul finalmente usó como excusa para tener una relación con otra mujer. Él decía que Deb en realidad no era intelectualmente retadora y que esto afectó su atracción física hacia ella, así que se separaron y finalmente se divorciaron. Como consecuencia de este rechazo, Deb volvió a la universidad y comenzó a examinar sus demás relaciones. Resultó que la mayoría de quienes habían sido sus amigos por mucho tiempo eran personas muy bien preparadas que la habían visto a ella como un estímulo, y finalmente desarrolló otra relación afectiva con otro hombre muy bien educado. No comparto este caso para minimizar el valor del estímulo intelectual en una matrimonio o negar que esto afecta el respeto por la pareja, sino para mostrar cómo una estrecha visión puede llevar a su fin una relación que de otra forma podría ser buena. Además de esto, a menudo la persona que rechaza es arrogante e insinúa que su pareja es menos que perfecta y que él o ella lo es.

Estudios de género revelan que, en términos generales, hombres y mujeres son diferentes cuando se trata de enfrentar emociones ásperas. Se ha hallado que los hombres tienden a experimentar emociones de manera menos intensa que las mujeres. Y las mujeres pueden comunicarse de manera más cómoda a nivel personal. Si eres objetivo y trabajas con esas diferencias, la brecha entre tú y tu pareja no debe ser un obstáculo. Hombres y mujeres tienen mucho que aprender los unos de los otros. Cada uno de nosotros puede tomar prestado del otro, estamos acercándonos hacia el centro en donde yace el respeto y la tolerancia.

Conflicto

"Muy pocas veces, o casi nunca, un matrimonio se convierte en una relación
suave y sin crisis, sin dolor no se llega al conocimiento".

—Doctor Carl Jung

Un par de ingredientes clave para el éxito en tu relación o matri-
monio son la habilidad de persistir a pesar de las inevitables dificulta-
des y la sabiduría para reconocer que las relaciones en sí pueden estar
llenas de conflicto y problemas. Cuando más se necesitan habilidades
de comunicación e IE es en el área de conflicto y manejo de diferencias.
Cuando dices: "Tenemos problemas de comunicación" es muy proba-
ble que estés diciendo "no sabemos cómo manejar nuestras diferencias
o resolver nuestros conflictos".

Hay muchos recursos muy buenos para el manejo de conflictos en
las relaciones. *The Power of Two (El poder de dos)*, por Susan Haitler,
Ph.D., es un buen ejemplo. Este libro
ofrece las bases para el diálogo en el
matrimonio, cómo tratar con la ira,
solución de conflictos, la toma com-
partida de decisiones, y otros temas de
comunicación relacionados con el conflicto.

El mito de "si nos amaramos el
uno al otro, esto no sería difícil" es
sólo eso, un mito.

A continuación hay unas pocas afirmaciones sobre seis temas que
te muestran la importancia de usar la IE ante el conflicto. Estas inclu-
yen indagar y solicitar información, controlar la ira en ti y en tu pareja,
dejar el juego de culpar, escuchar es amar, compartir el problema e in-
compatibilidad.

Indagar y solicitar información

Tener la habilidad para indagar y hacer preguntas de manera ade-
cuada, es de gran ayuda en el manejo de conflictos con tu pareja. Ayuda
a evitar las interacciones innecesarias y destructivas al hacerle a tu pa-
reja las preguntas adecuadas, buscar más información acerca de lo que

. . . .

Es cuando estamos enfadados que el obtener información es lo más importante.

está diciendo, sintiendo o haciendo. Si él o ella dice algo potencialmente hiriente, tienes la opción de preguntar de forma defensiva "¿qué quieres decir con eso?" o expresar con tono pacificador, "¿puedes decirme más acerca de qué estás sintiendo, o diciendo o necesitando? o "dime más al respecto", o algo como "honestamente no entiendo, ¿puedes por favor aclarar?".

Algo de la frustración que sienten entre sí se debe a la falta de información importante. Si te detienes un poco, indagas, haces preguntas y obtienes claridad, puedes evitar mucha tensión, heridas y malos entendidos.

Una persona emocionalmente inteligente puede hacer una pausa, incluso en el fragor de la batalla, para indagar y buscar mayor información y escuchar las respuestas de forma genuina. Persiste así estés frustrado, controla tus impulsos tanto en tus acciones como emociones, conserva una actitud optimista y ten empatía hacia tu pareja.

¿Crees que esto es imposible de hacer cuando estas enfadado? No lo es. Puede que requiera una saludable dosis de consciencia propia y control de emociones pero vale la pena. ¡Cuando estés enfadado, detente y haz una buena pregunta! ¡Usa tu IE!

Controlar la ira en ti y en tu pareja

"Todos podemos enojarnos, eso es fácil. Pero estar enfadado con la persona correcta, en el grado correcto, en el momento correcto, con el fin correcto y de la forma correcta, eso no es fácil".
—**Aristóteles**

Muchas reacciones emocionales activadas en tus relaciones de adulto las aprendiste en tu niñez o las viste en tus padres. Está de más decir que necesitas aprender o reaprender a controlar tus propias emociones fuertes ahora de adulto. Lo que a menudo se pasa por alto pero debe tenerse presente es cómo manejar la ira y otras emociones fuertes de tu pareja.

Goleman llama a esto el "contagio emocional" y "sincronía de estados de ánimo". Ayudar a tu pareja a calmar sus sentimientos es una habilidad valiosa que los acerca más. Esta clase de conexión entre ustedes dos es lo que lleva a la sintonía, una de las nueve cualidades importantes de la IE. Si tie-

> Muchos de nosotros sin saberlo nos vamos en contra o reacciona-mos de forma exagerada ante las emociones de otros y tendemos a imitar sus estados de ánimo en nosotros mismos.

nen la habilidad de estar en sintonía con los estados de ánimo el uno con el otro, sus interacciones emocionales fluirán más suavemente. Por otro lado, si no son eficientes en la forma como envían y reciben mensajes emocionales entre sí, es muy probable que se sientan en desacuerdo el uno con el otro.

Tener la habilidad para calmar y controlar las emociones tensas de la pareja "...te permite dar forma al conflicto... prosperar las relaciones íntimas y tranquilizarlas" (Goleman).[20]

Evidentemente necesitas aprender a reaccionar ante las emociones fuertes de tu pareja y seguir sus vaivenes, en especial cuando se trata de controlar la ira. Sin embargo, si se lleva muy lejos, esta situación termina por llevar a la codependencia y a hacer más mal que bien. Una persona codependiente es la que permite que los comportamientos y emociones de otros tengan un efecto poderoso sobre ella y que se queda atrapada creyendo que de alguna manera va a controlar el cambio de los demás. Ella se pierde en los sentimientos y acciones de quienes están a su alrededor y no mantiene unos límites adecuados de ego personal entre sí misma y los demás.

Hay un "baile codependiente" en la mayoría de las relaciones. Recuerda la definición de codependencia y pregúntate cómo se aplica a ustedes como pareja.

> Calmar, inspirar o aliviar a tu pareja facilita la conexión y la cercanía deseada.

En el proceso de conectarse emocionalmente, debes abandonar la ilusión de que de alguna manera vas a cambiar o controlar los comportamientos, las actitudes o emociones de tu pareja. La meta es ser *interdependiente, no codependiente*. La ira y otras emociones fuertes que vienen con los conflictos y desacuerdos, se manejan de manera más efectiva si los dos llegan a estar en sintonía y a tener empatía sin crear un enredo malsano.

Hay muchos libros, talleres y clases sobre el manejo de la ira. Ya sea por ti mismo o usando alguno de esos recursos, puedes aprender a autorregularte cuando se trate de tus emociones. Pregúntate qué tan bien aplicas en la actualidad las siguientes técnicas de autorregulación.

❖ Aceptas responsabilidad y eliges tus propias respuestas emocionales

❖ Replanteas las situaciones pasando de estar tenso o generando ira a ser retador o propiciar el crecimiento

❖ Estás consciente y controlas tus propios activadores emocionales

Si no es controlada, tu ira puede convertirse en cólera o terminar en abuso verbal, emocional o físico. Todos reaccionamos con emociones diferentes ante situaciones diferentes y es ahí cuando la consciencia propia es esencial.

La siguiente situación ilustra la presencia destructiva de ira descontrolada:

Matthew y Dee habían desarrollado un patrón de interacción en el que casi cada conversación estaba mezclada con ira, una actitud defensiva, comentarios mordaces, o un humor sínico y sarcástico. Irónicamente, tenían un fundamento fuerte y estaban comprometidos con la relación pero estaban muy cansados de la constante presencia de la ira. Dee tenía una personalidad fuerte y era muy extrovertida. No era consciente de que mucho de lo que decía lo hacía con un matiz hiriente y que a menudo se quejaba y acusaba. Matthew era más descomplicado y más que todo reaccionaba defensivamente o con humor ante lo que Dee decía. También era pasivo agresivo y ensimismado y a través de los años había desarrollado un patrón de no escucharla. ¡Literalmente no escuchaba lo que ella decía! Después de muchas sesiones dolorosas y difíciles pidiéndoles que observaran su propio comportamiento (consciencia propia), practicaran el modificar sus propias maneras de relacionarse (controlando y regulando las emociones), y se acercaran con mayor comprensión y aceptación (empatía y sintonía), las cosas comenzaron a cambiar. Ambos necesitaban mayor entrenamiento en cómo responder y también ayudar a controlar las emociones de su pareja. Como sus patrones habían estado profundamente arraigados por muchos años, sería necesario que el cambio permanente fuera consistente, un esfuerzo diario por un largo periodo de tiempo.

Dejando el juego de culpar

Lo más fácil de hacer para la mayoría de nosotros en medio de un conflicto o desacuerdo es culpar a la otra persona. Y a veces lo más difícil es identificar y mantenernos concentrados en nuestras propias contribuciones al problema. Para dejar el juego de culpar, es esencial trabajar y concentrarse en tus propios sentimientos y comportamientos, no en los de tu pareja.

Es emocionante aprender a usar "frases de introducción" cuando tienen que discutir asuntos difíciles entre ustedes. El uso de tales afirmaciones se deriva del acusar y el buscar culpables de sus interacciones. Las introducciones pueden incluir cosas como las listadas a continuación. Conserva esta lista a mano y añade más puntos. Intenta usar estas sugerencias con tu pareja, y hazles seguimiento a las que mejor funciona para ti.

> Al permanecer en sintonía, es menos probable que queden atrapados en culparse el uno al otro.

- ❖ "Quiero hablar contigo de algo. Por favor escucha y trata de no enfadarte, ofenderte ni reaccionar de manera exagerada".

- ❖ "Sé que hemos discutido esto muchas veces, pero siento que sigue sin resolverse y necesito que nuevamente hablemos al respecto".

- ❖ "No digo esto para ofenderte, pero tengo que hablar contigo acerca de ___".

- ❖ "¿Estás de ánimo para hablar sobre ___ ahora mismo?"

- ❖ "Sé que esto es un asunto sensible pero...".

- ❖ "¿Es este un buen momento para hablar de ___?"

- ❖ "Me gustaría hablar de ___ sin mucha ira. ¿Estás dispuesto?"

Cuando ya estás en medio de una discusión (y ya has usado las introducciones), es factible reagrupar y salvar las cosas antes que se intensifiquen. Esto requiere que tengas consciencia propia, y seas optimista y uses autodisciplina para expresar tus sentimientos, cualidades esenciales de IE para el conflicto. Puedes detenerte (en medio de la batalla) y decir:

- ❖ "¿Me permites empezar de nuevo?"

- ❖ "Quizá tienes razón".

- ❖ "Por favor, escúchame".

- ❖ "¿Intentas hablar más tranquilamente?"

- ❖ "Los dos nos estamos enfadando, ¿hacemos una pausa?"

- ❖ "¿Podemos retroceder e intentarlo de nuevo?"

- ❖ "En realidad no estamos llegando a ninguna parte con esto".

- ❖ "No estoy seguro de que nos estemos escuchando el uno al otro".

Sugiero firmemente que escribas frases de salvamento como estas y las frases de introducción antes mencionadas en tarjetas y las mantengas a mano o exhibidas en un lugar conveniente y de fácil acceso. Trata de usarlas cuando tú y tu pareja estén en conflicto y te sientas tentado a culpar o enfadarte. Se requiere ánimo y madurez para que cambies pero poca habilidad para insistir en que tu pareja cambie. En la mayoría de relaciones tenemos que cambiar la forma como vemos a nuestra pareja. Tu pareja no siempre es el problema, probablemente lo sea tu percepción.

Es importante tener presente el poder de tus percepciones. Recuerda que tus creencias determinan lo que decides percibir, tus creencias determinan tus pensamientos, los pensamientos y percepciones te hacen ver lo que quieres ver para validar tus creencias y recuerdas y relacionas lo que encuentras útil para validar tus creencias. ¿Te suena cíclico? Lo es. Mira la Figura 4-1.

No es extraño que el culpar y la ira en tu relación sean el resultado de proyectar sobre tu pareja tus asuntos del pasado pendientes o que no han sanado. Así que cuando te sientas tentado a culpar, detente y mira el espejo. Un aspecto interesante en el manejo de conflictos se refleja en el siguiente ejemplo:

Margo y Dan se apresuraron a su segundo matrimonio y no se tomaron el tiempo necesario para sanar y fortalecerse individualmente entre cada relación. Margo venía de un primer matrimonio emocionalmente abusivo. Había desarrollado un patrón de ser muy servicial y "complacer a los demás" en respuesta al estilo controlador de su primer esposo y ahora proyectaba ira residual sobre Dan. Cuando él le pedía algo, ella lo hacía pero se enfurecía si él no le agradecía o si sus propias necesidades no eran satisfechas. Ella luchaba con ataques de depresión, lo cual probablemente permanecía latente de su primer matrimonio, y estallaba con rabia entre lágrimas culpando a Dan por su infelicidad. Al no entender los efectos de la experiencia previa de ella sobre el presente, él respondía enfadado y surgía una amarga pelea. Con el tiempo, Margo comenzó a reconocer que estaba proyectando su dolor sobre Dan y culpándolo por las heridas que había sufrido antes de este matrimonio con él. Dan comenzó a reconocer un patrón de insensibilidad, el cual había desarrollado por su padre frío y airado. Se sintonizaron más entre sí, pudieron dejar el juego de culparse y aprendieron a controlar y expresar sus emociones de manera más adecuada.

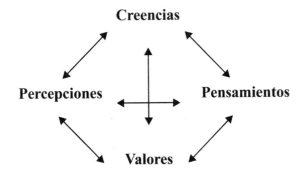

Figura 4-1

Escuchar es amar

No hay tantos recursos disponibles para aprender a escuchar efectivamente como los hay para el control de la ira. *The Lost Art of Listening (El arte perdido de escuchar)* por Mike Nichols, Ph.D., cubre ampliamente muchos aspectos de la escucha efectiva. Pero de nuevo, es una habilidad que no se puede aplicar sin IE. El obstáculo más difícil de superar en la comunicación efectiva durante un conflicto es la incapacidad o falta de disposición para *escuchar*. Por el contrario, la escucha efectiva y empática es una de las fuerzas más poderosas para hacer que tu matrimonio fluya tranquilamente. Recuerda que lo que dices en definitiva puede ser menos importante que lo que realmente *escuchas*.

Las habilidades de escucha efectiva son un subproducto de tener empatía y estar en sintonía con tu pareja. Puedes cometer errores con tus oídos, por así decirlo, así como con tu lengua en la comunicación y con el conflicto. Considera las siguientes directrices para una escucha activa y efectiva. Úsalas para evaluarte al observar tus interacciones con tu pareja. Pregunta si él o ella sienten que realmente escuchas cuando hablan:

❖ Mantén contacto visual, por ejemplo, no te muestres distraído.

❖ Usa lenguaje corporal receptivo y abierto, por ejemplo, no cruces los brazos ni des la espalda. Siéntate y no te vayas. No aprietes los puños ni te pongas rígido.

❖ Haz las preguntas indagatorias adecuadas, muestra que estás escuchando mientras tratas de reunir más información. Las preguntas son muy importantes en la escucha.

❖ Da tu opinión sólo cuando te la pidan y acepta los consejos o las opiniones, pregúntale a tu pareja si estaría abierta para tus observaciones o ideas.

❖ Obtén claridad sobre lo que te está tratando de transmitir, encuentra una manera de estar seguro que entiendes lo que te está diciendo. ¡Haz preguntas!

❖ Permanece en silencio y atento mientras te concentras en lo que
    tu pareja está diciendo, no te interpongas con tus propios asun-
    tos o preocupaciones.

Es posible que digas que no puedes escuchar y "pensar racional-
mente" cuando estás enfadado y en conflicto con tu pareja o que en este
tiempo no es realista seguir las reglas de la técnica de pelea justa. Esto
no es cierto si logras permanecer en sintonía contigo mismo y con tu
pareja, y puedes evitar que el negativismo interfiera con tu habilidad
para pensar y usas tu ira de forma adaptativa. ¡Y la gente emocional-
mente inteligente puede hacerlo!

Si tu ira se ha aumentado hasta ser cólera, la situación puede ser
más difícil; sin embargo la mayoría de interacciones no llegan a este
nivel. En el momento en que las cosas se calientan es precisamente
cuando las habilidades de pelea justa en tu IE son más necesarias y úti-
les. Como herramienta de resolución de conflictos, escuchar requiere
madurez, la cual es difícil de mantener cuando las cosas se calientan.

Aunque a menudo es ante el conflicto que surge la hostilidad, el
respeto y el deseo genuino de solución desarman dicha hostilidad.
¿Respetas a tu pareja? ¿Realmente quieres solucionar las cosas? ¡Enton-
ces escúchala! Lo mismo es cierto con la testarudez, la cual puede ser
una cualidad positiva si la vez de forma adecuada como ser resuelto y
persistente. Sin embargo, en situaciones de conflicto personal, crea una
lucha de poderes entre tú y tu pareja y empeora las cosas. De nuevo,
¿realmente quieres solucionar las cosas? Escucha. Escuchar es amar y
vence la testarudez.

Compartir el problema

Muchas parejas buscan ayuda
cuando uno de ellos está en modo de
"queja" o "infeliz" y el otro dice, "Es-
tamos bien, no necesitamos ayuda" o
"*Tú* tienes un problema, yo no". ¡No es
tu caso! Si uno de ustedes tiene una preocupación acerca de su relación

> En términos generales, cuando
> una persona en la relación tiene
> un problema, ambos lo tienen.

o algo que la afecta, los dos tienen un problema. Con una explicación clara, la parte que no se queja usualmente puede ver que los problemas que preocupan a uno los comparten los dos.

Para nosotros es común estar ferozmente comprometidos a tener la razón y ganar discusiones. ¿Alguna vez te has encontrado diciendo que no puedes ganar una discusión con tu pareja? Mi respuesta a este comentario es, en tono irónico: "Vaya, me alegra saberlo". En el apropiado manejo de conflictos no hay ganador y el disgusto termina con una situación en la que ambos ganan o con un "acuerdo de estar en desacuerdo".

El manejo adecuado de conflictos usualmente requiere apropiarse y saber disculparse cuando has hecho mal, has sido hiriente o te has pasado de la raya. Como antídoto contra el acusar, se requiere que uses tus emociones de manera adecuada, resistas tus impulsos, seas persistente, seas tolerante y pospongas tu propia gratificación. ¡Difícil de hacer! Pero la gente emocionalmente inteligente es responsable y lo hace.

En *How to Say It for Couples (Cómo decirlo para parejas)*, el autor Paul Coleman, Doctor en Psicología, dice, "Si siempre necesitas tener la razón en tu relación, estás equivocado".[21] El propósito del conflicto en las relaciones en entender el punto de vista de tu pareja y sus sentimientos. Funciona bien si va en ambos sentidos. Este concepto puede generarte miedo si lo sientes como una pérdida de poder y control o que nunca obtendrás lo que necesitas. Pero si insistes en compartir el problema, con el tiempo verás su potencial de fortalecimiento. En últimas te sientes más poderoso personalmente en lugar de lo contrario.

Si ante el conflicto "hacen equipo" y se unen el uno al otro para hallar una respuesta o una solución, mírense como un nosotros, y hagan preguntas como "¿Qué podemos hacer en cuanto a esto?" o "¿Cómo podemos resolverlo?", para evitar mucho dolor y heridas. Hacer estas dos preguntas ayudará a mitigar la mayoría de conflictos. El conflicto en sí mismo no se verá como algo tan destructivo. La IE necesaria para hacer esto deberá incluir el regular tus emociones, ser persistente y controlar tus impulsos. Tu meta final es la coexistencia pacífica. ¡Puedes hacerlo!

Incompatibilidad

Cuando te comparas con tu pareja, encontrarás las siguientes diferencias comunes:

- Fuimos criados en diferentes sistemas familiares.

- Tenemos distinta personalidad.

- Nos relacionamos de diversas formas.

- Representamos diferentes perspectivas de género.

- No somos iguales en el aspecto emocional.

- De alguna manera tenemos diferentes valores y creencias.

- Nuestras necesidades no son los mismas.

- Nos expresamos de forma diferente.

- Cada uno tiene sus pasatiempos favoritos.

El "giro" que le doy a esto es que la verdadera incompatibilidad en realidad no existe en la mayoría de las relaciones. No son asuntos específicos los que hacen o rompen una relación sino cómo los tratamos. Los problemas suceden si te hace falta IE. Es claro que el problema es la falta de IE y habilidades de manejo de conflictos, y no las "incompatibilidades" o asuntos que surjan.

Te animo a volver y evaluar tu nivel de IE cuando tengas la tentación de decir que tú y tu pareja son incompatibles. Aunque superficialmente esto parezca "simple sentido común", un gran número de parejas insisten en que el problema con su relación o matrimonio es que son incompatibles debido a sus diferencias. Puede que requiera mucho tiempo y esfuerzo ver que el proceso de cómo manejar el conflicto es mucho más importante que el contenido.

Una última palabra sobre el conflicto

El pensamiento positivo, una de las habilidades básicas de la IE, también es esencial ante el conflicto. Los pensamientos negativos acerca de tu pareja tienen un gran poder. Si te estancas o rumeas acerca de algo que no te gusta de tu pareja, o sobre una acción que te tiene malhumorado, en lugar de limitar esos pensamientos o reemplazarlos con pensamientos positivos, habrá daños. Los pensamientos son muy poderosos, ya sean negativos o positivos, y tienen un tremendo impacto en la manera como interpretas los eventos y las acciones de otros.

Es mejor tener muchas más interacciones positivas que negativas con tu pareja si quieres tener una relación o matrimonio pacífico. Y esto es cierto para los pensamientos así como para los sentimientos, es mejor tener muchos más pensamientos positivos acerca de tu pareja, que negativos. He visto innumerables ejemplos de "cambios" exitosos cuando las parejas hacen una pausa para reemplazar acciones, pensamientos y sentimientos negativos por positivos.

RESUMEN

Se requieren casi todas las características de la IE para tratar con los temas discutidos en este capítulo. Esto es particularmente cierto con el conflicto pero también se aplica en honrar las necesidades y respetar las diferencias. Estas cualidades son:

❖ Ser consciente y tener conocimiento de sí mismo

❖ Conservar el entusiasmo y la persistencia ante las frustraciones o adversidades y tener la capacidad para tolerar la derrota

❖ Posponer la gratificación y controlar o resistir los impulsos

❖ Evitar que la tensión inunde tu habilidad de pensar

❖ Tener empatía y estar en sintonía con tu pareja

❖ Conservar la esperanza, el pensamiento positivo, y una actitud de optimismo

❖ Regular o manejar tus emociones, y expresarlas o usarlas apropiada y adaptativamente

La habilidad para *controlar tus impulsos y posponer la gratificación* es esencial en todas las áreas de tu vida, tu lugar de trabajo, entornos sociales y familiares, y sin ésta el caos reinará. Esto es particularmente clave para mantener una relación saludable, especialmente cuando enfrentas el conflicto. La tentación a arremeter verbalmente y ser hiriente, estar a la defensiva, culpar a tu pareja o actuar de maneras destructivas, es especialmente fuerte cuando estás enfadado. Si te hace falta controlar tus impulsos, estás corriendo un gran riesgo en tu relación; esta situación se empeora cuando tampoco pospones la gratificación o *no eres persistente cuando estás frustrado*. La falta de estas cualidades lleva a acciones por las que usualmente te lamentas.

La vida moderna nos expone a diversas situaciones, personales o profesionales, que generan mucha tensión. En esos momentos nuestra habilidad para pensar racionalmente se ve comprometida. Probablemente es ante el conflicto o cuando estamos enfadados, que estamos corriendo un gran riesgo. Así que es importante tener la habilidad de *mantener alejada la tensión de nuestra habilidad de pensar y superar las emociones negativas* para desempeñarnos (y relacionarnos) de manera eficiente. No necesariamente es "contradictorio" pensar racionalmente en medio de la ira o el conflicto. Una persona emocionalmente inteligente logra hacerlo.

Esta habilidad para pensar racionalmente es similar a una cualidad de IE, la de usar tus estados de ánimo o emociones para tener comportamientos adaptativos o constructivos. Esto se ve reflejado en frases que escuchamos muy a menudo como: "Cuando estoy enfadado, me sumerjo en el trabajo" o "Limpio mi casa como loco cuando estoy airado". Hay muchas maneras de usar tus emociones de manera constructiva. Poder calmarte y ayudar a tu pareja a calmarse en tus interacciones personales es de más ayuda y requiere la habilidad, nuevamente, de *tener empatía y sintonía* con tus propias emociones y las de tu pareja.

Para desarrollar y aplicar estas habilidades debes controlarte a ti mismo y tener *consciencia propia*. No puedes dominar el *control de impulsos, posponer la gratificación*, tratar con la frustración, superar la tensión, o usar tus emociones de manera efectiva, si no eres consciente

de tus motivaciones y sentimientos o no logras controlar tus comporta-
mientos. Esto exige una habilidad para "revisarte a ti mismo" y tener un
diálogo adecuado contigo mismo acerca de cómo responder en tiem-
pos difíciles.

Además del manejo de conflictos, una habilidad igualmente útil
es la de identificar tus necesidades y sentimientos y expresárselos a tu
pareja. Esto hace parte de tener *consciencia propia y conocerse a sí mis-
mo*, y puede evitar el desastre. Probablemente te frustras o te sientes
herido cuando tu pareja no satisface tus necesidades o no reconoce
tus sentimientos. Sin embargo, para que éstos sean honrados, deberías
"publicar" claramente tus necesidades y sentimientos a tu pareja. Se-
guramente ella es emocionalmente inteligente como para ser receptiva
y verdaderamente escucharte. No deberías esperar que tu pareja lea tu
mente.

Cuando te hayas expresado y tu compañero te haya entendido, es
muy probable que tus necesidades sean satisfechas, tus sentimientos
sean respetados y tus creencias sean honradas. De igual manera, si es-
peras que tu pareja "se abra" y comparta sus necesidades o sentimien-
tos, debes *tener empatía y estar en sintonía* con ellos y ser receptivo con
lo que están compartiendo.

A veces se necesita la habilidad para posponer la gratificación si
hay un choque de necesidades (a esto le llamo "competencia de ne-
cesidades"), y uno de los dos hace a un lado sus necesidades de ma-
nera temporal para satisfacer las de su pareja. Esta es una respuesta
emocionalmente inteligente mientras haya un equilibrio en la "toma
de turnos". Posponer muy a menudo o a la inversa, dominando e in-
sistiendo en salirte con la tuya, es probable que con el tiempo lleve a la
decadencia de la relación.

El respeto y la tolerancia de sus diferencias requieren algunas de las
mismas cualidades de IE necesarias para el manejo de conflictos. Tener
diferencias es inevitable, y si éstas son grandes, no saber cómo manejar-
las conlleva a heridas innecesarias y frustración. Tratar con una pareja
que es muy diferente a ti requiere habilidad para mantener una actitud
entusiasta a pesar de la frustración y ver las diferencias como algo po-

sitivo y con una actitud de optimismo. Como en todos los asuntos de la relación, debes permanecer con consciencia propia y concentrado en tener empatía y estar en sintonía con tu pareja.

¡Felicitaciones! Has pasado por uno de los aspectos más retadores de una relación afectiva comprometida. La Parte II (capítulos 5 al 7) proporciona un cambio de enfoque. Te llevaré por tres temas que no encontrarás desarrollados en la mayoría de libros de pareja. El capítulo 5 muestra cómo se necesita la IE para tu autoestima y cómo afecta tu relación.

CAPÍTULO CINCO

Autoestima

¿Puedo amarte si yo no me amo?

Tu autoestima y percepción de ti mismo tienen un impacto significativo en tu relación o matrimonio. En este capítulo comenzamos a definir términos y a hablar acerca de cómo se forma la autoestima. Luego sobre el papel que ésta juega en tu relación y de cómo se requiere inteligencia emocional (IE) para conservarla.

¿QUÉ ES AUTOESTIMA?

Es tu evaluación honesta de ti mismo. Con el tiempo he llegado a ver la importancia de la diferencia entre concepto propio, autoconfianza (lo cual incluye autoeficacia), y amor propio, todo lo cual aporta para tu autoestima. Aunque éstos se traslapan, démosle una mirada rápida a cada uno.

Tu concepto propio generalmente es una perspectiva objetiva de lo que percibes como tus características personales y la clase de persona que ves que eres. La autoestima es una evaluación o juicio subjetivo de lo que te gusta o apruebas de ti mismo. Por ejemplo, puedo reconocer que soy una persona tímida y callada. Ese es el concepto que yo tengo de mí. Mi autoestima se refleja en el grado según el cual apruebo o me agrada eso de mí. ¿Está bien conmigo ser tímido y callado?

El concepto propio es una descripción de ti mismo relativamente libre de juicios, por ejemplo, "soy extrovertido", "soy obeso", "soy una persona espiritual", "no continué en la universidad por bajas calificaciones", "soy divorciado". Tu concepto propio puede verse saboteado si te juzgas muy severamente. Lo que convierte una realidad objetiva en una perspectiva subjetiva cargada de valores es tu autoestima. "No continué en la universidad por bajas calificaciones" puede cambiarse de un simple hecho a "...porque soy un tonto o un perdedor". O "soy divorciado" puede convertirse en "soy un fracaso en las relaciones". O, usando ejemplos positivos, "soy extrovertido" puede verse como "caigo bien y tengo éxito porque soy extrovertido".

La autoconfianza es un aspecto de tu autoestima que involucra fuerza propia y valor. Refleja una actitud de "puedo hacerlo" o "trataré de hacerlo" a pesar de los obstáculos o los defectos. Esto se mezcla pero no es completamente lo mismo que la cualidad de IE de autoeficacia. La confianza es un ingrediente crucial en el éxito de tu relación.

Si quieres estar mentalmente saludable (¿y quién no?), puedes aprender a formar tu realidad en una dirección que construya tu autoestima, te dé confianza en tu eficacia personal y te ayude a tener una perspectiva optimista de tu futuro.

· ·

La autoeficacia y la autoconfianza hacen toda la diferencia entre el éxito y el fracaso en la vida.

La autoeficacia, un componente tanto de autoestima y de IE, es creer y tener la habilidad para usar tus recursos bajo todas las circunstancias, incluyendo las más difíciles. En otras palabras, si eres una persona autoeficaz, tendrás un sentido de poder personal y sabrás que tienes un efecto sobre los resultados y las circunstancias de tu vida sin importar nada. No te quedas atrapado en la "mentalidad de víctima" o en la creencia de que todo el mundo está en tu contra cuando las cosas salen mal.

Puedes haber escuchado acerca de "locus de control", lo cual también tiene que ver con tu creencia sobre cuánto control tienes sobre lo que sucede en tu vida. En un extremo puedes creer que todo lo que sucede en tu vida es el resultado de tus propias acciones y atributos. O puedes creer que lo que te sucede es el resultado de fuerzas más allá de tu control. La mayoría de nosotros estamos en alguna parte del medio y ningún extremo en particular es funcional. Sin embargo, si te inclinas por una orientación interna, es más probable que tengas una autoestima, autoeficacia y automotivación más elevadas. Si tienes un locus de control más externo, eso es menos probable.

El amor propio es el aspecto de tu autoestima que va mucho más profundo de tu psiquis y muestra respeto y aprecio por tu esencia o el centro de lo que eres. No depende de tus competencias, comportamientos, fracasos o éxitos, rasgos personales, talentos, apariencia y cosas así. Algunas personas muy famosas que ante el público parecen tener una gran fortaleza propia y alta autoestima, realmente en lo profundo tienen inseguridad, y luchan con su autoaceptación y amor propio.

Tu nivel de amor propio o falta del mismo está basado en tus primeros años de desarrollo y es factible de mejorar por medio del aprendizaje, sanidad y esfuerzo. El amor propio se considera como el concepto espiritual de tu autoestima. Si has desarrollado una madurez espiritual es más probable que experimentes amor propio frente a alguien que no. Esto se basa en tu confianza de que eres amado y aceptado incondicionalmente por Dios o tu concepto de poder universal.

¿Cómo se forma la autoestima?

La mayoría de expertos están de acuerdo con que la autoestima se forma principalmente durante los primeros años de vida. Tu sentido propio y autoestima son el resultado de influencias sociales y de entorno, pero no están fundidos en una roca impenetrable y aún ahora se pueden modificar. Las cualidades de IE que ayudan a mejorar tu autoestima son la consciencia propia, la habilidad de mantener entusiasmo y persistencia cuando se enfrenta frustración, la capacidad de tolerar la derrota, tener esperanza y ser optimista, y tener automotivación.

Aunque tus influencias externas son extremadamente poderosas, también tienes algo de poder y autonomía en todas estas. Richard Bednar, Ph.D., y Scott Peterson en su libro *Self-esteem: Paradoxes and Innovations in Clinical Theory and Practice (Autoestima: paradojas e innovaciones en la teoría y práctica clínica)* nos dicen algo muy importante: "Los niños que son muy afortunados de tener padres afectivos, apoyadores y amorosos, deberían tener una confianza propia incuestionable. Por el contrario, los niños cuyos padres fueron duros y críticos, inevitablemente deberían ser víctimas que poco a poco interiorizan las críticas como la definición de quién son. Sin embargo, nuestra experiencia clínica nos ha enseñado que ese no siempre es el caso. Algunas personas que vienen de una niñez abusiva y/o traumática permanecen notablemente intactas, productivas y con autoconfianza. Otros, que vienen de entornos aparente estimulantes y apoyadores, pueden o no ser igualmente productivos y sufrir de una inseguridad debilitante y baja autoestima".[22]

Puedes aprender autoafirmación si recibiste mensajes negativos acerca de ti o tuviste experiencias que afectaron tu ego. Las primeras influencias se logran superar, aunque es un verdadero reto para la mayoría de nosotros, lo cual requiere que manejemos nuestras emociones y seamos persistentes. Vas a tener que esforzarte para sentirte mejor contigo mismo y amarte más. ¡Eso está bien! Es mejor trabajar con eso que vivir sin plenitud.

> "Si no estamos en guerra con nosotros mismos, es menos probable que estemos en guerra con otros".
> —Nathaniel Branden, Ph.D..

Puedes transformar tu vida. La forma como te sientes contigo mismo afecta tus comportamientos, decisiones, elecciones y todos los aspectos de tu vida incluyendo tu relación amorosa. Nathaniel Branden, Ph.D., muy conocido por su trabajo sobre la autoestima, dice que ésta también incluye responsabilidad personal y vida consciente.

Usa la siguiente lista para evaluar tu nivel de responsabilidad personal y vida consciente. ¿Necesitas trabajar en alguno de estos temas?

¿Ves cómo puede afectar tus interacciones con tu pareja?

- Considerar los derechos y sentimientos de otros

- Verte a ti mismo y a otros de forma realista

- Hacer elecciones conscientes

- Preferir claridad en vez de confusión

- Mantener consciencia propia (de tus pensamientos, sentimientos y acciones)

- Proceder de acuerdo con lo que ves y conoces

- Evitar la negación o la mentalidad de víctima

- Vivir en el presente

- Prestar atención a tus señales internas

- Vivir activa y no pasivamente

LA AUTOESTIMA Y LAS RELACIONES COMPROMETIDAS

La autoestima funciona en ambos sentidos para las parejas, puede verse afectada por uno o ambos como también enriquecerse por sus interacciones.

Aunque la aprobación o los halagos de tu pareja no crean ni sostienen tu autoestima, ella tiene la responsabilidad de apoyar tu crecimiento y tratarte con respeto y dignidad. ¿Has visto que te sientes mejor contigo mismo cuando tratas a tu pareja con dignidad, la escuchas atentamente, crees en ella, reconoces sus recursos y ves más allá de la superficie su profundo valor? Cuando vives con lo mejor que hay en ti, sacas lo mejor de tu pareja. Tu propia autoestima así como la de tu pareja se ven mejor beneficiadas cuando interactúan amorosamente.

Puedes ser amoroso al estar en sintonía con tu ser amado, lo cual significa estar consciente de sus sentimientos y necesidades. También significa que tendrás compasión hacia él o ella. Si tu autoestima es bien firme, muy seguramente tratarás a tu pareja con respeto. Esa persona arrogante, ensimismada y envanecida que ves en el trabajo, en entornos sociales y posiblemente en tu familia, probablemente tenga baja autoestima y tenga problemas al relacionarse con los demás. De la misma manera, la persona que está a la defensiva, es crítica y juzga a los otros, probablemente está tratando de esconder su propia inseguridad.

No se necesita un examen muy exhaustivo para reconocer que esto tiene que ver con varios aspectos de IE. Entre más te agrades y respetes a ti mismo, es menos probable que encuentres fallas en otros y los culpes por tus problemas o infelicidad. ¡Y esto incluye a tu pareja!

> Puedes amarte a ti mismo cuando te ves de manera precisa, aprecias lo que ves y te emociona lo que te es posible llegar a ser.

¿Alguna vez has escuchado a alguien decir: "No puedes amar a otra persona a menos que te ames a ti mismo"? O "¿Es difícil amar a alguien que no se ama a sí mismo"? Pueden ser clichés, pero hay sabiduría en ello. Funciona así: si eres demasiado necesitado e inseguro, para tu pareja puede ser difícil conservar su respeto hacia ti. El respeto mutuo es esencial para un fundamento firme en la mayoría de las parejas. Una persona insegura o necesitada comienza a sentirse como una carga, un estorbo, para el otro.

Recuerda que estamos concentrándonos en relaciones saludables. Algunas personas inicialmente prefieren parejas inseguras o con baja autoestima porque esto les permite ser superiores y/o tener el papel de protectores o controladores. Esta obviamente no es una ilustración de una relación saludable.

Este relato demuestra el papel de la autoestima en el matrimonio:

John y Lisa habían estado casados por casi diez años y tenían dos hijos pequeños. Cuando comencé mi trabajo con ellos, John carecía de IE y era poco sofisticado psicológicamente. Tenía poco conocimiento propio, se comunicaba mal, se ponía a la defensiva cuando se le hacían preguntas acerca de sí mismo, no podía identificar ni manifestar sus sentimientos, se desanimaba fácilmente, era bastante negativo acerca de sí mismo y la vida en general, y le resultaba difícil entrar en sintonía con los demás. Una evaluación no reveló depresión, pero claramente tenía baja autoestima, lo cual impactaba de forma negativa su matrimonio. Lisa quería que John fuera decidido para que ella no tuviera que tomar todas las decisiones, pero de manera rutinaria él le dejaba a ella la responsabilidad. Cuando tomaba una decisión lo hacía de una manera controladora y no inclusiva, lo cual es común en personas que no tienen un sentido de su propio poder personal.

Cuando John tenía momentos difíciles o estaba enojado, se culpaba a sí mismo y no podía solucionar el problema de manera objetiva, reprendiéndose en lugar de concentrarse en lo que tenía a mano. Buscaba apoyo y ánimo en ella; sin embargo, cuando ella sufría un ataque de depresión, a él se le dificultaba ser recíproco. La imagen física de John era mala, tenía pocos amigos, y Lisa no podía mantener el nivel de respeto que deseaba tener hacia su esposo. Este era un caso difícil de tratar porque la motivación de John para aprender acerca de sí mismo y participar en su crecimiento personal era mínima. Sin embargo, su deseo de mantener su matrimonio intacto le dio el ímpetu para avanzar. Con el tiempo, John comenzó a afirmarse a sí mismo y a sus necesidades de manera adecuada, inició un programa de ejercicio para afirmar su imagen corporal, tomó un mayor papel de liderazgo en la familia y su autoestima avanzó. Al momento de escribir esto, John todavía tenía mucho por hacer, pero Lisa informa que como su nivel de respeto por sí mismo está aumentando, se siente menos un estorbo y más una pareja.

Todos tenemos inseguridades; sin embargo, si tienes muchas, tienes menos de donde tomar para darle amor a tu pareja. Puedes expresar tu amor de una manera necesitada como "por favor ámame" o " por favor no me dejes", pero no puedes ser capaz de satisfacer lo que exige el amor maduro. En resumen, ser amado y dar amor de una manera madura, es más difícil si luchas demasiado con tu autoestima.

Muchos de nosotros comenzamos nuestra relación o matrimonio de una forma inmadura y en un estado de necesidad, sepámoslo o no. A continuación hay una lista de algunos temas comunes que reflejan bajos niveles de autoestima o mucha necesidad. ¿Tú o tu pareja muestran esas señales de inseguridad?

- Actitud defensiva

- Celos

- Son posesivos

- Indisposición a rendir cuentas

- Buscan culpables

- Competitividad

- Incapacidad de dar y recibir amor y afecto de forma madura

- Pasividad

- Emocionalmente erráticos

- Necesidad de controlar

- Deseo de ganar

Aunque cualquiera de estos puede ser un síntoma de algo más, todos muestran una falta de IE.

Nuestra cultura promueve el concepto, de forma directa o indirecta, que debes complacer a otros, ser aceptado, esperar los halagos y comentarios positivos de los demás y que vas a hallar la felicidad al encontrar una pareja y casarte. Tu sentido propio y felicidad no deberían venir únicamente de tu pareja. Es muy común esperar que él o ella sean tu fuente principal y única de felicidad o de autoestima, pero eso pone una enorme carga sobre tu pareja y tensión sobre la relación. Esto lo vi comprobado en una conversación reciente con un cliente que dijo que lo único que le dio significado a su vida y lo hizo feliz fue estar con su novia. Piensa en eso.

Naturalmente tu autoestima se aumenta parcialmente al recibir comentarios positivos, y parte de tu papel en una relación es dar apoyo, estimular y ayudar a edificar a tu pareja. Si eres maduro y emocionalmente inteligente, serás de apoyo, sensible y tendrás empatía con tu pareja y al mismo tiempo seguirás siendo responsable de tu propia felicidad y bienestar. Tu autoestima es un proceso interno que se concentra en autoevaluaciones y en observarte cuidadosamente a ti mismo (consciencia propia). No depende demasiado en la aprobación de los demás.

Entre más te entiendas a ti mismo (consciencia propia) y conserves un aprecio propio y autorrespeto realistas, es más probable que des y recibas de tu pareja. Tu autoestima puede aumentar como resultado del amor y apoyo de tu pareja, pero no se sostendrá si sólo está construida sobre esto.

Autonomía

Aunque ser parte de una pareja comprometida es una meta principal en la vida para la mayoría de nosotros, debes primero ser autónomo, solo e individual. Una persona saludable y equilibrada puede tener relaciones cercanas, personales o comprometidas pero también tiene la capacidad de conservar la individualidad y estar cómoda con la soledad. Esto es muy importante.

Puedes no ser responsable de la autoestima de tu pareja, pero puedes aportar para mejorarla o afectarla con el tiempo. Una manera de hacer esto es dar apoyo a su autonomía o autodeterminación.

Apoyar la autonomía de tu pareja implica:

- ❖ Respetar su punto de vista

- ❖ Estimular la elección y la iniciativa

- ❖ Comunicarte de una manera no controladora

- ❖ Ofrecer opiniones positivas

- ❖ Dar "espacio" o tiempo a solas para sus intereses y actividades personales

Apoyar a la autonomía de tu pareja es algo complicado si no estás realmente en sintonía con sus necesidades y sentimientos. Usando la lista anterior como autoevaluación, pregúntate si apoyas la autonomía de tu pareja.

Si tu relación crea un entorno de apoyo a la autonomía, tú y tu pareja seguramente podrán:

❖ Alcanzar más

❖ Verse a sí mismos como más competentes

❖ Ser más flexibles en su manera de pensar

❖ Obtener placer de retos óptimos

❖ Tener intercambios personales y emocionales más positivos

❖ Confiar más el uno en el otro

❖ Hacer y conservar cambios de comportamiento

Para hacer esto debes usar tu IE: estar automotivado, saber controlar tus emociones, ser persistente, entenderte a ti mismo, y tener empatía con tu pareja. Usa la lista de chequeo anterior después que tú y tu pareja hayan trabajado de forma consciente en dar apoyo a la autonomía del otro por un tiempo, probablemente por varias semanas. ¿Hay algún progreso?

Es probable que hayas visto una pareja en la que uno de los dos es muy controlador o mandón. Este "control exagerado" puede ser sofocante para el crecimiento, la estima y la iniciativa de la otra persona. (A propósito, esto también es un estilo de paternidad muy común) ¿Por qué deberías intentar tomar decisiones, actuar, o logar algo si la persona con la que estás está encima de ti diciéndote qué y cómo pensar, sentir y actuar? Por el contrario, qué regalo estimulante para el crecimiento pueden darse el uno al otro en una relación: una actitud y entorno de apoyo a la autonomía.

Inevitablemente hay una pérdida de autonomía en todas las relaciones, en especial si han estado juntos por muchos años. Hay un grado de desvanecimiento de límites, mezcla de egos y pérdida de individualidad. En el pasado, este desvanecimiento era considerado por algunos como una muestra de buen matrimonio. Después de todo, los votos matrimoniales tradicionales incluyen la frase "y los dos se hacen uno". Ahora podemos reconocer el peligro potencial de esta mezcla y la pérdida potencial de autonomía a la que eso puede llevar.

Este ejemplo ilustra el peligro de no conservar tu autonomía en el matrimonio.

A la mayoría de personas cuya autoestima y autonomía dependen mucho de su pareja y está arraigada en su relación, le hace falta consciencia de este patrón. A menudo es sólo cuando la relación comienza a desenredarse que esa dependencia se hace evidente. La experiencia de esta pareja lo demuestra: después de un matrimonio de 10 años Doreen y su esposo James se separaron. Durante una larga separación y la inminente conclusión del divorcio, Doreen comenzó a ver que ella realmente no había tenido un fuerte sentido propio ni autonomía como había creído hasta ese momento. Se hizo evidente que ella había permitido que su motivación para cualquiera de sus logros o éxitos se basara en la aprobación de James y su elevado nivel de energía para energizarla a ella. Ella era una persona con bajos niveles de energía y la desaprobación de James hacia ella había influido mucho en su comportamiento.

De nuevo, aunque esto puede ser común en matrimonios duraderos, darse cuenta de esto fue algo demasiado doloroso para Doreen. Ella se había convencido a sí misma de que realmente había sido automotivada y fuerte durante su matrimonio. Después de pasar tiempo juntos y mantener contacto entre ellos durante su separación, el divorcio se hizo inevitable; Doreen tenía que enfrentar la realidad de avanzar sola. Al momento de escribir esto, ella está involucrada en el proceso de tratar de establecer un sentido propio y una mayor autonomía, probablemente por *primera vez en su vida*.

Emoción y autoestima

Mantener autoestima depende de tu habilidad para identificar y usar adecuadamente tus emociones. Aunque la consciencia cognitiva o conocimiento de tus habilidades y buenas cualidades puede ser de alguna manera útil para tener autoconfianza, en esencia lo que realmente determina tu autoestima es cómo te sientes contigo mismo.

Considera esto: asumamos que eres una persona con baja autoestima que crees que necesitas mucho ánimo y comentarios positivos o reafirmaciones de amor incondicional de parte de tu pareja. Si ella lo

hace y te da muchos cumplidos y reafirmaciones basadas en hechos ob-
jetivos porque así lo cree, puedes no darle mucho valor a eso porque no
sientes la verdad de lo que te está dando. No puedes aceptar esto a un
nivel emocional. Tu pareja, que intenta reforzarte, con el tiempo se dará
por vencida con una actitud de "para qué molestarse." Tu necesidad
puede pesar mucho sobre tu pareja y puede ser un verdadero "rechazo".
Este es un ejemplo de la perspectiva mencionada anteriormente, es di-
fícil amar a alguien si esa persona no se ama a sí misma.

Por el contrario, si tienes un fuerte sentido propio y tu pareja pro-
cura por cualquier motivo denigrarte o bajar esa estima, no estarás con-
vencido de la credibilidad de sus "humillaciones" porque tienes, a nivel
de sentimientos o emocional, un sentido duradero de autoaprobación.

Sí, tu proceso cognitivo o la forma como piensas juega un papel
importante en el establecimiento y mantenimiento de tu autoestima.
Sin embargo, es a un nivel de sentimientos que la autoestima es más
duradera e inquebrantable, ya sea de manera positiva o negativa, ...con-
sideramos las emociones como el elemento más importante en el desa-
rrollo ya sea de altos o bajos niveles de autoestima... La autoestima no
es un pensamiento sino un estado subjetivo y duradero de aprobación
propia realista. Es un sentimiento que las personas tienen acerca de sí
mismas... El desarrollo de la autoestima está directamente anclado a lo
que la gente realmente experimenta afectivamente (a un nivel de senti-
mientos) acerca de sí misma.[23]

Esto también se aplica a lo que sientes en cuanto a la vida en ge-
neral. La gente con baja autoestima es más propensa a las emociones
negativas como la ira y la depresión así como al pesimismo en general.
Tus pensamientos y sentimientos negativos tienen un profundo impac-
to en tu relación. Es ahí cuando puede ser útil la cualidad de IE de ser
positivo y tener esperanza. Tus sentimientos en general, no sólo tus
sentimientos acerca de ti mismo, impactan claramente la salud y el fun-
cionamiento de tu relación.

En algunos casos la autoestima no es la causa sino el efecto. Por
ejemplo, puede que tener una fuerte autoestima no te lleve al éxito pero
puede ser el resultado de tener éxito en algo. Esto encaja con la idea de

que tu autoestima está basada en los sentimientos y por lo tanto puede verse afectada por tu éxito y las relaciones en tu vida. Esto luego resalta la necesidad de IE en tu relación, si puedes mantener un equilibrio emocional en tus interacciones con una persona importante para ti, es más probable que la estabilidad de tu autoestima se afirme y esté bajo control. El proceso es algo paradójico: eres responsable de tu sentido propio pero, como eres un ser humano con sentimientos, también eres vulnerable a las perspectivas y tratos de otros. Entre mayor sea tu IE, más puedes mantener el equilibrio en esta atracción entre tú y tu pareja.

El siguiente ejemplo ilustra la vulnerabilidad potencial de nuestra autoestima ante el tratamiento de otras personas cercanas a nosotros:

En algunos casos la baja autoestima lleva a elegir una pareja que refuerza nuestra falta de valor. Tal fue el caso de Beth. Habiendo crecido con un padre abusivo y alcohólico y una madre descuidada, en busca de amor decidió casarse a finales de su adolescencia. Desafortunadamente su esposo, Joe, era un joven con muchos problemas, además de abusivo y murió muy joven. Beth siguió un patrón de relaciones subsiguientes con compañeros abusivos, bebiendo mucho y odiándose a sí misma. Cuando conocí a Beth, ella era inestable emocionalmente y estaba devastada porque su más reciente y malsana relación había terminado pero se aferraba a ella por su sentido de valor. Al momento de escribir esto ella estaba en el proceso de sanar necesidades no satisfechas por parte de su familia y lentamente estaba reconstruyendo un sentido más fuerte de sí misma con la esperanza de algún día poder mantener una relación con una pareja que no refuerce su falta de valor propio. Beth es una persona inherentemente brillante y competente que gradualmente está aprendiendo a controlar sus emociones y está desarrollando las cualidades de IE que de manera ideal le permitirán la plenitud a nivel personal y relacional.

Lo que sigue es una lista de características comunes en las personas con una fuerte autoestima. Observa que muchas de éstas también son cualidades que en general reflejan IE. Las personas con buena autoestima:

- Se sienten tranquilas en la mayoría de las situaciones

- Están cómodas cuando están solas

- No dependen demasiado de los demás

- Tienen esperanza y son optimistas

- Viven una vida activa y no pasiva

- Sus palabras y sus acciones son congruentes

- Cuidan su cuerpo

- Identifican y expresan sus necesidades y sentimientos

- Experimentan intimidad

- Evitan el complacer y cuidar a los demás

- Conocen y usan su poder personal

- Son honestas con ellas mismas

- Son juguetonas y espontáneas

- Experimentan gozo en la vida

- Se relacionan con su "yo interior"

- Están abiertas a escuchar opiniones y críticas

- Son productivas

- Usan sus talentos

- Identifican y corrigen sus errores

- Son benevolentes y respetuosas

- Toman riesgos adecuados

- Promueven el crecimiento y la autoestima de los demás

- Disfrutan el éxito de los demás

- Aceptan a las personas por lo que son

- Son compasivas pero evitan tener lástima

- Saben perdonar

- Aceptan los halagos con comodidad

- Tienen la habilidad de realizarse a sí mismas

◆ No critican ni juzgan a los demás

Si quisieras evaluar tu nivel de autoestima en la manera como se relaciona con tu relación afectiva y tu IE, mira el Anexo B.

RESUMEN

Aunque casi todas las características de IE se pueden aplicar al efecto que la autoestima tiene en tu relación, propongo las siguientes seis como las más esenciales.

1. Ser autoconsciente y tener conocimiento propio

2. Ser automotivado, dirigiendo tus emociones para alcanzar una meta

3. Conservar el entusiasmo y la persistencia ante las frustraciones o adversidades y tener la capacidad para tolerar la derrota

4. Mantener un sentido de autoeficacia

5. Conservar la esperanza, el positivismo, y una actitud de optimismo

6. Tener empatía y estar en sintonía con otros, especialmente tu pareja, y tratar con ellos de forma efectiva

A menudo se dice que "las personas más exitosas son quienes saben fracasar". Algunas de las personas más exitosas del mundo o que han obtenido grandes logros, tienen una batalla permanente con mantener una genuina autoestima. La autoestima se mantiene por la *automotivación*, una habilidad para *controlar tus emociones*, mantenerte concentrado, un *entusiasmo sostenido ante la frustración* y una habilidad para *tolerar la derrota*. Si tu tendencia es rendirte fácilmente, puedes esperar que esto tenga un efecto adverso en tu relación. Sólo debes pensar por un momento para ver cuán a menudo estas cualidades de IE se aplican a tus interacciones con tu pareja.

Estas cualidades de IE son incluso más importantes si, como se sugiere en este capítulo, no fuiste animado, o por el contrario fuiste muy criticado y desanimado durante tus primeros años. Pero el éxito engendra éxito, y entre más puedas desarrollar estas cualidades y superar los obstáculos presentes y pasados, más fuerte te haces. La autoestima y ciertas características de IE funcionan de una manera cíclica, cada una mejora a la otra.

Todas estas cualidades están construidas sobre la confianza de que tienes algún poder sobre los resultados en tu vida y que puedes tener un efecto sobre los resultados de tus esfuerzos. Esta *actitud de autoeficacia* resulta de tu autoconfianza y al mismo tiempo ayuda a crearla. Esto, entonces, es lo opuesto a una mentalidad de "víctima" y lleva a una mayor autonomía individual.

Y ¿qué podría ser más importante para mantener la autoestima que una actitud *positiva, con esperanza y optimista*? Eres bombardeado a diario con experiencias y mensajes en tu vida y tus relaciones que pueden interferir con tu amor propio, dañar tu autoestima y reducir tu autoconfianza. Algunos días se necesita un extraordinario esfuerzo para seguir avanzando, creer en ti mismo y aferrarse a la creencia de que todo estará bien al final. Pero sin esta creencia de que siempre hay *esperanza* y sin la habilidad para replantear las cosas desde una perspectiva *positiva*, es muy probable que caigas en temor, pierdas tu equilibrio y desarrolles inseguridad.

¿Puedes tener autoconfianza y amor propio y mantener una elevada autoestima si realmente no te conoces ni te *entiendes*? Sin esta comprensión, es muy probable que tu sentido propio sea superficial y vulnerable a las influencias externas. Puedes parecer confiado de una manera transparente o arrogante. *La consciencia propia y el conocimiento propio* genuinos te ayudan a conocer quién eres en realidad, qué sientes, en qué crees y en todo lo posible cómo te presentas a ti mismo y qué impresión les das a los demás. En una relación, si realmente te conoces a ti mismo y te sientes confiado de quien eres, esto te hace mucho menos vulnerable a los inevitables desaires y cosas hirientes que puedan surgir al ser parte de una pareja. Serás mucho mejor en sortear las "tormentas en las relaciones".

También es necesario estar en verdadera *sintonía* y tener compasión por tu pareja para apoyar su autoestima. Pregúntate a ti mismo: ¿Realmente puedo amarte, respetarte y apreciarte a cualquier nivel de profundidad si verdaderamente no te conozco o no estoy en sintonía contigo ni siento empatía por ti?

Una última palabra, algunas personas son demasiado confiadas y tienen una elevada autoestima sólo en su área de comodidad. Si tienes la habilidad para *mantener el entusiasmo y persistir ante la frustración*, puedes usar esto en la mayoría de escenarios o circunstancias así estés fuera de tu "zona de comodidad". La genuina autoestima te ayuda a enfrentar retos nuevos o difíciles incluyendo las dudas o menosprecios de tu pareja y las experiencias desconocidas o agobiantes que vienen con una relación o matrimonio. Puede ser algo que te fortalezca.

Difícilmente es apropiado llamar "nuevo" al paradigma de la mente-espíritu-cuerpo. Has escuchado mucho acerca de esto en los últimos años. Pero ¿realmente puedes explicar cómo tu mente afecta tu cuerpo y viceversa? ¿O cómo tu espíritu interactúa con cada uno de estos? Ahora pasemos al capítulo 6 y demos una mirada a lo que esta triada tiene que ver con la IE y las relaciones amorosas.

CAPÍTULO SEIS

La conexión mente-cuerpo
La salud y el estado físico
en las relaciones

"Muchos de nuestros sueños al comienzo parecen imposibles, luego se
tornan improbables, y luego, cuando convocamos la voluntad, rápidamente
se vuelven inevitables".
—**Christopher Reeve**

Ya no es discutible que a medida que experimentas cambios
en tu mente, igualmente experimentas cambios en tu cuerpo o biología. La actividad cerebral en tu mente pone el escenario para tu comportamiento así como, la conexión mente-cuerpo se defiende contra la enfermedad y promueve la salud y el bienestar. Los intangibles importantes en tu vida como los pensamientos, sentimientos, motivaciones y creencias, siempre son el resultado de actividad química y eléctrica en las células nerviosas de tu cuerpo y tu cerebro. Y todas éstas determinan cómo operas en tu relación.

Los beneficios de un buen estado y una buena salud física incluyen una mejor salud mental, potencial para una mejor IE y mejoras en la calidad de tus relaciones cercanas.

Un breve resumen del paradigma mente-cuerpo-espíritu

Durante los últimos años ha habido una explosión de información acerca de las conexiones entre nuestras emociones, salud y espíritu. Pero el concepto de que nuestra mente, cuerpo y espíritu están interconectados tiene origen en la Historia.

Tan lejos como en el primer siglo, Hipócrates, a menudo llamado el "padre de la Medicina", introdujo el concepto de interacción entre nuestros fluidos corporales o "humores" y las características de nuestra personalidad y estados emocionales. Ciertos desbalances en estos fluidos eran vistos como algo que influía en nuestros sentimientos, estilos personales y enfermedades o malestares.

En los campos de la Psicología y la Medicina (Gráfica 6-1) se conoce como el modelo "biopsicosocial" para el cuidado de la salud. Nuestra cultura nos anima a seguir dietas bajas en grasa, carbohidratos, sal o calorías, a bajar nuestros niveles de colesterol, dejar de fumar, hacer más ejercicio, reducir nuestro estrés, participar en nuestro desarrollo personal, e incluso profundizar en nuestra espiritualidad.

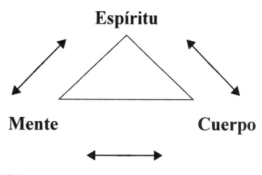

Gráfica 6-1

Si tomas una revista popular o ves televisión, te encontrarás con una historia o un artículo acerca de algún aspecto de la salud o el buen estado, ya sea emocional o físico, desde *Oprah* hasta *The Today Show*; desde *NPR* hasta *The New York Times*; desde *Sports Illustrated* hasta *Newsweek*.

De la misma manera, la presencia de *spas*, gimnasios, clubes de salud, tiendas de alimentos saludables, ventas de equipos deportivos, clínicas para perder peso, competencias y maratones, todos representan muchas oportunidades para la salud y el buen estado físico.

Incluso universidades prominentes y establecidas ofrecen cursos o conferencias sobre interacciones mente-cuerpo-espíritu a estudiantes de Ciencias Sociales y Psicología así como de Religión y Medicina. Ejemplos de esto son: un curso sobre "Espiritualidad y Medicina" en la Escuela de Medicina de la Universidad de Texas Southwestern y conferencias presentadas en la Escuela de Medicina de Harvard sobre "Espiritualidad y Salud". Incluso los Institutos Nacionales de Salud invierten millones en Medicina mente-cuerpo.

¿Es ésta una tendencia fugaz o es un reconocimiento tardío a la naturaleza holística de la experiencia humana? La evidencia demuestra esto último. Hay muchas expectativas en cuanto al tema tanto en el mundo científico, el cual hace la investigación, como el público en general, que se beneficia de estos hallazgos.

El fundamento

Los primeros "padres fundadores" de la Psicología, incluyendo Freud y Jung, dieron muchos ejemplos de la interacción entre la psiquis o la mente, los procesos fisiológicos del cuerpo y la dimensión del espíritu. Ellos dieron un valioso fundamento para los esfuerzos de investigación y técnicas de tratamiento actuales.

El doctor Bernie Siegel, en su libro éxito en ventas, *Love, Medicine, and Miracles (Amor, Medicina y Milagros),* describe cómo paciente tras paciente ha encontrado que el poder de la risa y el humor en un entorno amoroso, seguro y de respaldo, tiene efectos sanadores y de apoyo. Se ha encontrado

En *Anatomy of an Illness (Anatomía de una enfermedad),* Norman Cousins lanzó un movimiento en esta cultura que ha tocado las vidas de millones y sigue extendiéndose.

que las catecolaminas del cerebro (químicos usualmente asociados con la respuesta al estrés o emergencias) se estimulan con el humor y han aliviado el dolor de aquellos pacientes que se divierten y ríen mucho.

Cambiar de pensamientos implica un cerebro cambiante y por consiguiente una biología y un cuerpo cambiantes.

Otro pionero de la perspectiva actual de mente-cuerpo fue Norman Cousins, un profesor de la Universidad de California en Los Ángeles y autor muy conocido. Cousins, quien fue el creador de la ya muy conocida frase "creer se convierte en biología", es muy conocido por su aporte a nuestra consciencia de que la mente y el cuerpo están intrincadamente conectados y que nuestro marco mental tiene un poderoso impacto en nuestra salud física y bienestar. Las actitudes positivas y las emociones así como mantener un sentido de esperanza, afectan la bioquímica del cuerpo y pueden aportar a la salud y el rejuvenecimiento. ¡Inteligencia emocional (IE)!

¿De qué manera esto se relaciona con tu matrimonio o relación? Los nuevos campos de Psicoinmunología y Psiconeuroinmunología estudian el vínculo entre la mente y los sistemas inmunológico y endocrino. Estos y los nuevos campos de la Medicina asociados con la Psicología (Psicobiología, Psicofisiología, y Psicoespiritualidad) nos ayudan a entender la IE, la cual contribuye a relaciones afectivas saludables.

No son sólo tus emociones o sentimientos los que se asocian con resultados de salud, sino también tus sentimientos o procesos cognitivos.

Salovey, uno de los iniciadores del concepto de IE, dice que nuestras emociones a menudo se ven influenciadas por nuestra función fisiológica. Las emociones negativas y estados de ánimo pueden llevar a la enfermedad y los estados emocionales positivos a patrones más saludables. Incluso los tipos de personalidad como el pesimista, pueden aumentar la susceptibilidad a la enfermedad, mientras que el optimista puede aumentar o fortalecer la resistencia a la enfermedad y los malestares.

Una palabra de advertencia: nada garantiza que por ser positivo, optimista y alegre, no tendrás ningún problema de salud o que tienes la culpa de cualquier enfermedad porque no "fuiste lo suficientemente positivo". La razón debe primar aquí.

Muchos experimentamos emociones negativas debido a eventos traumáticos de nuestra vida fuera de nuestro control. Debes enfrentarlos y solucionarlos, mas no negarlos, esforzándote en ser positivo, o harán más daño a tu salud física y mental. Pero si puedes regular o controlar tus emociones y mantener un sentido de autoeficacia, generalmente te puedes recuperar rápidamente.

Tus pensamientos tienen un impacto sobre tu salud, similar al de tus emociones. La toxicidad o las emociones y pensamientos negativos perjudican la salud mental y física y pueden desorganizar tu vida, incluso tu relación. La depresión, el aislamiento y la soledad pueden conducirnos a nuestras enfermedades más mortales.

El pensamiento positivo u optimista (no sólo los sentimientos), puede ayudar para la buena salud. Si eres reactivo y defensivo, es más probable que tengas problemas de salud.

Aplicación a tus relaciones

Miremos los beneficios de las buenas relaciones. La influencia positiva de las relaciones personales puede venir de tus amigos, familiares, vecinos, compañeros de trabajo, comunidad eclesial, clubes, o relaciones afectivas cercanas o matrimonio. Cuando no tienes suficiente apoyo psicosocial, es más probable que reacciones al estrés enfermándote o deprimiéndote que cuando este apoyo es consistente.

Como esto se aplica a tu relación afectiva, si puedes estar verdaderamente en sintonía con tu pareja y tienes empatía con él o ella, contribuyes a su buena salud. ¡Qué regalo!

Este es el giro irónico. Si eres consistentemente negativo o estás enfermo, la gente se siente menos atraída hacia ti, o es menos probable que te ofrezcan ayuda o apoyo. Si tienes una actitud o perspectiva más positiva, es más probable que atraigas a otros incluyendo a tu pareja. El contacto social adecuado te ayuda a sentirte positivo contigo mismo, puede motivarte a cuidarte y puede aumentar tu resiliencia ante las dificultades.

El apoyo interpersonal es sanador y preventivo porque baja tus defensas emocionales las cuales generan depresión y aislamiento, y ambas pueden agotar tu salud física.

Cuando tus lazos sociales se rompen, tu sistema inmune a menudo se debilita. El matrimonio debería ser una relación cercana intacta y la vulnerabilidad de tu sistema inmune puede aumentar si pierdes esa conexión. Esto es obvio cuando miras lo que sucede durante y después del divorcio o al terminar una relación de mucho tiempo.

¿Eres más saludable si estás casado y menos saludable si estás soltero? Esto depende de muchos factores incluyendo si tienes un estilo de vida saludable y a menudo tu nivel de compromiso con tu estado físico es adecuado. Una queja común entre parejas es que uno de ellos es muy inactivo, un "teleadicto" y no está dispuesto a participar en actividades de ejercicio o deporte. Esto es cierto para hombres y mujeres de todas las edades.

El sentimiento de seguridad que viene de saber que la ayuda, si se necesita, está disponible en las relaciones sociales, puede aumentar tu resiliencia ante la enfermedad física y mental.

Sería ingenuo y un mal consejo decir que la buena salud es el factor clave para hacer que tu relación sea fuerte y funcional. Uno o ambos pueden tener una mala salud fuera de su control, pero su relación puede seguir siendo saludable y satisfactoria. Sin embargo, es cierto que determinada enfermedad psicológica y física interfiere con los niveles de actividad, dieta, vida saludable y motivación. Sin importar la condición o situación, es importante estar informado en cuanto a la conexión mente-cuerpo, todos nos beneficiamos de un estilo de vida más saludable y activo.

El siguiente es un ejemplo poderoso de superación de un serio problema de salud:

Recientemente supe de una mujer que había perdido sus dos manos excepto un pulgar así como la parte baja de sus dos piernas debido a la enfermedad de zoofago (que consume carne). A pesar de sus pérdidas y limitaciones, ella eligió llevar un estilo de vida activo y saludable. Ella sigue en su profesión como una exitosa mujer de negocios y tiene un matrimonio saludable. Es una mujer independiente con mucha energía y optimista. Probablemente todos conocemos de alguien que vive bajo circunstancias que recuerdan lo que llamo el síndrome de "Christopher Reeve". Con ayuda profesional efectiva y apoyo social y médico adecuado, la mayoría de nosotros puede elegir un estilo de vida activo y saludable aumentando las posibilidades de una vida más satisfactoria y relación o matrimonio más pleno.

Una advertencia: hay parejas que eligen estilos de vida no saludables y rechazan la idea de que el buen estado físico puede ser valioso para ellos pero a pesar de esto tienen relaciones felices. De la misma manera, hay parejas que están comprometidas con la salud y el buen estado físico pero son miserables juntos. ¡La conclusión es que la salud óptima es claramente una ventaja para ti como persona! En la mayoría de los casos la salud óptima contribuirá al mejoramiento de tus interacciones con tu pareja.

La salud física y mental puede contribuir a tu IE y viceversa. Esto incluye tener empatía y sintonía, tener esperanza y ser positivo, tener consciencia propia, ser entusiasta y persistente a pesar de la derrota, tener un sentido de autoeficacia, posponer la gratificación y vivir automotivado. Probablemente estás comenzando a ver la conexión entre cómo estos atributos pueden mejorar tu relación.

> Con apoyo social y médico adecuado, la mayoría de nosotros puede elegir un estilo de vida activo y saludable aumentando las posibilidades de una vida más satisfactoria y una relación o matrimonio más pleno.

Si te preguntaran qué valoras más, ¿dirías que tu salud y las relaciones familiares son tus "posesiones más valiosas"? ¿Estarías de acuerdo en que tu vida es mejor cuando tienes buena salud? Si estás mental y físicamente saludable, es más probable que seas emocionalmente inteligente y esto puede ayudar a que tu relación o matrimonio fluya y funcione más tranquilamente. Esta "causa y efecto" se demuestra en la Gráfica 6-2.

Gráfica 6-2

Es particularmente importante entender la conexión mente-cuerpo si uno de los dos ha sufrido un trauma severo, especialmente en la niñez. Este trauma está "encerrado dentro" de tu cuerpo y juega un papel importante en tu funcionamiento, incluyendo tus interacciones cercanas. Pero incluso si eres un sobreviviente al trauma, comprometerse con la salud física y el buen estado físico puede mejorar tu salud mental y tu relación.

ESTRÉS

El estrés probablemente demuestra mejor la conexión entre tu mente y tu cuerpo. A veces tu relación afectiva o matrimonio es inevitablemente estresante, y por el contrario, las presiones en tu vida personal las llevas a tus interacciones con tu pareja.

Las parejas que tienen un patrón crónico de conflicto en sus relaciones también tienen niveles elevados de hormonas de estrés (cortisol). No es tu relación en sí sino la calidad de la misma lo que predice el estrés y sus efectos posteriores sobre tu salud y bienestar.

. . . .
El estrés es traído al matrimonio y también es creado dentro de él.

El fisiólogo y médico Hans Sayle, presentó su innovadora teoría del síndrome de adaptación al estrés a finales

de los años 1940. Su teoría dio el fundamento para nuestro entendi-
miento de lo que ahora es llamado una reacción psicobiológica (mente-
cuerpo) ante las cosas que experimentas como estresantes.

El estrés físico o biológico lleva
a síntomas psicológicos y de forma
opuesta, el estrés psicológico puede
resultar en síntomas físicos. Muchas
enfermedades tienen un origen psico-
somático.

> La impotencia o las reacciones
> e interpretaciones negativas de
> eventos versus las esperanzadoras
> y positivas, resultan en efectos
> opuestos sobre nosotros.

Aunque el estrés puede resultar
tanto en síntomas físicos o psicológicos, es tu actitud o tu evaluación
cognitiva de lo que te estresa lo que realmente hace la diferencia. En
otras palabras, la forma como interpretas lo que te sucede tiene mucho
más poder o impacto que un incidente o situación estresante en sí. Tu
cuerpo responde al mensaje de tu cerebro y no sólo a lo que sucede en
tu entorno.

¿Cómo encaja la IE en éste marco? Ante las cosas estresantes de
cualquier clase es invaluable tener las habilidades de ser persistente,
creer que tú y/o tu pareja tienen algún poder sobre lo que están enfren-
tando (autoeficacia), tener una actitud de esperanza y positiva y tener
compasión y empatía entre ustedes (aspectos de sintonía).

Tu nivel de IE también puede ayudarte a desarrollar habilidades
para enfrentar las situaciones. Creer que tienes las habilidades para ha-
cerles frente (un aspecto de autoeficacia) es más importante que el nivel
real de tu habilidad, y creer esto tiene un efecto positivo en tu relación.

LOS LADRILLOS

El impacto del pensamiento positivo y optimista y las actitudes a
menudo se comparan con los negativos y pesimistas. Es más probable
que un esfuerzo concertado y consistente por mantener una perspecti-
va positiva de tus circunstancias de vida te lleve a tener buena salud, un
estilo de vida que mejora la salud y una mejor relación afectiva.

Esta actitud positiva y optimista se intensifica con los elementos más importantes en la conservación de una buena salud.

❖ Sueño adecuado

❖ Nutrición adecuada

❖ Ejercicio consistente

❖ Control de peso

A medida que avanzas, recuerda que es sabio estar bien informado o bajo el cuidado o dirección de alguien que tiene experiencia cuando se trata de tu salud personal.

Demos un breve vistazo a estos "bloques de construcción" y cómo pueden ayudarte a tener una relación más saludable también.

Los estados de ánimo pueden jugar un papel importante en la práctica del cuidado propio.

¿Por qué algunos de nosotros nos rehusamos a hacer lo necesario para estar bien de salud y en buena forma? Puede parecer pereza (y algunos de nosotros podemos padecerla) pero las razones son más complejas. Si no estás de ánimo, no estás feliz, o eres negativo, es menos probable que creas que hay algo que puedas hacer para hacerte más saludable. Puedes concentrarte más en la mala salud y los síntomas buscando constante atención médica. Si mantienes un estado de ánimo o actitud positivos, es más probable que tengas comportamientos que promueven la buena salud, y menos probable que te concentres en los dolores o síntomas físicos.

Tener un estado de ánimo negativo de forma constante puede llevarte a creer que tu entorno o tu mundo no es seguro y que no hay mucho que puedas hacer al respecto. Si tu pareja cree esto y tiene ese estado de ánimo, puede ser sofocante para ti.

La perspectiva positiva dice que la vida es segura y manejable y que hay algo que puedes hacer para hacerte sentir mejor. De la misma manera, creer que tienes la habilidad para controlar tu propia vida, o autoeficacia, puede llevarte a tener confianza, lo cual los beneficiará a ambos.

Si eres alguien comprometido con los "bloques de construcción" de cuidado de la salud, sabes que a menudo es difícil mantenerlos. Ser optimista en cuanto a futuros resultados o beneficios puede ayudarte a seguir siendo resiliente y persistente. La persistencia y la resiliencia son ingredientes esenciales de la IE porque este estilo de vida tiene que ser consistente y para toda la vida, no un proceso de prueba y error. ¡Sí, se necesita IE para ser saludable!

Lo que sigue es una explicación de los beneficios de cada uno de los bloques de construcción, cómo requieren IE y cómo el desarrollarlos mejorará tu relación.

> El optimismo tiene muchos beneficios para enfrentar situaciones, controlar el estrés, recuperarse de problemas de salud y el bienestar general.

Sueño adecuado

El sueño regular y adecuado es tremendamente importante para tu salud emocional y física. Millones de nosotros sufrimos de desórdenes de sueño y privación de sueño. Somos una sociedad "enferma de sueño".

Tienes ritmos psicobiológicos que son tan únicos como tus huellas dactilares. Estos ritmos afectan tu sueño, descanso, estado de alerta y desempeño. Uno es el ritmo circadiano, ese periodo de alteración de 24 horas entre tu sueño y tiempos despierto, el cual es el patrón familiar de aproximadamente dieciséis horas despierto y ocho horas dormido. Esto varía de persona a persona.

Otro es el ritmo ultradiano, que se refiere a esos ciclos de más de una vez al día de energía, desempeño, memoria y tiempo de reacción. Esos son periodos durante tu día en los que tu mejor desempeño dura aproximadamente de 1,5 a 2 horas alternando con

> Algunas investigaciones sugieren que el factor más importante en la predicción de la longevidad es el sueño saludable, más que el ejercicio, la dieta o la herencia.

periodos de descanso de aproximadamente de 15 a 20 minutos, por esto necesitas descansos de media mañana, media tarde y almuerzo. Es importante que reconozcas tus propios ritmos.

Los expertos en sueño recomiendan que los adultos tengan ocho horas continuas de sueño cada noche. Cerca del 75% de los americanos falla en esto y cerca de cuarenta millones de americanos sufren de una o más variedades de desórdenes de sueño.

Lo que es más relevante para nuestro propósito aquí es que tengas consciencia propia respecto a tus necesidades de descanso y sueño. ¡No se permiten mártires! Obtén lo que necesitas. También es importante estar informado acerca de los peligros de privarse del sueño y del descanso, tanto para ti como para tu relación. Estar cansado puede afectar todo en tu vida diaria desde la concentración hasta la coordinación y el control del estado de ánimo. También tiene un mayor impacto en tu sistema inmunológico e igualmente está vinculado con enfermedades cardiacas, diabetes, obesidad y desórdenes mentales.

Es ideal que experimentes todos los estados de sueño todas las noches. Si tienes un desorden de sueño, este proceso se interrumpe de forma frecuente. Como adulto es importante que pases un tercio de tu vida durmiendo. Puedes decir que con cuatro o cinco horas "te basta" pero esto con el tiempo puede llevar a problemas en tu desempeño diario y en tu salud. El sueño o la falta del mismo es un gran problema en muchas relaciones.

Las siguientes preguntas pueden ayudarte a evaluar si estás teniendo un sueño adecuado:

* ¿Estás alerta?

* ¿Tu nivel de energía es adecuado?

* ¿Tienes buena salud?

* ¿Tu percepción es clara?

* ¿Tu memoria parece acertada?

* ¿Tu tiempo de reacción es adecuado para tu seguridad?

* ¿Eres productivo durante el día?

- ¿Tu creatividad parece adecuada?

- ¿Puedes comunicarte efectivamente?

- ¿Tus estados de ánimo son estables?

Si respondiste sí a más de siete de estas preguntas, es probable que no estés siendo privado del sueño. Es sabio mantener esta lista en mente para esos momentos difíciles o estresantes cuando puedes no estar teniendo un sueño adecuado. La privación o desórdenes de sueño pueden variar desde ser una molestia hasta poner la vida en riesgo.

> Una pregunta clave para hacerte a ti mismo es: "¿Realmente me siento refrescado y descansado cuando me levanto en la mañana?"

¿Qué tiene que ver todo esto con nuestras relaciones y la IE? El sueño es un ingrediente importante en la triada mente-cuerpo-espíritu, e interactúa con los otros temas discutidos en este capítulo: la dieta, el ejercicio y el control de peso. Puede haber efectos poderosos en el sueño o la falta del mismo tanto en tu salud mental como en la física.

Si sufres de falta de sueño y tienes alguno de los síntomas físicos listados anteriormente, puedes tener problemas controlando tus emociones, manteniendo una actitud positiva, estando en sintonía con tu pareja o manejando adecuadamente las frustraciones, los cuales son todos componentes importantes de la IE y pueden afectar drásticamente tu matrimonio.

Aunque puede ser de mucha ayuda para conectarte y entender tus procesos subconscientes y tu yo espiritual, he elegido no dedicar tiempo al proceso de los sueños o su análisis porque no puedo ser justa con este tema dentro de los límites de este libro. La espiritualidad, el tercer componente de la triada mente-cuerpo-espíritu, la discutimos en el capítulo 7.

> Hay mejoras significativas en sus interacciones cuando uno o los dos se recuperan de un desorden de sueño o comienzan a tener un mayor tiempo de sueño después de un periodo de privación del mismo.

Nutrición adecuada

"Hacer dieta" no es una manera adecuada para controlar tu peso. Esto se logra mejor por medio de cambios de largo plazo en el estilo de vida más no por medio de la dieta.

Cómo piensas y cómo te sientes se ve directamente afectado por lo que llevas en tu cuerpo. Hay mucha información disponible para nosotros respecto a la interacción entre tu mente y tu cuerpo y el área de la nutrición. Hay algo de verdad en el dicho "eres lo que comes". Ciertos alimentos nos "vuelven locos" y puedes sufrir emocionalmente por lo que comes o lo que no comes. Otros alimentos tienen el efecto opuesto. Por ejemplo, en algunas personas el consumo regular de vitaminas B, como la B1, B2, B6 y el ácido fólico, combinado con vitamina D y selenio puede reducir la depresión y la ansiedad de manera significativa en algunas personas. Aceites de omega 3 y antioxidantes encontrados en ciertos pescados también pueden ser de ayuda en la prevención de la depresión y la ansiedad así como algunos problemas de salud.

Puedes obtener estos nutrientes por medio de alimentos como productos lácteos, huevos, sardinas, carne magra, granos enteros y ciertas nueces. O puedes preferir tomar suplementos. De cualquier manera, éstos pueden impulsar ciertos neurotransmisores o químicos en tu cerebro como la serotonina. Ésta se asocia con tu estado de ánimo y regulación de apetito, tu habilidad para dormir y otras funciones importantes.

Por otro lado, el arroz blanco, las papas blancas, los productos de pan blanco (incluyendo pastas y tortillas) y productos hechos con azúcar blanco pueden llevar a inestabilidad anímica porque son relativamente bajos en calorías y se digieren rápidamente generando picos en tus niveles de azúcar en la sangre y en la liberación de insulina. Estos carbohidratos refinados y simples usualmente estimulan tu apetito y pueden hacerte comer demasiado, lo cual, desde luego, puede llevarte a más problemas.

Si lo manejas sabiamente, un plan de alimentación que incluya ciertas frutas frescas como arándanos, frambuesas y fresas, vegetales verdes, frijoles o legumbres, proteínas y granos enteros, es muy probable que te dé beneficios físicos y mentales. Muchos de estos alimentos contienen antioxidantes, los cuales atacan los radicales libres, las moléculas que dañan las células. Y no puedes desestimar la importancia de proteger y fortalecer tus células, los bloques de construcción que constituyen tu cuerpo. Por ejemplo, no estás alimentando a tus hijos con nutrientes importantes si les estás dando macarrones con queso sin frutas frescas y verduras.

> Los granos enteros, el trigo entero, y los panes o productos de panadería hechos con grano natural, son menos procesados, se tardan más tiempo en ser digeridos, no generan picos en los niveles de azúcar en la sangre, y proporcionan una sensación de saciedad más prolongada.

Igualmente controversial es el tema de si ciertas hierbas o suplementos proveen beneficios a la salud. Un ejemplo popular es el uso del ginkgo biloba, conocido para incrementar la consciencia mental, retardar la declinación cognitiva, mejorar la concentración y la memoria, y aumentar el razonamiento abstracto en ciertas personas. Otro es el uso de calcio, glucosamina y condroitina para el fortalecimiento y la salud de los huesos cartílagos y músculos.

No puedes obtener todo lo que tu cuerpo y mente necesitan de los alimentos que consumes. Para cuando ellos llegan a la mesa, muchos de los nutrientes se han disipado o eliminado.[24] Usar suplementos puede serte de ayuda mientras estés bien informado o bajo el cuidado o dirección de alguien que tenga experiencia sobre sus efectos y seguridad.

> Hay un debate permanente entre las industrias de la salud y deporte y la comunidad médica respecto a la seguridad y efectividad de los suplementos nutricionales.

Millones de personas en los Estados Unidos sufren de depresión y tú o tu pareja pueden estar entre ellos. Deberías considerar todos los recursos disponibles para aliviar este sufrimiento. El uso seguro de suplementos puede ser ese recurso.

El siguiente ejemplo demuestra la interconexión entre la dieta y la función mental:

. . . .

El desbalance en tus químicos corporales puede generar problemas emocionales, y los cambios de dieta adecuados pueden restaurar tu equilibrio cerebral.

Sin duda nuestra dieta o consumo nutricional pueden tener un efecto significativo en nuestro funcionamiento mental o emocional. Un caso interesante de ese fenómeno fue el de un joven a finales de sus veintes que había sufrido de depresión por años. Mark había tenido tendencias suicidas, era aislado socialmente y de bajo rendimiento académico y profesional. Tenía una mala dieta, rara vez consumía algo de valor nutricional. Vino a mí cuando estaba en medio de un proceso de divorcio y después de haber pasado por otras psicoterapias y haber consumido muchos psicotrópicos. Después de muchos meses de tratamiento Mark comenzó a informar que como consecuencia de nuestro trabajo juntos y una dieta mejorada (lo cual le recomendé), estaba comenzando a sentirse mejor con sigo mismo y con su vida.

Mark volvió a casarse y comenzó a mejorar en todas las áreas de funcionamiento y pronto supe que su nueva esposa era una excelente cocinera quien insistía en que llevara una dieta nutritiva de manera regular. Con el tiempo él terminó la terapia, redujo su consumo de psicotrópicos, volvió a estudiar, tomó un nuevo empleo y compró su primera casa con su esposa. No soy tan ingenua para creer que un simple cambio de dieta es la panacea para la depresión. En este caso, el impacto de una psicoterapia adecuada, una relación significativa con una pareja amorosa, y un cambio en la química corporal debido a la nutrición mejorada, aportaron significativamente a una mejor calidad de vida para este joven. La experiencia de Mark es sólo una de tantas que he visto en las cuales un cambio de dieta tuvo un impacto notoriamente positivo en la estabilidad emocional y el desempeño mental.

Ejercicio consistente

Tu cuerpo está diseñado para estar en movimiento y no para permanecer sentado. Parece que la cantidad de información a nuestra disposición respecto a los beneficios físicos del ejercicio se acerca al "exceso". Pero necesitamos esta información. Menos de la mitad de la población en los Estados Unidos practica un régimen regular de ejercicio. Y el ejercicio estimula tu sistema inmunológico, lo cual resulta en menos enfermedad, generalmente te hace más fuerte, reduce tu estrés y te rejuvenece.

Hay muchos beneficios de salud mental al estar físicamente activo. Por ejemplo, el ejercicio regular es ventajoso para la regulación de los estados de ánimo (un componente de IE) y es sabido que combate la depresión y la ansiedad. En algunos casos puede ser más efectivo que la medicación de psicotrópicos; en otros aumentará sus efectos.

Si haces ejercicio de manera regular también es probable que tengas una mejor autoestima y un sentido general de bienestar. Incluso pude aumentar tu habilidad para pensar más claramente o a un nivel más elevado. ¿Puedes ver que cada uno de estos beneficios tiene el potencial de mejorar tus interacciones con los demás e idealmente crea una relación afectiva más saludable?

Evidentemente el ejercicio eleva los sentimientos y pensamientos positivos y reduce los negativos. Es bien sabido que ciertos péptidos o químicos como las endorfinas, encefalinas y adrenalina se liberan en la mayoría de nosotros cuando hacemos ejercicio y tienden a mejorar nuestro estado de ánimo. Algunos estudios muestran que la interrupción de un régimen regular de ejercicios incluso puede generar molestias en el estado de ánimo.

Procura elegir un programa consistente y regular de ejercicios que sea parte importante en tu vida como lo es ir al trabajo o preparar una comida. Será menos efectivo para ti o lo abandonarás si no haces que sea parte regular de tu vida. Para mantener un régimen consistente se requiere automotivación, persistencia y el control de tus emociones.

> Tu elección de un régimen de ejercicios debería basarse en algo que consideres divertido y que disfrutes.

Es mejor añadir ejercicio a tu horario como un compromiso de por vida y no como una actividad temporal. Si tu programa de ejercicio es monótono, aburrido o te reta más allá de tus límites, probablemente no seguirás. Como puedes haber experimentado, hay adversidades inevitables en un régimen de ejercicios. La habilidad de IE para mantener el entusiasmo y la persistencia ante estas adversidades es muy importante. ¡Este es el momento para seguir adelante! Tú y tu pareja pueden ayudarse mutuamente a ser persistentes y disciplinados.

Aunque nuestra preocupación principal aquí está con los beneficios del ejercicio sobre la salud emocional y mental, miremos también los beneficios físicos obvios. Éstos son muchos, con los más comunes que son la reducción de la presión sanguínea, el aumento de colesterol bueno (lipoproteína de alta densidad), el fortalecimiento de tu corazón, el aumento de tu resistencia, el fortalecimiento de tus músculos, y el mejoramiento de tu sistema inmunológico.

El entrenamiento con pesas o ejercicios diseñados para el fortalecimiento muscular se están haciendo más populares entre hombres y mujeres de todas las edades. Uno de los beneficios más importantes es la mejora de tu proporción músculo-grasa, la cual mejora tu metabolismo y hace que tu cuerpo queme combustible más rápidamente incluso cuando está durmiendo. El entrenamiento con pesas también fortalece tu densidad ósea, lo cual puede prevenir la osteoporosis, una gran preocupación para las mujeres a medida que envejecen.

Aquí hay dos cortos ejemplos de los beneficios personales del ejercicio consistente.

Jerry era un hombre divorciado a mitad de sus cincuentas, tenía un empleo estresante, malos hábitos alimenticios y una tendencia a beber mucho. Había permanecido soltero por muchos años y aunque solía tener citas, vivía una vida demasiado sedentaria. Estaba comenzando a experimentar depresión y vino a terapia para tratarla y discutir asuntos de relaciones. Después de muchas sesiones, convencí a Jerry del valor de un estilo de vida más activo; y comenzó a hacer parte de un régimen de ejercicios consistente y a cortar con la bebida. Después de varias semanas su depresión se había reducido, informó que se sentía mucho mejor con su vida y era más optimista en cuanto a las posibilidades de encontrar pareja.

Otro ejemplo es de otro hombre también a mediados de sus cincuentas, quien recientemente se había casado por segunda vez. Martin y su nueva esposa estaban razonablemente bien en su relación, pero él tenía muchas inseguridades residuales de experiencias a comienzos de su vida con una madre demasiado crítica y negativa. Había avanzado un poco con nuestra terapia previa respecto a los efectos dañinos de su crianza pero seguían sintiéndose desmotivado y no aceptaba su estilo de vida de semijubilado. Martin sabía que se sentía mucho mejor con sigo mismo y su vida cuando salía en su bicicleta de forma regular, así que su tarea en el desarrollo de la terapia fue comprometerse a un régimen de ciclismo regular. Al igual que Jerry en el ejemplo anterior, Martin informó mejoras significativas en su energía, actitud positiva, pérdida de peso y autoestima al poner en práctica ese régimen. Su sentido mejorado de bienestar le permitió hacer decisiones de vida significativas respecto a su jubilación y empleo después de jubilado.

Si ya has experimentado mejoras en tu salud emocional, bienestar general y relación por medio del ejercicio regular, estos ejemplos te pueden parecer "normales". Pero es de inspiración ver que esto le sucede a las personas como una nueva experiencia o una resurrección de algo que ha sido de beneficio para ellos en el pasado. ¡El ejercicio regular con tu pareja puede fortalecer su relación no sólo sus cuerpos!

Control de peso

Un asunto común que conecta la dieta y el ejercicio es el control de peso. Hacer dieta para perder peso no es una buena idea. Literalmente hay miles de dietas disponibles que hacen promesas irreales de belleza y felicidad. Desde luego, puedes perder una cantidad de libras siguiendo alguna de éstas, pero la gran mayoría de nosotros vuelve a ganar peso. También hay peligros potenciales para tu salud por medio de la dieta "yo-yo".

> Lo único que funciona para el adecuado control de peso es un permanente estilo de vida de nutrición y ejercicio adecuados.

Es mejor lograr un peso deseado y luego mantenerlo como un compromiso a largo plazo y de por vida por medio de un programa nutricional y de ejercicio. Esto requiere

· ·
Se requiere consciencia propia
y resistir tus impulsos para
abstenerte y no ceder ante
tus antojos, dos cualidades
importantes de la IE.

que regules o controles tus emociones, mantengas la esperanza y el optimismo, seas persistente, pospongas la gratificación y resistas los impulsos.

Aunque casi la mitad de la población en los Estados Unidos tiene sobrepeso, y millones están catalogados como obesos, aguantar hambre, hacer ejercicio excesivo o comer demasiado y vomitar no son la respuesta.

¿Te has sorprendido siendo un "comilón emocional" para regular o mejorar tu estado de ánimo? Esto es sólo una solución temporal similar a muchos escapes para "sentirse mejor" como gastar mucho o ver demasiada televisión. Comer es una respuesta muy común al mal estado de ánimo o al sentimiento de tristeza. Algunos expertos dicen que tus estados de ánimo estimulan tu deseo de alimento más que tu proceso metabólico. El ejercicio es un estimulante más adecuado para los estados de ánimo, es mejor que hagas una caminata enérgica a que tomes ese pastel de chocolate o esa bolsa de papas fritas.

El control de peso puede no ser tan importante para la buena salud mental como los tres bloques de construcción previos; la dieta adecuada, el ejercicio y el sueño adecuado.

Sin embargo, mantener el peso adecuado juega un papel importante en tu salud física y emocional y representa una antigua lucha que ha obsesionado a muchas relaciones más bien saludables. Las mujeres generalmente están más preocupadas por su peso que los hombres; en general lo hombres expresan más descontento con el incremento de peso de sus esposas que viceversa. Para ambos es un asunto complejo, sensible, a menudo frágil y potencialmente explosivo.

Un estilo de vida saludable y un compromiso con el buen estado físico pueden aportar de manera positiva a la interacción con tu pareja. Algunos de ustedes pueden creer que su pareja es descuidada en el cuidado propio así que le piden que preste atención a ese asunto. Probablemente han luchado con sentir que están siendo superficiales, mezquinos o de mente estrecha al insistir en que la pareja conserve un buen estado físico o un estilo de vida activo, o que deje de fumar o que pierda peso. Puedes estar obsesionado con el mensaje de que "si realmente amara a mi pareja, esto no importaría". Es importante aprender a expresar tus necesidades en las relaciones. En muchos casos esto incluye el expresar la necesidad de ver atractiva a tu pareja y saber que está en buen estado físico y de salud.

Si realmente eres emocionalmente inteligente y maduro, ¿puedes decir que la apariencia física de tu pareja debido al sobrepeso y o la falta de buen estado físico es un detrimento a tu atracción y sentimientos hacia él o ella?

La respuesta en algunos casos es sí. Una persona emocionalmente inteligente maneja este tema con compasión, empatía, madurez y sintonía, pero no debes negar tus verdaderos sentimientos al respecto. Tienes el derecho a tratar esta preocupación en tu relación.

El proceso de envejecimiento también se relaciona con este asunto. La inteligencia emocional requiere madurez, lo cual puede incluir el ser realista respecto al proceso de envejecimiento. Todos cambiamos físicamente a medida que envejecemos y es mejor si puedes aceptarlo con gracia. Ser atractivo para tu pareja no debería tratarse de estar a la medida de las expectativas culturales de belleza o buena apariencia sino en las expectativas dentro de su relación. El atractivo siempre ha estado ante los ojos del espectador, así como debería ser.

> En muchos matrimonios el tema de control de peso se concentra en el atractivo físico y sexual; para otros es una preocupación genuina sobre la salud de su pareja.

Muchas mujeres ganan peso a medida que envejecen, algunas como consecuencia de la menopausia. Lo mismo sucede con los hombres. Tener una imagen física saludable sin importar el peso y el estado físico es un componente de buena salud mental. Es mejor si podemos aceptarnos tal como somos. Sin embargo, si tienes la expectativa de que tu pareja esté delgada y en buen estado físico, puede que sean necesarias serias negociaciones. Algunas personas no logran mantener un peso "ideal" sin importar cuánto se esfuercen. El buen estado físico y la salud deberían ser la prioridad aquí.

Esto es diferente a una situación en la que los dos están en capacidad de estar delgados y en buen estado físico pero sencillamente lo desatienden como una preocupación de su pareja. Sin importar cómo lo abordes, este es un asunto difícil e incómodo. Requiere persistencia y automotivación por parte de la pareja que puede descuidar su cuidado propio, así como de empatía y optimismo por parte de la pareja que reclama.

Un breve ejemplo demuestra cuán difícil es este tema del peso:

> Barbara y Andy habían estado casados por aproximadamente 10 años y tenían un hijo. Su relación había sido tensa por un tiempo (por varias razones), pero la "última gota" para ambos fue el peso de Barbara. Andy decía que debido a su aumento de peso, ya no encontraba atractiva a Barbara. Ella decía que él era insensible y de mente estrecha respecto a este tema y quería ser amada por lo que ella era a pesar de su peso. Ellos siguieron luchando con su matrimonio pero es claro que la inteligencia emocional de ambas partes es la clave para este matrimonio.

Evidentemente hay asuntos más profundos aquí, pero para esta pareja este problema persistente y doloroso creó una barrera casi insuperable para sanar su matrimonio. Sospecho que este es un problema común que se oculta bajo el tapete y se le permite erosionar las relaciones porque es muy difícil hablar al respecto y se ve poderosamente influenciado por la cultura.

RESUMEN

Hay siete cualidades particulares de IE que son esenciales para el trato efectivo de los temas presentados en este capítulo. Estos son:

- ❖ Ser automotivado, dirigiendo tus emociones para alcanzar una meta

- ❖ Conservar el entusiasmo y la persistencia ante la frustración y tener la capacidad para tolerar la derrota

❖ Retrasar la gratificación y resistir tus impulsos

❖ Mantener el sentido de autoeficacia

❖ Tener empatía y estar en sintonía con los demás, especialmente con tu pareja, y tratar con ellos de manera efectiva

❖ Conservar la esperanza, el positivismo, y una actitud optimista

❖ Ser consciente y conocerse a sí mismo

Dos temas de este capítulo plantean que la conservación de la salud física y el buen estado físico contribuyen a la buena salud emocional y viceversa y que ambas en definitiva aportan al funcionamiento de tus relaciones. Tener una buena salud física incluye una dieta adecuada, ejercicio, reducción del estrés, un estilo de vida activa y saludable y descanso adecuado. Para hacer lo que se necesita para lograr una salud óptima en estas áreas, se necesita que seas *automotivado*, controles *tus emociones* para alcanzar tu meta y que tengas una *actitud optimista*.

Ésta no es una tarea fácil porque te ves ante cantidades aumentadas de alimento de fácil acceso; también encuentras escapes de entretenimiento sedentario como la televisión, la navegación en internet y los juegos de video; y existen mayores elementos estresantes en tu vida en casa y en el lugar de trabajo. Para algunos de nosotros el reto se siente muy grande y no logramos mantener nuestro *entusiasmo y persistencia* cuando enfrentamos adversidades o *toleramos* las inevitables *derrotas* en nuestra vida. Para otros, es un reto bienvenido para *controlar nuestras emociones*, alcanzar cierto estilo de vida saludable y metas de buen estado físico, de tal manera que sabemos ver cómo estos benefician nuestras relaciones.

Si alguna vez has tenido la oportunidad de cambiar tu dieta, ya sea por razones de pérdida de peso o de salud, serás testigo del hecho de que requiere mucha autodisciplina, *control de impulsos, y posponer la gratificación* para refrenarte de comer tus alimentos favoritos pero inadecuados o para comer las cantidades adecuadas. Obviamente las mismas cualidades de IE también se aplican al ejercicio y otros asuntos de estilo de vida. Podemos no querer presionarnos a hacer ejercicio, ni a mantener un estilo de vida activo, ni hacer lo necesario para reducir el estrés. Pero si aprendes a controlar tus emociones y actitud, así sea difícil, obtendrás recompensas significativas personales y también en tu relación.

Como se explica detalladamente en este capítulo, tener un sentido de *autoeficacia* y una *actitud de esperanza y positivismo* ayudan a tu salud física y mental.

Lo anterior, junto con la habilidad para tener *empatía y sintonía* con tu pareja en su lucha por estar saludable, aumenta la cercanía en tu relación. Entender la conexión mente-cuerpo y actualizarla en tu vida requiere un gran esfuerzo, de tal manera que tener la empatía y el entendimiento de tu pareja va a ser de gran ayuda.

Finalmente, estar consciente y entender tus propios sentimientos, comportamientos, actitudes y creencias en relación con el proceso mente-cuerpo, allanan el camino hacia una honestidad esencial en tu relación. Como es cierto para muchos otros aspectos de tu relación, *la consciencia propia y el conocimiento propio* son requisitos necesarios para tratar con los grandes retos asociados a todo lo que tiene que ver con la óptima salud física y mental. Muchos factores relacionados con los procesos mente-cuerpo son sensibles y debes compartirlos con tu pareja de manera sensible y gentil.

Ahora con el componente mente-cuerpo en orden, avancemos al tema muy personal pero importante de tu espíritu. El capítulo 7 mostrará cómo tu IE se relaciona con el aspecto espiritual de la triada mente-cuerpo-espíritu y cómo afecta inevitablemente tu relación.

CAPÍTULO SIETE

Espiritualidad
¿Capa decorativa o fundamento?

"La fe es la fuerza de la vida"
—**Leon Tolstoy**

La espiritualidad en tu relación puede ser vista como parte de un fundamento firme o como algo no esencial. Esa es claramente tu decisión. Puedes o no ser una persona particularmente religiosa o espiritualmente orientada. Ya sea que lo seas o no, sigue leyendo ya que las siguientes páginas seguramente desafíen tu modo de pensar en este tema e incluso probablemente sean esclarecedoras.

Este capítulo te guiará por varios pasos que te ayudarán a entender el papel de la espiritualidad y su interacción con la inteligencia emocional (IE) en tu relación afectiva. Estas son: qué significa espiritualidad, la relación entre tu salud y tu espiritualidad, y la madurez y la inteligencia espiritual. La mayoría de parejas que usan una gran cantidad de IE en su relación reflejan un nivel de holismo que incluye no sólo la espiritualidad sino madurez espiritual.

Tu espiritualidad es una parte muy personal y subjetiva de tu vida, pero sería una perspectiva limitada el omitir la dimensión espiritual de una discusión sobre relaciones amorosas comprometidas. Este es un recurso potencialmente valioso para ciertas cualidades como la esperanza, el optimismo, la compasión y la tolerancia, todos aspectos importantes de IE y todos necesarios para el pleno funcionamiento de las relaciones o matrimonios.

Trata de tener una mente abierta y expandir tus creencias y entendimiento respecto a lo que aquí se presenta. No es particularmente apropiado para ninguno de nosotros funcionar en los extremos de ningún debate religioso o de religiosidad versus espiritualidad continua. Algunas formas de religión generan culpa y sufrimiento. Pero las prácticas de religiosidad y espiritualidad generalmente razonables se relacionan con la buena salud mental y física, y la longevidad. Mi perspectiva es, de nuevo, que esto ayuda a tu IE y por lo tanto contribuya a interacciones congruentes.

¿QUÉ ES ESPIRITUALIDAD?

La religión y la espiritualidad son de alguna manera diferentes pero no son construcciones mutuamente excluyentes. El concepto de "espiritualidad" aquí se usa esencialmente en lugar del de "religión" porque tiene un sentido amplio más incluyente.

Estoy usando el término espiritualidad para referirme a que los seres humanos tienen espíritu, la mayoría cree en Dios, una Fuerza Universal, o un Poder Mayor, y muchos creen que mora en nosotros e igualmente es trascendente. La mayoría de fes tradicionales o religiones mundiales: el Cristianismo, el Hinduismo, el Budismo, el Judaísmo, el Islam, el Taoísmo y otros caminos importantes, son medios para ayudarnos a buscar verdades por medio de enseñanzas religiosas o espirituales acerca de esa fuerza trascendente que mora en nosotros. La fe satisface nuestra necesidad de lo siguiente:

- ❖   Un significado más profundo en la vida

- ❖   Un conjunto de valores personales

- ❖   Un contexto de moralidad

- ❖   Prácticas religiosas o espirituales

❖ Fundamento ético

❖ Una cosmovisión consistente

❖ Un sentido de comunidad o pertenencia a una iglesia, mezquita, sinagoga o templo

Una búsqueda espiritual es diferente a una religiosa. Un peregrinaje religioso va hacia un destino conocido y ofrece respuestas específicas, pero una jornada espiritual involucra un esfuerzo constante para descubrir el significado y la santidad en la vida y mantener una búsqueda continua de relación con Dios o la Fuerza Universal. La religión sabe, la espiritualidad sigue buscando.

> El pensamiento religioso suele asegurar que tiene respuestas, mientras que la búsqueda espiritual hace preguntas y sigue luchando con los misterios de Dios o la Fuerza Universal y la vida.

En *Hymns to an Unknown God (Himnos a un dios desconocido)* Sam Keen, Ph.D., un autor y teólogo muy conocido comparte: "Como fui criado por gentiles y amables cristianos, nunca había visto con claridad la crueldad implícita escondida en la religión dogmática... (Luego la aprendí) de la lógica sin amor del fundamentalismo que permite a los verdaderos creyentes amar y respetar sólo a quienes creen en su versión de la verdad. Moisés, Jesús, Buda, Confucio, Mahoma y Lao Tzu, hacen afirmaciones acerca de Dios. Pero si nos concentramos en la experiencia de lo santo, encontramos que hay casi un acuerdo universal".[25]

La mayoría de americanos dice que siente una necesidad de experimentar crecimiento espiritual. Incluso los más científicos entre nosotros, los físicos, bioquímicos y astrónomos, dicen que sus búsquedas se acercan mucho a lo sagrado; y muchas de estas personas piensan que necesitamos creer en Dios para experimentar lo sagrado.

> Ya sea definido o conceptualizado, la mayoría de nosotros estamos en la búsqueda de significado en la vida, que para muchos, es un significado de naturaleza espiritual.

¿CÓMO SE RELACIONA LA ESPIRITUALIDAD CON TU SALUD?

Parecería como si esta sección no tuviera relación con la IE en tu relación. Pero como lo ilustran las gráficas 6-1 y 6-2, tu cuerpo, mente y espíritu interactúan. Y entre mejor funciones en cada parte de ti mismo, es más probable que seas emocionalmente inteligente y tengas una mejor relación.

La dimensión espiritual de la vida está siendo reconocida en la Medicina y la Psicología como una parte muy trascendental para ser ignorada.

Primero un poco de Historia: la Psicología y la Medicina tradicionalmente ha negado el valor de la religión y la espiritualidad en la salud mental y la sanidad física. Afortunadamente esto está cambiando. Ahora consistentemente aparecen estudios sobre el papel de la espiritualidad en publicaciones profesionales de estos campos.

Carl Jung fue uno de los primeros psicólogos importantes en conectar las dimensiones espirituales y religiosas con la salud mental. Su trabajo fue innovador y considerado escandaloso por sus contemporáneos (entre 1920 y 1960). Él creía que la religión constituía el significado de la vida y jugaba un papel importante en nuestros procesos psicológicos. Él también enseñó que la madurez religiosa incluye un profundo respeto por las demás personas, lo cual, ahora vemos, requiere IE.

Jung consideró la religión —o el peregrinaje espiritual— como algo tan esencial que la negación de nuestras necesidades religiosas era vista como una causa primordial de la neurosis. Él decía que estás saludable emocionalmente solamente si ganas o recuperas una actitud religiosa. Él dijo que no sólo creía en la existencia de Dios, sino que él sabía que Él existía.

En contraste, Sigmund Freud veía la religión como algo corrosivo para la felicidad humana; creaba obsesiones y otras neurosis y llevaba a una sexualidad reprimida, a la culpa y a la supresión de los sentimientos. La mayoría de las primeras escuelas más importantes de pensamiento en la Psicología vieron la religión y la espiritualidad como inestabilidad mental.

En la actualidad, entre médicos y profesionales en salud mental, hay un creciente respeto por el papel de la espiritualidad y la religiosidad.

A veces la religión tiene una influencia negativa en tu vida y en tus relaciones. Por ejemplo, hay un peligro potencial en creer en un Dios enojado y castigador. Una perspectiva saludable sobre la religión y la espiritualidad y un respeto por la diversidad de las perspectivas religiosas requiere IE y añade una dimensión más a tu vida, incluyendo tus relaciones.

El término "psicoespiritual" representa la mezcla de estas dos importantes dimensiones en tu vida. La dimensión religiosa o espiritual trae algo especial a tu vida y te ayuda con algunos de tus problemas básicos. Algunas de las preguntas con las que luchas no logran verse desde una perspectiva puramente psicológica. Tus luchas pueden tener un significado espiritual y existencial muy profundo. Esto incluso también tiene que ver con tu esfuerzo por crear y sostener una relación afectiva saludable.

Una práctica espiritual puede ayudarnos a controlar y modular nuestras emociones fuertes y negativas. Este es el fundamento de la IE.

Por ejemplo, la meditación o la oración profunda y contemplativa nos ayudan con todos los aspectos de la vida, incluyendo el control o manejo de las emociones.

La meditación y/o la oración pueden:

- ❖ Ayudarte a controlar conscientemente tus comportamientos

- ❖ Aumentar tu consciencia propia y ayudarte a exponer los puntos ciegos acerca de ti mismo

- ❖ Ayudarte a aprender técnicas para tratar con la depresión y estados de pánico o ansiedad

❖ Aliviar tu enfermedad disminuyendo la tensión y la ansiedad, y reduciendo el dolor y la tensión muscular

❖ Reducir tu presión arterial, consumo de oxígeno y ritmo cardiaco

❖ Ayudarte a controlar tus pensamientos y sentimientos negativos

Usa la anterior como una lista de chequeo para determinar si algunos de estos puntos te son útiles. La revista *American Psychologist* (*Psicólogo americano*) en su edición de enero de 2003 reporta una investigación en curso dirigida al vínculo entre la salud y el bienestar y las prácticas religiosas o espirituales. Tienes las semillas de felicidad y salud dentro de ti, y estos hábitos te van a ayudar a entrar en conexión con ellas y a allanar el camino para una mayor IE.

Los médicos están combinando las creencias religiosas o espirituales de los pacientes con tratamientos médicos de última generación debido a la evidencia que señala los efectos positivos de la religión y la espiritualidad en nuestra salud. Ellos observan fuertes conexiones entre las creencias religiosas y la satisfacción en la vida, esperanza, y propósito, todo lo cual nos ayuda a sanar. Algunos médicos incluso toman tu historia espiritual al igual que la clínica, una idea considerada escandalosa hasta hace poco.

Si crees que serás castigado por Dios por hacer mal, esto puede generar un problema cuando enfrentes la enfermedad. Los profesionales en Medicina deberían evitar manipularte o imponerte sus creencias si éstas son contradictorias a las tuyas en cuanto a que la fe puede traer sanidad.

Cuando se usa un método psicoespiritual, el tratamiento se adapta a tus preferencias o creencias. Si eres católico, puedes elegir rezar el rosario; si eres budista o hindú, repetir un canto o meditar; si no eres religioso, usar afirmaciones o repetir frases; o si eres cristiano protestante, puedes elegir orar o citar la escritura. Cualquiera sea el caso, se debe esperar y honrar la diversidad y tus elecciones individuales deben ser respetadas.

Madurez espiritual e inteligencia espiritual

Evidentemente, la IE en general y en las relaciones requiere que seas maduro. Hemos mirado otros aspectos de la madurez espiritual, aquí exploraremos la madurez y la inteligencia espiritual. No es suficiente con ser una persona religiosa o espiritual para tener una relación más fuerte. Tu religiosidad y espiritualidad necesitan ser maduras e inteligentes si deseas maximizar la satisfacción entre tu pareja y tú.

Esto no es para sugerir una posición simplista como "la pareja que ora unida permanece unida". Ni siquiera deben compartir el mismo sendero espiritual, aunque es más divertido e interesante. Millones de nosotros asistimos a iglesias, templos, mezquitas o sinagogas de manera frecuente, pero a nuestra fe le falta la profundidad que esto reclama. Entre más emocionalmente inteligente seas, es más probable que seas emocional y espiritualmente maduro y viceversa.

> La madurez espiritual es importante para un matrimonio verdaderamente saludable, funcional y pleno.

En palabras de Marsha Sinetar, educadora, consultora corporativa y autora, "la espiritualidad no es sólo una emoción abstracta, estática o sin propósito, ni una meta mítica fuera de alcance. La espiritualidad es una inteligencia por derecho propio: útil, táctica, e inmensamente creativa. Con un elevado coeficiente espiritual ganamos perspectiva, sabiduría, habilidades perceptivas visionarias o estratégicas y el tino para tomar la acción correcta... Esto tiene todo que ver con el crecimiento de nuestro poder personal y efectividad tangible, duradera y realista, y tiene poco que ver con esa cualidad utópica y sin objetivo que a menudo se equipara a la espiritualidad... Para mejorar la inteligencia espiritual primero debemos darnos a nosotros mismos... mejorar nuestra autodisciplina y nuestras habilidades para asumir responsabilidades".[26] ¡IE!

Desafortunadamente muchos de nosotros no desarrollamos madurez en nuestras creencias religiosas o espirituales. Esto ha demostrado tener un efecto deprimente en otros aspectos de la vida, incluyendo las relaciones afectivas.

Por siglos, escritores, teólogos, líderes religiosos y grandes pensadores, han aportado una gran cantidad de información y sabiduría sobre religión y espiritualidad. Si estás interesado en las perspectivas de tales individuos, por favor consulta el Anexo C. Te proporciona un breve esquema de seis conocidos contribuyentes que nos dieron un marco para la madurez espiritual y su relación con la IE.

LA ESPIRITUALIDAD EN LAS RELACIONES AFECTIVAS

"Sin duda, la madurez espiritual refina y purifica
nuestras relaciones interpersonales"
—**Marsha Sinetar**

De manera ideal, el crecimiento espiritual lleva a cambios y mejoras en tus hábitos personales, comportamientos e interacciones, incluyendo los más intensos con una pareja comprometida. El papel de la espiritualidad en tu relación afectiva comprometida tiene dos lados. Primero, entre más espiritualmente desarrollado o maduro seas, es más probable que también seas emocionalmente más maduro. Segundo, la madurez espiritual aumenta tus probabilidades de tener esperanza, ser tolerante y tener empatía, las cuales son claves características de la IE. Si eres una persona de fe, generalmente eres mentalmente más saludable y, nuevamente, una de las premisas básicas de este libro es que las personas mentalmente saludables crean relaciones más saludables. Asistir a una iglesia, o incluso la participación activa en una institución religiosa, no lleva a la madurez espiritual en sí. Millones de nosotros llegamos a una iglesia, mezquita, sinagoga o templo cada semana y seguimos activamente caminos religiosos que tienden a ser sin propósito para nosotros y no promueven la aceptación de las creencias o necesidades de otros.

Si eres una persona feliz, es más probable que tengas las características listadas a continuación, las cuales son aprobadas en la mayoría de las fes y también reflejan IE. Posiblemente quieras usar ésta como una lista de chequeo y preguntarte si tu fe te hace una persona más feliz y saludable y si exhibes esas cualidades:

- Eres menos concentrado en ti mismo

- Juzgas menos

- Criticas menos a los demás

- Eres menos santurrón

- Lleno de energía

- Decisivo

- Menos hostil y abusivo

- Más confiable

- Sociable

- Más amoroso y perdonador

- Ayudante

- Creativo

- Más esperanzado y positivo

Esto no quiere decir que las personas no religiosas o no espirituales son infelices. Pero si eres más feliz, eres más atractivo como pareja porque es más probable que seas de buen humor, extrovertido y adecuadamente centrado en otros.

Como en otras áreas de madurez e IE, es ideal si tú y tu pareja logran tener "el mismo pensar" en cuanto a espiritualidad. Pero eso no siempre es necesario. Lo que es más importante es que los dos sean espiritualmente maduros y que los dos mantengan un respeto y tolerancia por las creencias y prácticas del otro. Si están en niveles diferentes de desarrollo espiritual o religioso, en donde uno de los dos es más maduro o desarrollado que el otro, esto puede crear dificultades para ustedes como pareja.

En otras palabras, ¡tener diferencias en su sistema de creencias o afiliación religiosa específicos no es el problema! El problema es la diferencia entre tu nivel de desarrollo o madurez espiritual.

Un corto pero impactante ejemplo ilustra esta situación:

Martha y Jack han estado casados por casi treinta años. Muchos años atrás ella eligió no ser "creyente" ni participar de alguna práctica religiosa ni organización debido a una experiencia muy hiriente con un pastor en sus años de adolescencia. Su esposo había sido católico toda la vida. Cada uno respetaba el camino que el otro había elegido. No se molestaban en debatir sobre religión, lo cual siempre es una sabia elección. Motivada en parte por su lucha con la ansiedad, Martha recientemente comenzó a abrirse a la idea de Dios como un Poder Universal que existe más allá de sus limitaciones terrenales y esta idea la hizo sentir segura y le dio esperanza. Aunque esto no tuvo un gran impacto en su matrimonio, Martha informa que ha habido una mejora en la intimidad y la sintonía con Jack porque ahora pueden razonar a cierto nivel espiritual. Él se había estado sintiendo inadecuado en su capacidad para ayudarla con su ansiedad, así que los dos comenzaron a experimentar el crecimiento espiritual de ella como un recurso útil. ¡Y todo esto se hizo posible sin pasar treinta años batallando respecto a sus diferencias religiosas o tratando de convencer al otro para que creyera lo que cada uno creía!

En general, si eres más maduro espiritualmente, le darás más valor, gozo, franqueza, compasión y entendimiento a tu matrimonio o relación comprometida, todos aspectos de IE. A diferencia de los otros asuntos de relación referidos en capítulos previos como la sanidad de tu pasado (Capítulo 2), la expresión de intimidad (Capítulo 3), escuchando y manejando el conflicto (Capítulo 4), el desarrollo de tu autoestima (Capítulo 5), y cosas así, el tema de la espiritualidad implica más que actividades o acciones prescritas. En lugar de eso, involucra rasgos específicos del carácter y hasta cierto punto, tu tipo de personalidad. Hay una interacción evidente entre éste y todos los otros aspectos de las relaciones y manifestaciones de IE, pero es única e idiosincrática, dependiendo de tu elección espiritual o creencias personales.

RESUMEN

La espiritualidad madura implica una clase de "inteligencia espiritual". Adicionalmente, hay cinco cualidades particulares de IE que son necesarias para el saludable funcionamiento espiritual personal y en una relación comprometida. Estas cualidades de IE son:

1. Mantener un sentido de autoeficacia

2. Tener empatía y estar en sintonía con otros, y tratar con ellos de forma efectiva

3. Conservar la esperanza, el positivismo, y una actitud de optimismo

4. Ser autoconsciente y tener conocimiento propio

5. Persistencia ante la frustración y tolerar la derrota

Si la espiritualidad madura implica una mente abierta, asumir responsabilidad, ausencia de un miedo a Dios como el "terrible juez en los cielos", y una búsqueda genuina de verdad, entonces simplemente debes tener un sentido de autoeficacia relativamente fuerte para lograrlo en la mayor cantidad posible de áreas en tu vida. Te sentirás impotente y víctima o un simple títere si dependes completamente de algún poder externo como un marionetista controlando todos los aspectos de tu vida, o, si ves lo que pasa en tu vida como una "aventura incierta" basada sólo en un horrible destino. Con una *actitud eficaz*, creemos en nuestra habilidad para tratar con los retos de la vida y que podemos tener algo de influencia sobre ciertos resultados. Tener una fe muy fuerte en Dios no significa que no puedas creer en tus propias habilidades y poder personal. Aquí aplica el concepto teológico de cocreación. Esto quiere decir que estamos trabajando junto con Dios para influir en los resultados de nuestras vidas y en muchos casos las vidas de otros. Ésta es una gran responsabilidad que no debemos tomar a la ligera.

Como en casi todos los otros aspectos de una relación afectiva comprometida, *la empatía y la sintonía* son esenciales tanto para tu peregrinaje espiritual individual como para el que compartes con tu pareja. Esto es particularmente cierto si uno o los dos están experimentando un periodo de duda o alguna otra lucha con sus creencias religiosas o espirituales. También puede ser necesario estar muy *sintonizado* con tu pareja y tener *empatía* si los dos tienen diferencias significativas en sus creencias y prácticas.

Una persona de fe, especialmente una que tiene una fe madura o inteligente, está fundamentada en un sentido duradero de *esperanza, optimismo y positivismo*. A pesar de serios problemas, como la depresión y los inevitables tiempos difíciles cuando experimentamos gran dolor e impotencia, este componente de IE es la marca de una persona verdaderamente espiritual. Probablemente todos hemos encontrado personas irascibles, críticas y asustadas, que dicen que son muy religiosas. Parece contradictorio ¿cierto?

Puede ser muy efectivo en tu relación cuando uno de ustedes puede mantener *la esperanza y el optimismo* y ver el vaso de la vida como medio lleno si el otro pierde su fundamento emocional o espiritual. ¿Qué podría ser más reafirmante o amoroso?

Y finalmente, como es cierto en todas las áreas de una relación, para ser maduro espiritualmente se necesita tener *consciencia propia y conocerse a sí mismo*. Todos a veces usamos la negación o tendemos a creer cosas acerca de nosotros que no son ciertas. O nos rehusamos a enfrentar cosas que son verdad pero difíciles de aceptar. En la esfera de la religiosidad o la espiritualidad, esto puede ser particularmente molesto porque a menudo conlleva a volvernos críticos y santurrones. Para una buena salud mental y para la salud de tu relación, entiéndete a ti mismo y se tan honesto contigo mismo como sea posible respecto a tu camino y proceso religioso o espiritual. Aquí la humildad y la autorrevelación dan grandes ganancias.

En la Parte III, avanzamos a los "cómos": Directrices específicas y ejercicios para desarrollar tu IE a un nivel que ayuda a mejorar las interacciones con la pareja. Sin duda quieres mejorarte a ti mismo y a tu relación, así que sumérgete y asume el reto.

CAPÍTULO OCHO

Cómo aumentar la inteligencia emocional en beneficio de tu relación

"La inteligencia emocional es una manera de reconocer, entender y elegir cómo pensamos, sentimos y actuamos. Forma nuestras interacciones con los demás y nuestro entendimiento propio".
—Joshua M. Freedman, Anabel L. Jensen, Marsha C. Rideout, & Patricia E. Freedman en *Handle with care: emotional intelligence activity book* (*Manéjese con cuidado: libro de actividades sobre inteligencia emocional*).

L a parte III (Capítulos 8 al 15) te da directrices y recomendaciones sobre cómo desarrollar una mayor inteligencia emocional (IE). Es mejor si ves este proceso como una construcción de tus fortalezas y de lo que "está bien contigo" en lugar de pensar que estás comenzando desde ceros y que "algo anda mal contigo". Todos tenemos algún grado de IE.

Usa la Parte III como manual. Cada capítulo contiene directrices muy específicas y sugerencias para ayudarte a desarrollar un aspecto puntual de IE. El sólo hecho de haber leído hasta este punto y completar los ejercicios y autoevaluaciones de varios capítulos, debe haber aportado en algún grado a tu IE. Lo que encontrarás en los capítulos 8 al 15 te pondrá bien en tu camino hacia desarrollar la IE que necesitas para mejorar tu relación.

Puedes aprender mucho al escuchar una conferencia o leer un libro, sobre cuáles son funciones de la parte izquierda del cerebro. Pero una manera más poderosa y duradera de aprender para muchos de nosotros, es experimentalmente o haciendo algo que implique acción de nuestra parte, algo para lo que debamos "poner manos a la obra". Aquí encontrarás oportunidades de aprendizaje experimental y cognitivo.

Las nueve características de IE aplicadas en los siete capítulos desarrollados hasta ahora son:

1. Tener autoconsciencia y conocimiento propio

2. Conocer, entender, regular o manejar tus emociones, y expresarlas o usarlas apropiada y adaptativamente

3. Tener empatía y estar en sintonía con otros, especialmente con tu pareja, y tratar con ellos de forma efectiva

4. Conservar la esperanza, el positivismo, y una actitud de optimismo

5. Evitar que el estrés inunde tu habilidad para pensar, poder superar las emociones o los estados de ánimo negativos para pensar y funcionar de forma apropiada

6. Conservar el entusiasmo y la persistencia ante las frustraciones o adversidades y tener la capacidad de tolerar la derrota

7. Mantener un sentido de autoeficacia

8. Posponer la gratificación y controlar o resistir tus impulsos, tanto emocionalmente como en acciones

9. Ser automotivado, dirigiendo tus emociones para alcanzar una meta

Este libro es para todos. Si eres alguien interesado en el crecimiento personal y en mejorar tu relación y hacerla más satisfactoria, este proceso es para ti. Si estás contento con las cosas tal como están o eres débil de corazón cuando se trata de trabajar duro, es posible que esto te inspire. Desarrollar tu IE es gratificante, pero requiere de mucho trabajo, dependiendo de tu punto de partida.

Los términos "cualidades", "características", y "aspectos", se usan de manera intercambiable en la discusión sobre el desarrollo de la IE.

En una extensa revisión de Literatura, identifiqué unos 350 libros y artículos sobre IE. La mayoría de escritores no se refieren al tema de cómo desarrollar tu IE, y quienes lo hacen, están más concentrados en entornos profesionales o de lugar de trabajo, o de escuela o educación. En el mundo de los negocios, la IE es dirigida hacia ser estable, tener autocontrol, trabajar duro, estar orientado hacia las metas y entender a otros para poder ejercer influencia sobre ellos. Los capítulos de esta sección traen más corazón al uso de la IE porque el enfoque está puesto en las relaciones amorosas.

Para estar seguro, alguna de las cualidades de IE animadas en entornos laborales o educativos también son aplicables a las relaciones personales: automotivación, persistencia, posponer la gratificación, positivismo, control de impulsos y autocontrol. Sin embargo, éstas deben aplicarse en una relación o matrimonio con consciencia propia, amor, gran empatía y compasión, así como de un deseo de estar en sintonía con un ser querido para entenderlo y no sólo para lograr metas o ejercer influencia el uno sobre el otro. Aquí la IE es utilizada con propósitos altruistas y está centrada en un cuidado profundo para el mejoramiento de la relación.

¿PUEDES CAMBIAR?

¿Puedes cambiar? ¿Puedes desarrollar o mejorar tu IE? ¿Esto involucra cambios en tu personalidad? ¿Tu personalidad es creada por "naturaleza" o por la "crianza"? Sí. Claro que sí... Algo así... Y ambas... Evidentemente varios campos de la salud mental dicen que podemos cambiar, sanar, crecer y a un nivel mínimo, estabilizarnos. A eso es a lo que estamos comprometidos. ¿Has escuchado a personas protestar, "no puedo cambiar toda mi personalidad", o "no puedo cambiar lo que soy", o "soy lo que soy"? Aunque ser emocionalmente más inteligente requiere que hagas algunos cambios, no es cuestión de transformar tu personalidad básica. Implica resucitar tus cualidades escondidas o añadir y mejorar quién o lo que eres.

¿CUÁL ES TU PERSONALIDAD?

Hay muchas definiciones de personalidad. Una muy básica y funcional es que es el proceso de patrones de comportamiento intrapersonales consistentes originados en el interior. Estos patrones y procesos son referidos como "diferencias individuales". Éstas incluyen comportamientos, emociones, motivaciones y pensamientos. La personalidad se forma por herencia genética, fisiología, experiencias tempranas en la vida y los procesos de desarrollo continuo. Principalmente es organizada en los primeros años pero a veces cambia dramáticamente o durante el transcurso de la vida.

Hay teorías divergentes respecto a cómo se forma la personalidad, todas las cuales hacen un valioso aporte a nuestro entendimiento propio. Las más comunes entre ellas son la psicoanalítica, la de rasgos, la biológica/psicológica, la humanista, la de aprendizaje de comportamiento y social, la cognitiva, el neofreudianismo y la teoría de sistemas. Cada una de estás está definida en el Anexo A.

Aunque la IE se interesa más en la manera como usas y controlas tus sentimientos o emociones y los de los demás, también influye en los otros aspectos de tu personalidad, tus procesos de comportamiento, motivaciones y procesos de pensamiento. ¡Y todos estos pueden desarrollarse o mejorarse! En un artículo de 1998 en la publicación *Harvard Business Review* titulado *Can Emotional Intelligence Be Learned? (¿Puede la inteligencia emocional ser aprendida?)* Goleman da unas palabras de aliento. Dice que la IE puede ser heredada o verse influenciada genéticamente así como también determinarse y aprenderse socialmente. Aumenta en algunos de nosotros con la edad y la madurez pero puede ser aprendida o desarrollada en personas de todas las edades si la parte derecha del cerebro, el sistema límbico, es el objetivo de este esfuerzo.

Goleman primordialmente se refiere a la IE en su aplicación en un entorno laboral, pero ésta también se aplica a las relaciones personales.

Todo tu cerebro juega un papel en las emociones, pero es el sistema límbico del cerebro el más importante en el procesamiento de las emociones y actividades asociadas. Es primordialmente responsable por el comportamiento emocional y la reactividad, impulsos, atracciones, ciertas motivaciones y el almacenamiento de recuerdos. Las partes del cerebro incluidas en este sistema son llamadas amígdala, hipocampo e hipotálamo. El sistema límbico es un área clave que necesita ser activada, utilizada, desarrollada, o sanada si estás interesado en mejorar tu IE.

Para comenzar necesitarás por lo menos un nivel mínimo de ciertas cualidades de IE como la consciencia propia, la automotivación y el entusiasmo para desarrollar las otras. Cuán rápido desarrollas las aptitudes de IE necesarias para una relación o matrimonio que funcione tranquilamente, depende en algún grado de si ya has visto sus semillas en tu repertorio personal.

Mejorar la IE es de ayuda para cualquiera, incluso para quienes tienen serios problemas de estados de ánimo u otras enfermedades mentales o emocionales. Sin embargo, algunas personas tendrán muchas dificultades manejando sus emociones y pueden necesitar apoyarse en algún grado en ayuda profesional.

Un recordatorio importante en tu avance, tu orden genético y fisiológico puede jugar un papel significativo en el desarrollo de IE. Esta puede ser una ventaja o una piedra de tropiezo para ti, pero casi todo es posible con esfuerzo. Otra cosa importante a tener en mente es que no puedes cambiar tu coeficiente intelectual (CI) casi en nada. Puedes tener más conocimiento y ser más educado, pero el funcionamiento básico de tu CI es relativamente fijo. Sin embargo, la mayoría de nosotros tiene un gran potencial para desarrollarse o crecer emocionalmente, para mejorar su IE. Puede ser un proceso de toda una vida el hacerse consciente de tus sentimientos y saberlos usar.

Detente y piensa en un terco hábito que hayas dejado o una destreza difícil que hayas desarrollado. Antes que hubieras logrado cualquier crecimiento significativo, o hubieras encontrado la manera de romper con un hábito y establecer uno nuevo, tuviste que comprometerte seriamente con el proceso y motivarte a "hacer lo necesario". Lo mismo se aplica en el crecimiento de tu IE. Esto puede no ser fácil para todos. Como tiene que ver con relaciones cercanas, el proceso requiere las cosas listadas a continuación.

Evalúa esta lista para determinar si estás preparado para proceder en este recorrido:

- Esfuerzo concertado y consistente

- Deseo de cambio sincero y entusiasta

- Mente abierta

- Disposición a participar en un honesto autoexamen

- Habilidad para escuchar opiniones y críticas constructivas de otros sin ser defensivo

- Seguimiento de las sugerencias de los capítulos 9 al 15

- Obtener ayuda externa

- "Aprender más de la cuenta" y aplicación diaria

- ¡Práctica, práctica, práctica! El crecimiento no se da rápido

La Parte III de este libro no contiene una lista simplista de sugerencias de "qué hacer y qué no hacer" y "cómo hacerlo". Sería fácil prometer que si sólo "haces esto" o "aquello" tu vida será transformada. Desarrollar IE es mucho más complejo que eso. Muchos de nosotros no podemos hacer cambios de vida importantes hasta que superamos ciertos obstáculos psicológicos o dejamos hábitos, patrones, creencias y actitudes muy arraigados.

Serás dirigido a recursos externos e internos, que, si los utilizas completamente, pueden tener un impacto significativo. Estos recursos refuerzan aquellos esfuerzos que ya están en proceso para algunos y dan inicio a otros. El desarrollo o la mejora de ciertos componentes de IE pueden requerir ayuda profesional o incluso psicoterapia. Otras cualidades de IE logran mejorarse mediante diferentes formas de autoayuda y esfuerzo personal. Para algunos es posible que requiera de años, para otros sólo unos meses. De cualquier forma, vale la pena el viaje.

Para quienes desarrollan IE con facilidad, hay una necesidad menor de "resignarse y aceptar" o agonizar cuando surgen cosas en la vida que requieren estas habilidades. Pero para quienes tienen una ausencia significativa de ellas, este déficit puede ser emocionalmente doloroso y llevar a problemas o disfunción en la relación afectiva. Aunque queremos abordar este proceso con optimismo, cabe hacer una advertencia: si tienes una gran ausencia de IE, es probable que no logres usar tus dones naturales o todo tu potencial; que colapses y no aciertes a funcionar adecuadamente cuando las cosas se ponen muy difíciles en tus relaciones personales cercanas; y que te encuentres en problemas debido a la insensibilidad, intolerancia, impaciencia, impotencia o exteriorización.

En otras palabras, vivir y relacionarse sin IE realmente tiene algo negativo. Entonces ¿por qué no asumir el reto?

Las técnicas señaladas en la Parte III son aplicables a los nueve aspectos de la IE, todos los cuales se traslapan. Por ejemplo el "manejo de emociones" y el "uso efectivo de las emociones" son temas clave fundamentales de muchos otros componentes. De la misma manera, la autoeficacia claramente se relaciona con la autoconfianza, la cual es necesaria para la persistencia. En resumen, muchos de los componentes de IE alimentan, mejoran o subyacen a otros, al desarrollar uno, otro puede caer en su lugar.

A medida que evalúes cada uno de estos, recuerda un punto importante presentado anteriormente, requieren madurez.

¡Los matrimonios o las relaciones saludables son creados por adultos, no por niños grandes en cuerpos desarrollados!

Aunque una de tus metas probablemente sea la de tener relaciones saludables, primero que todo eres una persona independiente. Las cualidades de IE son valiosas para ti como persona así como para tus relaciones.

¿Entonces, cómo hago esto?

En definitiva, es un individuo saludable y completo junto con otro individuo saludable y completo lo que crea una buena relación.

CAPÍTULO NUEVE

Comienza con la consciencia propia

*"Todo lo que nos irrita de los demás puede llevarnos
a un entendimiento propio".*
—Doctor Carl Jung.

Conócete a ti mismo.
—Sócrates

Es fácil simplemente pasar la vida en un estado más o menos consciente y nunca detenerte a examinarte a ti mismo, *por qué* existes, o *quién* eres. No hay nada especialmente malo con eso hasta que decides que quieres o necesitas aprender algo nuevo que demanda un cambio en ti. Es probable que si quieres que tu relación sea más satisfactoria o fluya más suavemente, tengas que entenderte mejor a ti mismo y a tu pareja.

Este componente se trata primero porque proporciona el fundamente para todos los aspectos de tu inteligencia emocional (IE). Son consciencia propia y sin entenderte a ti mismo, no vas a desarrollar completamente cualquiera de las otras cualidades. También muchas de las técnicas para mejorar tu consciencia propia pueden usarse para otros aspectos de la IE. Esto se hará claro a medida que avances.

Primero miramos por qué es tan importante tener consciencia propia y entenderte a ti mismo. Luego una extensa sección te dirige a qué buscar y qué preguntar cuando te estás autoexaminando. Finalmente, se te proporciona el seguimiento de técnicas específicas: autoobservación; lectura o biblioterapia; observar a otros; participar en talleres, clases y seminarios; y tomar pruebas de personalidad o de perfil. Si sólo encuentras una o dos cosas en este capítulo que te impacten o que son de ayuda para ti, ¡considéralo un paso adelante! ¡Eso es éxito!

Usa cada una de las listas de chequeo, inventarios propios y ejercicios, como herramientas para ayudarte a conocerte mejor.

Si quieres hacer tu parte en la creación de una buena relación debes saber lo que estás sintiendo, cuáles son tus motivaciones o intenciones, cuáles tus necesidades y deseos, cómo son percibidas por otros y generalmente cómo te comportas tú mismo. Los conceptos de "vivir conscientemente" e "intencionalmente" en esencia comunican el mismo significado. Aquí estamos hablando de ser introspectivo porque una dosis saludable de introspección te ayuda a hacerte una buena pareja.

Ten presente, a medida que avanzas, que es mejor concentrarse en cómo todo esto se ve en la actualidad. En otras palabras, ¡concéntrate en comenzar justo aquí y ahora! Por ejemplo, es más probable que dejes de beber si ves ahora mismo que puedes estar bebiendo demasiado o de una manera destructiva. Lo mismo se aplica a cosas como comer demasiado, cómo te dedicas al trabajo, cómo te ven los demás, y qué tan bien conoces y expresas tus emociones. Y si no se necesita un cambio, sólo ser lo mejor que puedes o "estar en el pico de tu desempeño", requiere esta consciencia de entendimiento propio.

Hay diferencias entre conocerte a ti mismo y entenderte a ti mismo. La consciencia propia te dice cómo te comportas, qué sientes y crees, cómo te ven los demás, cuáles son tus fortalezas y debilidades etc. El conocimiento propio ayuda a explicar cómo llegaste a ser así y por qué. Si te ves a ti mismo de manera realista y acertada, te ayudará a entender mejor a tu pareja o cónyuge.

Ponte bajo el microscopio

Antes que leas las siguientes páginas, ten presente que tienes la habilidad para cambiar la influencia de tu historia y primeras experiencias en tu vida. En otras palabras, es la parte de la "crianza" del debate "naturaleza versus crianza", lo que más a menudo puedes sanar, cambiar sus resultados o sobre lo cual puedes edificar.

Algunos expertos dicen que tu pasado no es lo que realmente importa en la formación de tu personalidad. Yo discrepo de esa opinión.

Para la mayoría de personas, examinar su pasado o historia personal les ayuda a conocerse y entenderse mejor. No llevar a cabo este proceso es como erigir un edificio sin fundamento. Trata de ver cómo funcionaste o te comportaste siendo niño y las personas y experiencias o influencias que afectaron tu desarrollo y tu perspectiva de las relaciones cercanas y la intimidad.

Piensa en los mensajes, relaciones y comportamientos de figuras clave de tus primeros años que pudieron haber contribuido a tu nivel o falta de las nueve cualidades de IE. Un ejemplo importante es que los niños que han sido criados con empatía es más probable que traten a otros con empatía.

Evita el "exagerar el diagnóstico de patologías", lo cual hará que te concentres sólo en cuán "enfermo" estás o qué anda mal contigo. Reconoce tus fortalezas y lo que está bien contigo, pero al mismo tiempo no pases por alto ni niegues las heridas ni los asuntos sin resolver. El equilibrio es la clave, reconoce y edifica sobre las influencias positivas que te ayudaron a ser quien eres, pero no ignores cualquier influencia negativa o asunto pendiente que te pueda obsesionar.

Algunas de las listas de chequeo y autoinventarios que siguen parecen redundantes. Recuerda que tus habilidades de IE se traslapan. Evalúa cuidadosamente esas listas.

Las preguntas a continuación te ayudarán a iniciar el camino hacia entenderte a ti mismo. Un recordatorio: cada una de estas tiene algo que ver con algún componente de IE.

El término "otros" se refiere principalmente a tus padres y otros familiares. Hay probablemente miles de preguntas que quisieras hacerte, pero estas están específicamente relacionadas con la IE.

Siendo niño:

¿Recuerdas saber que las necesidades y deseos de los demás eran tan importantes como las tuyas? O ¿con frecuencia insistías en salirte con la tuya y ponías mala cara si tus deseos se veían frustrados? ¿Cómo manejas eso ahora?

- ¿Aprendiste a temprana edad a ser un buen jugador? ¿O quedabas devastado si perdías en un juego? ¿Ahora cómo eres?

- ¿Estabas dispuesto a terminar tus tareas o labores? O ¿te resistías a tener responsabilidades? ¿Qué tal ahora?

- ¿Persistías en tratar de alcanzar metas? O ¿te rendías fácilmente y decías que "no ibas a poder" terminar algo? ¿Qué tan persistente eres ahora?

- ¿Sabías que hasta cierto punto el fracaso sencillamente es parte de la vida? O ¿si fracasabas en algo (académicamente u otra cosa), te declarabas impotente o culpabas a alguien más? ¿Ahora cómo eres?

- ¿Aprendiste rápidamente que la vida no siempre sale como lo esperas? O ¿tenías problemas cuando te decían "no" cuando querías algo? ¿Qué tal ahora?

- ¿Podías simplemente dejar "pasar" ciertas cosas? O ¿te herías fácilmente? ¿Y ahora?

- ¿Eras sensible a los sentimientos de otros? O ¿a menudo lastimabas a otros? ¿Qué tan sensible eres ahora a los sentimientos de los demás?

- ¿Podías tomar calmadamente algunos de los tiempos difíciles? O ¿reaccionabas exageradamente con tus emociones y te parecía difícil manejar el estrés u otras dificultades? ¿Cómo manejas las situaciones estresantes ahora?

- ¿Enfrentabas las cosas directamente y con un sentido de poder sobre tu vida? O ¿sentías que no podías mejoras las cosas por tus propias fuerzas y a menudo te sentías víctima de las circunstancias? ¿Cuánto poder personal sientes que tienes sobre tu vida ahora?

• ¿Se esperaba que fueras amable y sensible con los demás? O ¿no te enseñaron amabilidad ni sensibilidad? ¿Puedes ser amable y sensible con los demás ahora?

• ¿Te enseñaron a estar en sintonía con los sentimientos de los demás o tener empatía con ellos? ¿Puedes hacerlo ahora?

• ¿Alguien te enseñó a escuchar atentamente? O ¿en tus primeros años escuchar y estar en sintonía no se trataban como habilidades importantes? ¿Ahora te sintonizas y escuchas bien?

• ¿Te sentías visto, notado y atendido? O ¿te sentías invisible para los que te rodeaban? ¿Te sientes visible ahora?

• ¿Te escuchaban y prestaban atención? O ¿sentías que tu voz era ahogada y tus palabras ignoradas? ¿Ahora sientes que los demás te escuchan?

• ¿Alguien se sintonizaba contigo y te hacía sentir importante para él o ella? O ¿sentías como que nadie estuviera consciente de quién realmente eras o de lo que eras capaz? ¿Ahora te sientes importante para los demás?

Desde luego, la mayoría de nosotros actuamos como pequeños niños o adolescentes. El problema verdadero es no superar estos hábitos negativos e inmaduros. A veces eso se debe a haber sido muy mimado. Si te cuidaban mucho y te permitieron creer que eras el "centro del Universo" o te dieron mucho y te hicieron muy fácil la vida, es probable que seas intolerante con los demás. También puedes creer que eres superior a los demás y carecer de una genuina empatía hacia quienes han tenido vidas más difíciles. Esto también conlleva a dificultades para posponer la gratificación o enfrentar los serios retos que puedes tener ahora.

Por el contrario, es posible que el mismo patrón se deba a que tus necesidades hayan sido negadas o haber sido criado por padres duros y exigentes. Para muchos de nosotros, ciertas actitudes, comportamientos y sentimientos "no se ven" hasta la vida adulta pero están arraigados

en influencias tempranas. A continuación hay algunos estilos de pater-
nidad comunes u otras situaciones que pudieron haber conducido a tu
actual nivel de IE.

El (los) adulto(s) que te crió (criaron):

* ¿Te enseñaron a entrar en sintonía con los demás y usar la empatía y
  la compasión?

* ¿Insistieron en que controlaras la manera como expresabas tus emocio-
  nes o te relacionabas con otros?

* ¿Te guiaron a creer que eras igual a otros? ¿Inferior? ¿Superior?

* ¿Te pedían cuentas? ¿Hacían mucho por ti?

* ¿Creían que era amoroso y adecuado tomar las decisiones por ti?

* ¿Te enseñaron a ser autónomo? ¿Peleaban tus batallas por ti?

* ¿Exigían que hicieras tus tareas? ¿O las hacían por ti?

* ¿Te pedían que hicieras labores en la casa? ¿O atendían todas tus
  demandas?

* ¿Te pedían que te involucraras en actividades extracurriculares para
  formación del carácter?

* ¿Te pedían cuentas sobre tus errores?

* ¿Te pedían que esperaras las cosas y experiencias que deseabas?

* ¿Mostraban compasión por ti cuando eras herido o tenías problemas?

* ¿Te escuchaban cuando necesitabas hablar?

* ¿Te enseñaron que la vida es muy dura a veces, pero que las dificultades
  pueden manejarse con gracia?

* ¿Te enseñaron a modular tus emociones o te permitieron la actividad
  emocional exagerada?

Tus padres o protectores pueden haber sido muy controladores o demasiado impacientes para enseñarte a controlar tus propios comportamientos, sentimientos y relaciones. Este método de paternidad a menudo se basa en creencias como "es más fácil para mí hacer las cosas yo mismo que tratar que los niños las hagan", "es más fácil sólo rendirse", "los niños serán niños", "necesito proteger a mis hijos de las cosas difíciles en la vida que yo tuve que soportar", o "somos los (Jones, Smith, etc.) y somos mejores que los demás". Si ellos tomaron el camino fácil, esto puede haberte dejado sin los recursos de IE que ahora necesitas.

Otro estilo de paternidad común es el de ser muy crítico o duro. ¿Escuchaste alguno de los siguientes mensajes, ya sean hablados o implícitos? Detente y piensa en si alguno de estos te persigue hoy:

* "Nunca haces algo bien"

* "No deberías sentirte así"

* "Los niños son para ser vistos no escuchados"

* "Yo soy el padre y siempre sé más"

* "Nunca vas a lograr algo"

* "¿Por qué no puedes ser como _____?"

* "¡Ser amable y querido con los demás es ser un débil!"

* "Haz las cosas a mi manera"

* "¿Quién te preguntó? Sólo eres un niño"

* "Si vas a llorar, te daré una razón para hacerlo"

* "¿Cómo pudiste ser tan tonto?"

* "¡Puedes hacer algo mejor que eso!"

* "Espero que vivas según *mis* normas"

* "¡Yo hago las reglas aquí!"

Si te castigaban (lo opuesto a la disciplina) injustamente, puedes haber decidido preconcebidamente que ni siquiera debes molestarte en intentarlo. O puedes haber desarrollado el hábito de estar enfadado, ser agresivo o defensivo cuando te confrontan, retan o critican. ¿Te parece que estás a la defensiva ante los retos o las críticas? ¿Cómo reaccionas ante las críticas? ¿De amigos? ¿Empleadores? ¿Tu pareja?

Y, desde luego, si experimentaste abuso físico, emocional o sexual, puedes haber desarrollado una actitud de impotencia, desesperanza, una incapacidad para confiar y/o incomodidad con tus sentimientos o los de los demás.

¿Crees que se esperaba mucho de ti como hijo o adolescente? ¿Te abrumaban las responsabilidades o expectativas que superaban tu capacidad? Podrías ser una de esas personas a quienes les hace falta la capacidad de seguir adelante o persistir porque trajeron el sentimiento de abrumo a su vida adulta. Un ejemplo común de esto es "recibir la responsabilidad de un padre" después de un divorcio o la muerte de uno de tus padres. Esta "inversión de roles" puede haberte dado las responsabilidades que una vez eran de un padre. También, uno o ambos padres pueden haber tenido problemas emocionales o mentales y haberse recargado en ti en busca de apoyo, lo cual va mucho más allá de lo que un niño puede manejar dentro de sus capacidades.

Los niños a veces disfrutan ese poder al comienzo, pero con el tiempo se convierte en una carga inmanejable. Esta situación, en tus años de adulto, puede conducir a sentirte fácilmente abrumado y derrotado o manejar el poder indebidamente en tus relaciones íntimas incluso en el matrimonio. Toma un minuto, siéntate y piensa o haz un diario de algunos de tus pensamientos y sentimientos acerca de esto. ¿Se aplica a ti?

Algunas personas sienten que fue un beneficio el que se haya esperado mucho de ellos en su niñez. Todos somos diferentes. El tema real es: ¿de qué manera esto afecta tus relaciones cercanas hoy?

Demos una mirada a cómo tus padres o adultos influyentes mostraron o no IE.

Tus padres o modelos a seguir:

- ¿Aceptaban con gracia los errores de los demás? O ¿exigían perfección en los demás?

- ¿Escuchaban bien a los demás? O ¿no escuchaban atentamente a la gente?

- ¿Parecían ser muy compasivos? O ¿mostraban poca empatía por los demás?

- ¿Respetaban la autonomía de las demás personas? O ¿trataban de controlar a los demás?

- ¿Mostraban cariño y afecto hacia los demás? O ¿se rehusaban a dar ánimo y afecto?

- ¿Parecían desanimarse y rendirse fácilmente? O ¿mostraban motivación interna y autodisciplina?

- ¿Mostraban paciencia y moderación? O ¿fácilmente se frustraban y eran impacientes y "perdían los estribos"?

- ¿Usaban moderación en sus acciones y palabras? O ¿procedían y hablaban impulsivamente?

- ¿Posponían su gratificación? O posiblemente ¿obtenían lo que querían tan pronto lo deseaban?

- ¿Rendían cuentas cuando era adecuado? O ¿culpaban a otros por sus dificultades?

- ¿Se detenían a pensar antes de expresar ira o enfado? O ¿arremetían inadecuadamente?

- ¿Se permitían expresar sus sentimientos tiernos? O ¿transmitían el mensaje de que era mejor ser estoico y "rudo"?

Piensa seriamente en esto antes de avanzar. Si algunos de estos escenarios te son familiares, piensa en cómo pueden estar influyéndote ahora. Probablemente si tomas nota de algunos pensamientos, sentimientos o recuerdos, éstos te llevarán a pistas valiosas acerca de ti mismo.

¿Tus padres o protectores transmitieron alguno de los siguientes mensajes, ya sea directa o indirectamente, o hablados o implícitos?

+ Los sentimientos de los demás son muy importantes. O, los sentimientos de los demás no importan.

+ Puede ser muy gratificante estar cerca de la gente. O, es innecesario estar emocionalmente cerca e incluso es peligroso.

+ Los sentimientos de todos son importantes, incluso los tuyos. O mis sentimientos importan más que los tuyos.

+ La vida puede ser un reto, pero podemos enfrentarla. O, la vida es muy difícil.

+ Todos son capaces. Sólo necesitan usar sus capacidades. O, no soy capaz. Dejemos que otra persona lo haga.

+ Nunca te rindas. No seas una víctima. O, la vida es injusta y terrible, no hay esperanza.

+ Escucha a tu corazón y emociones así como a tus pensamientos. O, usa tu cabeza, no tu corazón.

+ Siempre considera los derechos y necesidades de los demás así como los tuyos propios. O, ve tras lo que quieres sin preocuparte por los demás.

+ Tú y tus sentimientos son tan importantes como los de los demás. O, los demás siempre son más importantes que tú. Tu valor o tus sentimientos no importan.

Pregúntate si ahora crees o vives según cualquiera de estos. La lista de chequeo anterior te ayudará a identificar cualquier habilidad de IE en la que necesitas trabajar.

Algunos de nosotros vimos a los adultos trabajar y esforzarse en la vida para alcanzar sus metas, enfrentar los retos y mantener relaciones empáticas y cercanas, todo mientras lograban ser emocionalmente maduros y estables. Pero sus vidas y relaciones no resultaron como esperaron y planearon. Esto puede habernos llevado, siendo sus hijos, a tener desánimo, cinismo y a una decisión de no esforzarnos tanto porque "al fin de cuentas no da resultado". O podemos haber visto que puede haber desgracia en la vida de alguien y seguimos adelante con optimismo y determinación, aspectos importantes de IE.

Una de las influencias más poderosas en tu vida es la forma como tus padres se relacionaron entre sí. Eres afortunado si tus modelos principales de matrimonio tuvieron una relación saludable. Incluso si no fue así, puedes aprender cómo hacer esto ahora. Para determinar si tus padres usaban IE en su matrimonio detente y pregúntate si ellos:

- Se escuchaban atentamente el uno al otro

- Se sintonizaban y procuraban entenderse el uno al otro

- Se trataban mutuamente con respeto

- Expresaban abierta y adecuadamente sus sentimientos entre sí

- Mostraban empatía y compasión por los sentimientos o experiencias de vida del otro

- Manejaban adecuadamente sus conflictos

- Mostraban paciencia entre ellos

- Persistían y enfrentaban sus tiempos difíciles

- Mostraban poder personal como individuos

- Los dos eran automotivados

- No siempre estaban decididos a salirse con la suya

- Parecían positivos y con esperanza en cuanto a la vida y su relación

- Parecían conocerse bien a sí mismos

Sí repetimos los patrones de nuestros padres y este ejemplo puede ser positivo o negativo. Algunos de nosotros insistimos en que "nunca seremos como nuestros padres" o decimos que queremos "tener un matrimonio como el que tuvieron papá y mamá". Un recordatorio importante: el propósito de este examen sobre el matrimonio de tus padres no es encontrar fallas o culpables. ¡Es sólo otra clave para la consciencia propia y el autoentendimiento!

Otro asunto común para ver es la presencia de alcoholismo o cualquier otra adicción seria o dependencia. La adicción es una enfermedad familiar, no la enfermedad de un individuo. Inevitablemente, patrones no saludables y de comportamiento surgen en las familias cuando uno o los dos padres son alcohólicos o dependientes de sustancias. Si eres un adulto hijo de un alcohólico, examinar la siguiente lista puede ser de ayuda.

¿Cuál de estas recuerdas haber visto en la(s) persona(s) de influencia que era(n) adicta(s) al alcohol o las drogas?

- Actuaciones inapropiadas

- Impulsividad

- Intolerancia e impaciencia

- Falta de motivación o ambición

- Darse por vencido fácilmente

- Culpar a otros por sus dificultades

- Desesperanza

- Insensibilidad o inconsciencia ante los sentimientos de los demás

- Imprevisibilidad

- Falta de sintonía o comportamiento errático

- Temor y desconfianza

- Ira excesiva

- Abuso verbal o físico

Estudia cuidadosamente estas listas y trata de decidir cómo alguna de estas te ha afectado como adulto. Casi cada una de estas es la antítesis de la IE. Seguir un diario o simplemente recordar experiencias y compartirlas con tu pareja te ayuda a entenderte a ti mismo y puede abrir la puerta para mayor sintonía y lazos entre ustedes dos.

Si sin duda te has puesto bajo un microscopio como se ha sugerido, vas por muy buen camino hacia entender las raíces de tu IE.

Observa a otros y a ti mismo

Si has hecho todo lo posible para entender la influencia de tu pasado en el presente, vas a estar ansioso por dar el siguiente paso.

Aprenderás mucho al observarte cuidadosamente a ti mismo y a las personas con quienes interactúas. Observa detenidamente los comportamientos de tu familia, amigos y compañeros de trabajo; escucha atentamente lo que ellos dicen y cómo lo dicen; nota cómo expresan sus sentimientos; mira sus matices; etc. Haz lo mismo en tu propia vida. Lleva una libreta de notas, una agenda electrónica o una grabadora; observa estos comportamientos durante varios meses. Esta parece una enorme tarea, pero es divertida. Requiere otras cualidades de IE, especialmente la habilidad de sintonía con los demás y contigo mismo.

> Usamos un aspecto de nuestra IE para desarrollar otro.

Encontrarás personas muy seguras y exitosas que no tienen idea de cómo afectan a otros, de manera positiva o negativa. Esto indica que no han desarrollado ese componente de IE.

Aunque alcanzas a desarrollar por ti mismo cierta cantidad de consciencia propia y otros aspectos de IE, algunos de estos requieren la participación de otras personas. La presencia de otros a menudo es indispensable en tu proceso.

Los amigos son una fuente rica si están dispuestos y en capacidad de darte opiniones honestas. Los familiares a menudo te conocen mejor y pueden invitarte a ser lo mejor que puedes ser o mostrarte cosas de las que no tienes consciencia. Desafortunadamente algunos familiares no pueden o no te darán opiniones útiles. Otras personas, como quienes conoces en tu lugar de trabajo, iglesia o tu vecindario, pueden ayudarte con tu desarrollo de IE dependiendo de la profundidad de tu relación y de si sus opiniones son apropiadas. Y finalmente, la fuente más valiosa es tener un cónyuge, una pareja o "amigo" que esté conscientemente comprometido con hacer este recorrido contigo.

Usa la lista de chequeo a continuación para iniciar con la auto-observación. Ésta incluye cualidades o actitudes positivas o negativas.

¿Muestro estas cosas?:

* Compasión por los demás

* Habilidad para estar en sintonía con los que me rodean

* Tolerancia

* Impaciencia

* Habilidad para posponer la gratificación o manejar la derrota

* Falta de automotivación

* Habilidad para usar y controlar mis emociones adecuadamente

* Falta de confianza en mí mismo

* Esperanza y optimismo constantes

Ahora construye tu propio inventario personal acerca de cómo te ves a ti mismo y qué crees que los demás piensan de ti y cómo te ven.

Aquí hay otras cosas para considerar acerca de tu comportamiento y sentimientos:

* ¿Te enfadas mucho o los demás te perciben como alguien bravo?

* ¿Generalmente eres positivo y optimista?

* Prestas atención para ver si identificas lo que sientes la mayor parte del tiempo. ¿Honras esos sentimientos?

- Prestas atención a qué tan bien escuchas a quienes te rodean. ¿Los demás sienten que los escuchas?

- Pregúntate si de verdad estás en sintonía con tu pareja.

- Nota cuánta empatía sientes por él o ella.

- ¿Cómo muestras compasión por tu pareja?

- Observa qué tan bien manejas tus sentimientos según lo requieran las diferentes situaciones.

- ¿Emocionalmente cómo te perciben los demás?

- Encuentra si quienes están cerca de ti te ven como:

Emocionalmente estable __ Inestable __ Volátil__

Reaccionas exageradamente __ Cerrado __

- Presta atención para ver si tus pensamientos acerca de la gente, la vida y las circunstancias diarias son más negativos o positivos.

- Observa si tus pensamientos y sentimientos acerca del futuro son más esperanzadores, o sin esperanza, optimistas o pesimistas, respectivamente.

- Observa cómo reaccionas cuando las cosas salen mal o tienes dificultades. ¿Qué ven los demás?

- ¿Te "enloqueces" y "pierdes el control" cuando enfrentas obstáculos, o permaneces calmado y seguro? ¿Sigues funcionando según sea necesario?

- ¿Eres líder?

- Mira tus experiencias de fallas o los errores que has cometido. ¿Cómo los has manejado?

- ¿Qué te han enseñado tus éxitos y tus fracasos acerca de ti mismo?

- Observa si eres crítico y si juzgas a otros o los respaldas.

- ¿Te ves superior o igual a los demás?

- Prestas mucha atención a qué tan poderoso o no te sientes en tu relación, en el trabajo, con amigos, y en otras áreas de la vida.

- ¿Estás a cargo de tus propios resultados? O ¿te sientes más bien como la víctima?

- Observa cómo reaccionas cuando realmente quieres algo y no puedes tenerlo.

- Presta mucha atención a cómo respondes a tus impulsos y deseos.

Después de evaluarte usando este inventario, pídeles a tus amigos más cercanos y familiares que lo usen para evaluarte y darte sus observaciones. Pídeles que sean muy honestos. Hay miles de cosas que podríamos ver al tratar de entender cómo nos ven los demás. Pero nuestro objetivo aquí son esas cualidades que se relacionan específicamente con la IE.

Estas preguntas son simples sugerencias. Diseña y usa un inventario para ti, y luego ajústalo y úsalo con amigos y familiares. Ahora es el turno de tu pareja para darte sus opiniones de estos puntos. Relájate y trata de ser abierto y receptivo. Si sólo aprendes dos o tres cosas acerca de ti mismo, decláralo un éxito.

Cuando estás tratando de observarte a ti y a otros, puede ser muy efectivo para tener a disposición un recordatorio simbólico o tangible. El viejo ejemplo de la "banda elástica en la muñeca" es un buen ejemplo. Muchos alcohólicos en recuperación llevan una moneda especial en sus bolsillos. Puedes guardar una pequeña roca lisa a la mano o usar un anillo especial u otra joya.

Tener tu propia palabra código especial para decir o escuchar puede ser útil; también llevar una tarjeta laminada con una lista de puntos de entrenamiento o recordatorios. Puedes suavizar las cosas entre tú y tu pareja si haces una "barita mágica" de un lápiz o una espiga y la mantienes a mano para usarla como un recordatorio cuando las cosas se ponen tensas o difíciles. Piensa en algo que puede funcionar para ti para mantener el rumbo.

Haz pruebas de personalidad o de perfil

Otros recursos que pueden ayudarte a entenderte mejor a ti mismo son los inventarios de personalidad y de evaluación personal. Los exámenes más validos son administrados por profesionales e incluyen instrumentos tan ampliamente utilizados como el Inventario Myers Briggs, el cual mide tu tipo de personalidad; o las herramientas psicológicas más complejas como el Inventario Multifásico de Personalidad Minnesota y el Inventario Psicológico California. Algunos de estos exámenes o perfiles son sólo con el propósito de ayudarte a entenderte a ti mismo; otros son con propósitos diagnósticos. Puedes necesitar orientación respecto a qué exámenes usar dependiendo de si sólo quieres entenderte mejor, o si sientes que algo anda "mal", que necesita ser diagnosticado o identificado.

La manera como evalúas o mides tu personalidad depende de qué es lo que estás tratando de entender y también de la perspectiva de quien aplica el examen. Dependiendo de cuán seriamente quieras entenderte a ti mismo, puede que quieras conocer la escuela de pensamiento que hay detrás del instrumento de evaluación que estás usando. Si quieres ser científicamente preciso, necesitarás usar un examen que tenga tanto confiabilidad como validez científica.

Hay literalmente cientos de herramientas como éstas disponibles y se puede medir casi cada aspecto de tu personalidad. En la literatura popular puedes notar que muchos artículos de revistas y libros contienen pequeñas pruebas y encuestas de autoevaluación sobre diferentes aspectos de tu personalidad o interacción con otros. Aunque muchos de esos encontrados en literatura popular probablemente no son científicos, es posible que sean de ayuda al despertar o volver a despertar algo acerca de ti.

Si estás tratando de aumentar tu consciencia propia por medio de exámenes o evaluaciones de personalidad, ten presente que tu predisposición genética determina algo de tu personalidad y estilo, por ejemplo, viene de tu herencia biológica. El resto de tu personalidad y estilo es desarrollado por tus primeras experiencias en la vida y tu proceso de desarrollo natural. Y luego un porcentaje más pequeño es el resultado de tu propia y única fisiología, tu cuerpo y cómo funciona. Algunos expertos afirma que es una proporción 50/50 (naturaleza *versus* crianza). Otros afirman que las experiencias iniciales de vida y el proceso de desarrollo aportan como un 80% a lo que hoy eres.

Si eliges aplicar una perspectiva espiritual, puedes tener presente que tu personalidad y la forma como funcionas, también son determinadas por un ser supremo.

Sin importar cómo estén formados, tu personalidad y estilo pueden ser evaluados. No son completamente fijos y van a cambiar en algún grado con el tiempo por medio de aprendizaje, esfuerzo, tratamiento o crecimiento y madurez.

Involúcrate en biblioterapia

Al igual que buscar ayuda profesional, la biblioterapia (leer libros, artículos, folletos, información en internet etc.) es útil para la consciencia propia, el entenderte a ti mismo y otros aspectos de la IE. La biblioterapia también se conoce como "psicoeducación" y ha probado ser enormemente efectiva para miles de nosotros que encontramos el recurso correcto.

El simple hecho de leer no siempre lleva al nivel de sanidad o crecimiento que estás buscando ni garantiza éxito en tu vida o en tu relación o matrimonio. Pero virtualmente miles de personas inteligentes reportan resultados "transformadores" a raíz de la lectura y actualización de lo que aprenden de libros, artículos, audios e información en internet pertinente a sus metas. Sí, tú puedes mejorar tu IE y la forma como vives tu vida por medio de la lectura.

En esta cultura, comprometida con la superación personal, la biblioterapia probablemente es la forma más popular de "autoayuda". Nuestra cultura rica en información nos ayuda a entendernos a nosotros mismos y a mejorar nuestras relaciones y a aportar a varios aspectos de nuestra salud mental y física así como al crecimiento personal y profesional. Una advertencia: algunos de los recursos disponibles para el público son sólo "basura" y peor, potencialmente peligrosos.

Es sabio que mires la credibilidad del autor o que consultes con un profesional cuando estés buscando recursos diseñados para ayudar a entenderte a ti mismo, hacer cambios importantes o mejorar tu relación amorosa.

Ten presente a medida que te beneficias de la lectura que la manera más efectiva para desarrollar madurez e inteligencia emocional es por medio de la práctica y la interacción con otros.

La bibliografía incluye recursos que dan perspectivas; te dan "instrucciones" y directrices para cambios específicos; pueden ayudarte a sanar; o funcionan como manuales con tareas y ejercicios prácticos o experimentales. La mayoría pueden usarse conjuntamente con alguna forma de Psicoterapia o proceso de grupo.

Participa en talleres y seminarios de sanidad o crecimiento personal

Ésta es otra forma de ayuda que ha recorrido toda la nación durante las últimas décadas y también se considera "psicoeducacional". Hay una proliferación de seminarios de motivación en el trabajo que se refieren al uso de IE para el mejoramiento profesional, en habilidades de ventas y en otros esfuerzos estimulados por el lucro. Algunos de estos pueden aplicarse a tu vida personal para cosas tales como habilidades de comunicación o manejo de conflictos. Sin embargo, hay diferencias significativas entre cómo funcionas en el lugar de trabajo y cómo te comportas en tus relaciones personales e íntimas. Esto deja una clara necesidad de talleres y seminarios que se concentren específicamente en ayudarte a mejorar tu consciencia propia y otros aspectos de IE para relacionarte personal e íntimamente. Sencillamente no hay muchos disponibles.

Las iglesias a veces ofrecen grupos así y pueden ponerle un giro doctrinario a lo que se enseña o experimenta. Sin importar el escenario, una ventaja de asistir es que la mayoría de la IE está basada en interacciones con otros. Talleres, seminarios y clases, si son presentados apropiadamente, proporcionan valiosas interacciones personales y oportunidades para escuchar opiniones. Y programas de entrenamiento extenso, o un grupo de apoyo, o un taller de dos días (como un fin de semana intensivo de retiro), han mostrado resultados sobresalientes.

Una nueva forma de autoayuda, que une los formatos de seminario y terapia de grupo es el de grupos de apoyo en línea vía internet. Esto te da materiales educativos así como conversación con tus compañeros que también están tratando de entenderse mejor. De nuevo, una advertencia: es aconsejable buscar la orientación de un profesional al usar un servicio así debido al peligro potencial que plantean los "chiflados" que tienen acceso a internet. Ten presente que este tipo de aprendizaje y crecimiento es incompleto porque carece del contacto personal esencial para el completo desarrollo de la consciencia propia.

Encuentra un buen terapista

Una de las mejores formas para llegar a conocerte y entenderte a ti mismo es por medio de la terapia individual, de pareja o de grupo. Aunque llega a ser difícil encontrar un terapista que sea el "indicado" para ti y/o tu relación, no menosprecies el valor de ese proceso. Si no has tenido una buena experiencia con esto en el pasado, no te rindas. Busca una referencia de un amigo o familiar. El proceso de terapia históricamente ha demostrado ser uno de los recursos más efectivos para el entendimiento propio.

Palabras de sabiduría y advertencias

Probablemente has experimentado algunos de los obstáculos mencionados en este capítulo y sin embargo tienes la obstinada determinación a superarlos. Notablemente, a pesar de cualquier maltrato, descuido, mal ejemplo, o trauma, posiblemente tienes la habilidad natural para determinar que vas a llevarte a la madurez emocional, éxito en la vida y relaciones saludables. ¡Bien por ti!

Una advertencia: esto es admirable mientras no sea impulsado por una motivación venenosa y vengativa o ese motivo pícaro de "complacer a la gente". Es mejor si esta resiliencia es motivada positiva e intrínsecamente. Ten cuidado de no ignorar tus carencias excusando o negando tu herencia. Presta atención para ver si sigues culpando enfadadamente a tu pasado.

También puedes quedar atrapado en excusar el comportamiento o trato de tus padres con "ellos hicieron lo mejor que pudieron" o "entiendo por qué ellos eran como eran". Esto tiende a desviar tu propio entendimiento. Haz tu trabajo primero y luego llega al perdón y al reconocimiento de que ellos también tuvieron dificultades. ¡Pero no ensilles sin antes tener el caballo!

Algunos de nosotros usamos nuestras primeras experiencias de vida y habilidades naturales para llegar a ser muy exitosos en nuestras carreras pero seguimos emocionalmente ineptos y tenemos dificultades siendo verdaderamente cercanos a nuestros seres queridos, incluyendo nuestra pareja. Las personas exitosas a menudo están "casadas" con su profesión mientras sus conexiones cercanas y personales prácticamente no existen. Si esto es cierto para ti, hazte un favor a ti mismo y a tu pareja al hacer que tu relación sea más prioritaria que tu profesión.

Toma este recorrido investigativo para hallar lo que te llevó a tus fortalezas o déficits emocionales. Pregúntate "¿qué y cómo aprendí acerca de las relaciones afectivas cercanas que hoy influyen en mi relación o matrimonio?"

La vida en general trae frustración, adversidades o derrotas; a quienes han aprendido a manejar estos obstáculos a temprana edad les parece más fácil ser emocionalmente inteligentes ahora y por lo tanto ser buenos candidatos para relaciones saludables. Evidentemente el matrimonio y otras relaciones comprometidas son difíciles en el mejor de los casos, y no podemos esperar que haya una que no tenga problemas. El viejo adagio es cierto: "La adversidad edifica el carácter".

Este capítulo sugirió recursos para desarrollar tu consciencia propia, la piedra angular de todos los otros componentes de IE. Por medio de una combinación de exámenes o perfiles, autoobservación y opiniones de otros, examinar tu historia personal y experiencias iniciales en la vida, buscando ayuda de un profesional en salud mental, usando recursos de biblioterapia y participando en grupos, tienes la opción de

llegar a conocerte realmente y de saber cómo relacionarte con los de-
más (especialmente con tu pareja).

Así que ahora te ves más claramente. Eso es bueno. Estás listo para
avanzar al Capítulo 10 donde el objetivo está en desarrollar el aspecto
más importante de tu relación con tu pareja, tus sentimientos o emo-
ciones y los de ella.

CAPÍTULO DIEZ

Cómo entender y expresar tus emociones

"Sin emoción no puede haber transformación de la oscuridad a la luz ni de la apatía a la acción"
—Doctor Carl Jung

¿Qué sientes en este momento? ¿Qué tal hace cinco minutos? ¿Qué generó esos sentimientos? Éstas no siempre son preguntas fáciles de responder. Tus emociones son una parte muy importante de quien eres como ser humano. Te ayudan a enfrentar la vida, pero lo más importante para nuestros propósitos aquí es que te ayudan a conectarte y relacionarte efectivamente con tu pareja.

A medida que aprendas a acceder, identificar, regular y expresar tus emociones, encontrarás que es otro aspecto de conocerte y entenderte a ti mismo. Ser muy bueno en eso sí mejora tu experiencia, pero es un proceso de toda la vida. La mayoría de nosotros nunca lo perfeccionamos.

Familiarízate con el lenguaje de la emoción: las palabras de los sentimientos

Es común tener un sentido estrecho e incompleto de lo que realmente logran hacer los sentimientos. Con el tiempo y por medio de experiencias es posible aprender a identificar y nombrar una amplia variedad de emociones si estás dispuesto a expandir tu conocimiento de ellas. Puedes responder adecuadamente a situaciones específicas en lugar de hacerlo con una reacción abrupta, si tienes un entendimiento personalizado de tus emociones.

Un ejemplo de esto es reaccionar con desconcierto ante algo que tu pareja hace en lugar de apelar de inmediato al fácil sentimiento de ira. Otro ejemplo es responder a algo con cautela en lugar de hacerlo con miedo paralizante.

Mejorar este aspecto de tu inteligencia emocional (IE) requiere la ayuda de tu pareja u otra persona. Hay desacuerdos en cuanto a cómo definir el término emoción de una manera directa porque las emociones están involucradas en muchos niveles de tu funcionamiento diario: tus sentimientos, reacciones biológicas, deseos o motivaciones e interacciones sociales. Éstas y probablemente otras dimensiones representan el carácter más bien amplio de una palabra que usamos todo el tiempo pero no sabemos definir concretamente.

También hay desacuerdo entre los expertos de este campo respecto a cuántas emociones existen y cuáles son las esenciales o las más importantes. Sugeriré unas emociones primarias y luego te daré una lista de "palabras de sentimientos" con la cual trabajar. Es de ayuda hacer una copia de esta lista y mantenerla a mano para usarla como herramienta a medida que avanzas en el desarrollo de esta habilidad de IE y entras en contacto logrando expresar tus emociones.

Las emociones principales aquí consideradas son el temor, la ira, el gozo o la alegría y la tristeza. Entre otras que son importantes, pero no están desglosadas en palabras de sentimientos de la lista a continuación, están el interés, la ansiedad, la culpa, la pena, el disgusto y las heridas. (Para quienes son románticos empedernidos, ¡por favor noten que la palabra amor no es una emoción!).

Miedo	Ira	Gozo / Felicidad	Tristeza
Nervios	Resentimiento	Contentamiento	Melancolía
Ansiedad	Indignación	Satisfacción	Indiferente

Miedo	Ira	Gozo / Felicidad	Tristeza
Alarmado	Amargado	Pacífico / seguro	Descontento
Inseguro	Gruñón	Juguetón	Comprensivo
Sospechoso	Beligerante	Extático	Compasivo
Preocupado	Hosco	Satisfecho	Afligido
Sentirse amenazado	Impaciente	Animado	Malhumorado
En pánico	Ofendido	Alegre	Deprimido
Muy cauteloso	Culpando	Optimista	Desanimado
Dependiente	Obstinado	Vivaz	Sin valor

ACCEDE E IDENTIFICA TUS SENTIMIENTOS

El siguiente paso en este proceso es tratar de identificar cuáles son tus sentimientos en cualquier punto en el tiempo. ¡Y para algunos de nosotros esto es un poco difícil! Cuando hayas podido identificar y nombrar lo que estás sintiendo, controlarlo y expresarlo es una clave para funcionar con IE.

¿A veces notas que tienes una vaga consciencia de un estado emocional pero no sabes qué es? O ¿identificas mal un sentimiento o lo enmascaras con otro? Esto a menudo es lo que sucede con la ira. Con frecuencia sentimos temor o tristeza pero expresamos esas emociones como ira. Otro problema es no reconocer que tus sentimientos varían ampliamente en su intensidad y que es posible experimentar más de un sentimiento al mismo tiempo.

Es común tener una consciencia vaga de lo que realmente estás sintiendo y por lo tanto no poder expresarlo efectivamente. Si tienes una condición conocida como alexitimia, realmente puede que no tengas idea de lo que sientes y ser completamente incapaz de interpretar tus estados emocionales o los de los demás. Esto también aplica en ciertos tipos de autismo y síndrome de Asperger. Como te imaginarás, la gente con estos desórdenes son tremendamente frustrantes para sus parejas o allegados.

Previamente describí un poco los diferentes centros cerebrales que afectan la generación y expresión de tus emociones. Aunque tus sentimientos se originan en las porciones más primitivas de tu cerebro, identificarlos y expresarlos requiere las áreas más evolucionadas que regulan los procesos de pensamiento y razonamiento. Por medio de entrenamiento adecuado puedes aprender a identificar tus sentimientos con precisión y expresarlos de manera efectiva, así como interpretar los sentimientos de los demás. La última habilidad es un verdadero regalo para tu pareja.

Este entrenamiento usualmente requiere la interacción con alguien que desee ayudarte a desarrollar esta "competencia emocional" y esté interesado en aprenderlo para sí mismo también.

La mayoría de nosotros anhelamos amor, ser amados y experimentar profundos sentimientos y conexión íntima. Sin embargo, esos logros son difíciles, si no imposibles, si carecemos de consciencia emocional o de la habilidad para expresar lo que sentimos. También deseamos tener un sentido de poder y libertad personal pero podemos no ser conscientes de que esas experiencias también llevan a un sentimiento de profunda conexión.

Hay muy pocos entornos en la vida que permitan la expresión desenfrenada de lo que sea que estés sintiendo. Todos queremos gritar "vete a la m__" en algún momento o lamentarnos descontroladamente pero no lo podemos hacer en la mayor parte de las circunstancias. ¿Tener una cualidad de IE requiere que seas emocionalmente represivo, estoico o indiferente? Absolutamente no. El manejo y el adecuado uso de las emociones no son lo mismo que ahogarse. La gente a menudo se jacta de poder "controlar su ira" de manera exitosa. "Control" no es lo mismo que manejo o regulación y de hecho termina por hacer daño a tu salud física y mental. Cuando sabemos qué sentimos, aceptamos y estamos cómodos con nuestros sentimientos, y procedemos constructivamente basados en ellos, somos más saludables física y mentalmente y tenemos relaciones más saludables.

La sociedad occidental tiende a valorar más el intelecto que las emociones y enseña que para tener éxito en la vida debemos ser racionales y objetivos, no emocionales ni sentimentales. Jeanne Segal, Ph.D., psicóloga y autora de *Raising Your Emotional Intelligence (Cómo aumentar tu inteligencia emocional),* encuentra que, "...cuando nos permitimos sentir completa y físicamente nuestras emociones, de acuerdo a cómo fuimos diseñados, estimulamos partes del cerebro que han estado dormidas y ganamos potencial para hacer que nuestra inteligencia siga creciendo de por vida".[27]

Hay una sinergia entre tu coeficiente intelectual y tu IE, el uno sin el otro está incompleto o no logra efecto, y cada uno ayuda al otro. ¿Te has visto expuesto a ideas como: ser emocional no es sabio o es peligroso, la emoción es inferior a la razón, debes usar tu autocontrol para acallar tus sentimientos, y generalmente las emociones puede nublar tu juicio? Si adoptas ese modelo de pensamiento, puedes estar incómodo con sentirte emocionalmente vulnerable y "expuesto", aunque esto es precisamente lo que allana el camino hacia la cercanía que deseas.

Los centros de tu cerebro que involucran emociones ejercen un poder significativo sobre todas tus funciones cerebrales, incluyendo tu intelecto. Es por medio de mantener abiertas las líneas de comunicación entre el sistema límbico y la neocorteza, que la compasión, la empatía, el autocontrol y otras cualidades de IE, se pueden desarrollar y aportar para el pensamiento racional.

Entonces, ¿cómo accedes e identificas tus sentimientos?

Sintonízate con tu cuerpo

Una forma clave para lograr esto es sintonizarte con tu cuerpo. Tus emociones están basadas físicamente según lo ilustran estas frases:

- "Tuve una corazonada en cuanto a esto".

- "Esto me rompe el corazón".

- "Esto (persona o situación) es un dolor de cabeza".

- "Eso me erizó la piel".

- "Tenía el corazón en la garganta".

- "Eso me produce un nudo en la garganta".

- "Me sentí tan enfadado que estaba a punto de explotar".

- "Me corrió un escalofrío por la espalda".

- "Esta situación me enferma".

- "Estaba tan emocionado que no podía comer".

- "Voy a confiar en mi instinto".

- "Metí la pata".

- "Me sonrojé".

Investigaciones respaldan el concepto de que tus emociones están en tu cuerpo. Entonces es posible aprender a acceder a ellas prestando mucha atención a tu cuerpo. Como la mayoría de las personas, puedes quedar tan atrapado en la vida que te olvidas de tu cuerpo. A fin de usarlo para obtener información emocional, recuérdate a ti mismo, lo más frecuentemente posible durante el día, que debes reducir la marcha y concentrarte en lo que estás sintiendo físicamente.

- ¿Tus músculos están relajados o tensos?

- ¿Tu respiración es profunda o superficial?

- ¿Tienes rígidos el cuello o los hombros?

- ¿Qué está sucediendo en tu estómago? ¿En tu corazón?

- ¿Estás relajado o ceñido y arrugando las cejas?

- ¿Sonríes mucho?

- ¿Relajas tus manos o a menudo aprietas tus puños?

- ¿Golpeas el escritorio con tus dedos?

- ¿Muerdes tus uñas?

- ¿Observa cuando tu sudoración aumenta o disminuye?

* Presta atención a tu postura. ¿Te sientes diferente cuando te encorvas? ¿Cuando te paras erguido?

* ¿Qué sensaciones corporales notas cuando escuchas ruidos fuertes, a un bebé llorar, etc.?

* ¿Dónde sientes en tu cuerpo cuando debes bajar la marcha y "poner los frenos"?

* ¿Qué le sucede a tu cuerpo cuando recibes o le das a un ser querido un largo y cariñoso abrazo?

Obviamente, cada una de estas es una reacción física a lo que estás sintiendo. Puedes entrenarte para detenerte, "revisar" varias veces durante el día, y concentrarte en cambiar a respuestas más relajadas y saludables. Esto te pone en contacto con tus emociones.

Busca opiniones

Una de las mejores maneras para aprender a entender tus emociones es teniendo personas a tu alrededor que sepan y te den opiniones honestas. Obviamente la situación ideal es que tu pareja comprometida sea tu "amigo de opinión". Aunque tengas una persona así en tu vida, seguramente los dos necesitan orientación y entrenamiento en el proceso de cómo identificar y maniobrar en el recorrido por sus sentimientos. Necesitamos experimentar y practicar con otros para lograr el nivel de sofisticación emocional que requieren las relaciones saludables.

Si estás en un estado primitivo en tu consciencia emocional y a menudo te "interpretas" a ti o a tu pareja de forma imprecisa, ¡todavía hay esperanza! La consciencia y la expresión emocional se aprenden, pero no hay una forma rápida y fácil para lograrlo.

Intenta lo siguiente: con frecuencia habla con un compañero o amigo acerca de tus sentimientos e invítalo a hacer lo mismo. Pídele que te dé una opinión honesta respecto a qué emociones muestras y que te haga una crítica o una prueba con preguntas. Por ejemplo, probablemente pareces enfadado gran parte del tiempo o el enojo es la única emoción que expresas. Probablemente te ves como defensivo o ansioso o seguramente te digan que pareces pacífico y seguro.

Tú y tu "compañero de opinión" también pueden usar el cuadro de emociones esenciales de este libro como herramienta para facilitar sus discusiones acerca de las emociones que sientes. Recuerda en este punto, concentrarte más que todo en identificar y no tanto en expresar. ¿Qué tan seguido tienes la oportunidad de recibir opiniones honestas y constructivas de alguien a un nivel tan personal? En el trabajo puedes recibir opiniones por medio de evaluaciones de desempeño, pero pocas veces en tu vida privada alguien te dice cómo te ves emocionalmente.

Relájate y busca tu equilibrio

El siguiente ejercicio es para ayudarte a acceder y familiarizarte más con tus emociones. Advertencia: pueden surgir sentimientos inesperados y potencialmente incómodos. ¡No es para débiles de corazón cuando se trata de permitirte sentir!

Paso Uno: detén por completo lo que estás haciendo varias veces al día. Esto incluye el tomar descansos en el trabajo o practicar primero en la noche o los fines de semana. Pero debes *detenerte* completamente. A veces animo a las personas a sólo "detener al mundo".

Paso Dos: cierra tus ojos o toma tres profundos y purificadores alientos, toma aire por la nariz y suéltalo por la boca. No puedes hacer nada más (estornudar, toser, reírte, llorar) cuando estás respirando profundamente de esta manera. Si tienes un problema fisiológico o de salud, eso hace que este ejercicio sea difícil; modifícalo según el caso.

Paso Tres: relaja todo tu cuerpo lo que más puedas. Va a ser difícil en el trabajo. Durante el día laboral probablemente necesitarás salir a tu auto a probablemente a un salón vacío con la puerta cerrada. En casa, encuentra un sitio aislado y tranquilo. Es ideal si logras relajar todo tu cuerpo, comenzando con tus pies y avanzando hacia arriba hasta tu cuello y cabeza. Primero tensiona cada parte de tu cuerpo y luego deja que cada parte se relaje. Tensa. Relaja. Tensa. Relaja.

Paso Cuatro: ahora cambia tu concentración hacia adentro, a tu "centro". Si nunca has hecho algo que te haya familiarizado con la idea de centrarte, sería necesario que miraras esa idea con anticipación.

Piensa en esto como un centro de tu ser o de tu alma. Pero recuerda que el cuerpo es la base de las emociones, así que puedes encontrar tu centro concentrando tu atención en tu pecho, plexo solar, abdomen o.... ¿dónde sientes que el centro de tu ser es único para ti como persona?

Paso Cinco: pregúntate qué estás sintiendo en ese momento, qué sentiste en cierto momento durante el día, qué sientes acerca de una persona o evento en particular, o qué estás sintiendo acerca de algo que viene en el futuro. Puedes necesitar usar la lista de sentimientos que aparecen en el libro. Permanece con esa consciencia durante unos momentos. Quédate relajado a medida que nombras tu(s) sentimiento(s).

Paso Seis: lentamente abre los ojos y vuelve a un estado completamente consciente.

Paso Siete: escribe qué emociones sentiste, aunque a veces es inquietante pero te produce una experiencia muy positiva.

Paso Ocho: cuando el momento o la situación sean los correctos, habla acerca de tus sentimientos con alguien con quien te sientas seguro o cómodo, o toma las acciones necesarias en función de los sentimientos que surgieron. Sería ideal que esa persona segura fuera tu pareja.

Para quienes acceden fácilmente e identifican sus sentimientos, este ejercicio puede no ser necesario. Si lo necesitas, recuerda hacerlo la mayor cantidad de veces posible durante el día por varias semanas. Este ejercicio también te ayuda a descubrir sentimientos con los que no has tenido contacto.

Diario

Piensa en llevar un diario con una aplicación amplia. Es posible que quieras escribir intensamente muchas páginas a la vez o registrar sólo unas pocas palabras o notas al azar. Llevar un diario no implica solamente papel y lápiz. Tienes la opción de elegir el uso de tu computadora, una grabadora, una agenda, un calendario o una agenda digital. Tu propósito es acceder, identificar y registrar sentimientos. Vas a tener que detenerte, relajarte y concentrarte al hacerlo. Con lo que sea que se ajuste a ti, registra lo que estás sintiendo en ese momento o cómo te sentiste respecto a una situación en particular recientemente.

Debes ser consistente por varias semanas o probablemente más si necesitas trabajo adicional para acceder e identificar tus emociones. Si prefieres no llevar un registro, comprométete a "grabar mentalmente" concentrando tu atención sobre tus emociones durante el día por un largo periodo de tiempo.

Examina cómo manejas, expresas y usas tus emociones

Ahora que has aprendido algunas formas para acceder a tus sentimientos e identificarlos, es hora de avanzar a expresarlos. A veces tus emociones salen simplemente de la nada, y no puedes manejarlas hasta que tienes tiempo para concentrarte y pensar. Imagina que encuentras una serpiente en el camino mientras vas caminando. De inmediato sentirías una emoción inducida biológicamente: ¡temor! Si has recibido una llamada informándote que un ser querido ha fallecido inesperadamente, experimentas una conmoción repentina y tristeza. Además de sentirlos en tu cuerpo, los sentimientos tan fuertes son gobernados por tus pensamientos y creencias.

Tus sentimientos a menudo son el resultado de tus pensamientos. Es tu apreciación o evaluación de una situación lo que genera un sentimiento en particular y no siempre la situación como tal. Tú y tu pareja pueden tener la misma experiencia pero responder a ésta con sentimientos diferentes. Algunos de estos pueden tener relación con el género, debido a diferentes respuestas biológicas o al resultado de sus tipos de personalidad. Pero incluso estos factores están conectados con el proceso de pensamientos que has aprendido o elegido usar.

Intenta con el siguiente ejercicio:

- ◆ Durante aproximadamente dos semanas presta mucha atención a tus interacciones con tu pareja, sus comportamientos y situaciones que los involucran a los dos.

- Primero, observa tus pensamientos y la forma como analizas o ves lo que ha ocurrido.

- En cuanto sea posible, escribe, o de alguna manera, lleva un registro de esos pensamientos, evaluaciones y perspectivas.

- Al mismo tiempo ten a la mano la lista de sentimientos que aparecen en el libro. Identifica qué sentimientos emergen con tus pensamientos.

Es probable que encuentres que si eliges ver algo en tu relación de manera positiva, tus sentimientos seguramente serán más placenteros. Si tienes una apreciación negativa, es más probable que tengas unos sentimientos menos positivos.

Sigue haciendo esto hasta que veas cuánto afectan tus pensamientos a tus sentimientos.

Si dudas que vayas a aprender a manejar y expresar tus sentimientos, piensa en otras personas que conozcas y que hayan aprendido a hacerlo. Ellas serán tu modelo a seguir. Puedes conocer personalmente a alguien o sencillamente ser testigo de esto en ciertas profesiones que deben conservar neutralidad, como los maestros, el personal médico, los policías o bomberos, los auxiliares de vuelo, o los profesionales de salud mental. Pensarás que eso es sólo una máscara para el lugar de trabajo. Y en algunos casos sí lo es, pero aprender algo así también es posible para ti, y se puede llevar de tu vida profesional a una aplicación en tu vida personal.

Sobra decir que manejar tus emociones es una habilidad esencial en una relación cercana y amorosa. Algunos expertos dicen que el grado en el que vives tus emociones o la "intensidad de afecto", como se llama técnicamente, tiene una base biológica. En otras palabras, es una parte neutral de quien somos. Quienes sienten emociones de forma fuerte, y las expresan con reactividad, son vistos como de "afecto intenso". Quienes experimentan y expresan sus emociones de forma apacible son llamados "de afecto estable". Sin importar que nuestro estilo emocional sea natural para nosotros o lo hayamos aprendido, todos necesitamos aprender a manejarlo y expresarnos de manera apropiada o constructiva.

La conclusión es que así como para identificar tus emociones debes detenerte y concentrarte, es más importante hacerlo antes de expresarlas. El primer paso para manejarlas y expresarlas, es usar el ejercicio *detente, respira y céntrate*. En el momento apropiado en este proceso, piensa en algo adecuado para decir o hacer en una situación o interacción. Para nuestro propósito aquí, trata de aplicar esto más que todo a tu pareja. Fácilmente puedes ver por qué esto requiere consciencia propia.

Dicha disciplina implica mucha práctica para la mayoría de nosotros. Muy a menudo cuando sentimos una emoción especialmente fuerte, nuestra tendencia es sólo expresarla de forma espontánea, llorar o ¡exteriorizar! Y esto se aplica a emociones positivas así como negativas. No siempre es apropiado acercarse a una persona y decir que la amamos o expresar gozo sin restricciones bajo ciertas circunstancias. No olvides: ya sea que nos guste o no, somos juzgados o evaluados por la forma como expresamos nuestras emociones y ¡la forma como esto afecta a otras personas! Todo refleja nuestro nivel de madurez y de IE.

La emoción que a muchos se nos dificulta manejar y expresar adecuadamente es la ira.

Si tienes un problema serio manejando tu ira, sin importar la causa, puede ser aconsejable que participes en un curso de manejo de ira. Por el contrario, probablemente te sientas completamente ahogado en tu ira y nunca expresarla.

Si quieres ser emocionalmente inteligente en tu relación, lo primero para hacer cuando estés airado es *detenerte*. Date tiempo para pensar antes de actuar o hablar. Incluso si tu pareja hace algo como criticarte injustamente, sencillamente detente y piensa antes de responder. Al igual que cuando estás ebrio, estás en un estado de consciencia alterado. Ninguno de nosotros sabe actuar o hablar adecuadamente cuando está "alterado".

Cuando estás enfadado en tu relación seguramente no eres muy perspicaz; puedes interpretar las acciones o comportamientos de tu pareja de manera negativa; y tiendes a proyectar cosas sobre tu pareja que no le corresponden. Cuando practiques la técnica de detenerte, calmarte y pensar más claramente, evalúa esto:

- Tu nivel de perspicacia

- Tus interpretaciones negativas

- Cuánto estás proyectando

- ¿Qué encontraste?

- ¿Qué aprendiste acerca de ti mismo?

- ¿Qué aprendiste acerca de tu pareja?

La forma más eficiente para manejar la ira en una relación o matrimonio es aprender interacción cooperativa o habilidades de diálogo. Dependiendo de tu historia con estas habilidades, necesitas reaprender cómo expresar la ira y otras emociones. Estas habilidades adecuadas son descritas en varias partes a lo largo de este libro. Practícalas una y otra vez.

No seas seducido por quienes dicen que lo que mejor se puede hacer con la ira es ventilarla, ¡sólo expulsarla! Esa no es una buena idea. No refleja IE ni madurez y es dañino para el matrimonio. Algunas personas asumen una filosofía de "dilo tal cual" en las interacciones personales. Esto es efectivo si se usa con un pensamiento muy cuidadoso, de manera que muestre respeto e interés por quien te escucha. Muchas personas que viven según la filosofía de "dilo tal cual" ¡la usan como excusa para ser insensibles y mezquinos!

A medida que practiques la expresión adecuada de las emociones, recuérdate a ti mismo que la forma como las manejas tiene un poderoso efecto sobre tu salud y sobre la salud de los que te rodean. Por ejemplo, la lucha constante y el conflicto son definitivamente tóxicos para el cuerpo. También son tóxicos para quienes te rodean, especialmente niños.

¿Alguna vez te has preguntado qué es adecuado respecto a la frecuencia de la ira en un matrimonio? Una buena regla de oro en una relación saludable es no tener más que una sola interacción airada por mes. La ira es una emoción normal y necesaria, pero termina por erosionar el apego y el amor en tu relación si es muy penetrante.

En la mayoría de los casos un intercambio emocional requiere calma, cabeza fría, una actitud abierta y receptiva, tanto como habilidades de comunicación afinadas. Incluso cuando no estás enfadado o particularmente emocional, una de las herramientas más importantes para usar en tus interacciones es la "afirmación yo" o "el mensaje yo". Recuerda expresar solamente tus propios sentimientos, necesidades, acciones, motivos o perspectivas. Te asombrará el poder de hablar por ti mismo y evitar por completo hablar por tu pareja. Si necesitas algo de tu pareja, exprésalo de forma positiva y no como una exigencia o acusación.

Los ejemplos incluyen:

- "Necesito hablar contigo" o "¿Podemos tomar un tiempo para hablar?". En lugar de "Necesitamos hablar".

- "Estoy preocupado porque _____ no se solucionó" en lugar de "No hiciste _____".

- "Me siento _____ cuando tú _____" en lugar de "Tú me haces sentir _____".

- "Me gustaría si tú _____" en lugar de "Tú deberías _____".

- "Necesito _____" en lugar de "Tú nunca haces _____".

Es muy fácil caer en proyectar y culpar con tus afirmaciones o mensajes. Aprender a evitar esto es más importante de lo que crees. Muestras estar dispuesto a solucionar problemas y resolver las cosas y no como únicamente queriendo salirte con la tuya o meterte en una pelea.

Una "afirmación o mensaje de yo" es abierta y atractiva. Una "afirmación o mensaje de tú" parece crítica, controladora o invasiva. En lugar de abrir la puerta entre tú y tu pareja, tiende a cerrarla. Encontrarás más información acerca de esto en cualquier recurso bueno sobre comunicación efectiva.

Evita culpar y proyectar tus propias emociones negativas sobre tu pareja sin importar las circunstancias. Una persona emocionalmente inteligente puede hacerlo. Prueba este ejercicio: toma tiempo para discutir un asunto cargado de emoción con tu pareja. Elige primero un tema fácil, y luego avanza a uno más "cargado".

1. Identifica tus sentimientos según lo descrito en la lista de ellos

2. Expresa este sentimiento con una "afirmación yo". No te contengas

3. Habla lo que estás sintiendo de forma directa

4. Espera la respuesta de tu pareja

5. Haz que esto siga de forma cíclica mientras te funcione

Practica primero con un amigo, un grupo de apoyo, o un profesional antes de intentarlo con tu pareja. Inténtalo una y otra vez hasta que te sientas cómodo. Tener una pareja receptiva y cooperadora es un gran beneficio, pero puedes aprender a expresar lo que estás sintiendo sin importar su nivel de receptividad. Puedes desarrollar la manera emocionalmente inteligente e expresar tus emociones si practicas esto de forma repetida. Tu pareja puede no responder de una forma que muestre IE, pero sin embargo debes "seguir las reglas".

Si las emociones que estás sintiendo son extremadamente fuertes, es mejor esperar a que te sientas preparado para expresarlas de forma que sean recibidas más fácilmente. Probablemente estás muy triste y necesitas que te abracen mientras lloras. Esto es satisfactorio, pero se necesitan dos. Apela a la siguiente cualidad de IE, empatía y sintonía.

Otro hábito esencial para expresar tus emociones es el de hacer las preguntas adecuadas. Ésta es una de las herramientas más útiles en las interacciones personales.

Ejemplos comunes de lo que puedes practicar preguntándole a tu pareja son:

- ◆ "¿Es posible que me digas qué estás sintiendo en este instante?".
- ◆ "¿Me ayudas a entender por qué hiciste eso de esa manera?".
- ◆ "¿Cuáles son/eran tus intenciones?".
- ◆ "¿Por favor aclaras qué quieres decir?".

Cuida tu tono. Éstas deben ser preguntas no defensivas o no acusadoras, realmente hechas para indagar y obtener información. Si miras cuidadosamente esta lista, verás que cada una de éstas puede hacerse con un tono feo y acusador. Por ejemplo "¿*qué* quisiste decir con *eso*?".

Al igual que todos los otros aspectos de IE: practica, practica, practica.

Prueba este ejercicio: escribe una lista de preguntas que podrías hacerle a tu pareja acerca de uno de sus problemas, malos entendidos o áreas de necesidad más comunes. Mantenla a mano. Usa las preguntas según sean aplicables a sus interacciones y luego registra los resultados. Hazlo repetidamente por un periodo largo de tiempo, probablemente dos semanas. Recuerda que la meta es expresar y manejar las emociones. ¿Qué encontraste? Aquí hay un par de ejemplos:

1. Si tu pareja llega tarde a casa, puedes hacer preguntas no acusadoras acerca de su día o su regreso a casa. "¿Tuviste un día difícil? ¿Eso te hizo llegar tarde?".

2. Si tu pareja parece malhumorada o está discutiendo contigo, en lugar de discutir tú también, haz una pregunta respecto a lo que puede estar sintiendo. Por ejemplo, "¿Algo te molesta hoy?" "¿Hice algo que te molestó?".

3. Si tu pareja ha tenido una experiencia dolorosa o ha enfrentado una pérdida, pregúntale si se siente cómoda compartiendo sus sentimientos de dolor o tristeza contigo. Si accede, no des consejos ni trates de levantarle el ánimo, sólo escucha para mostrar tu apoyo y haz las preguntas adecuadas.

Recuerda que una forma de acceder a tus sentimientos, a identificarlos y a expresarlos, es ¡teniendo a alguien con quien hacerlo que sea seguro y que no juzgue! Cuando tengas esto en tu relación, no querrás perderlo.

Las otras emociones básicas de temor, gozo y tristeza también se pueden sofocar o expresar inadecuadamente en tu relación. También puedes modificar en cierto grado las sugerencias anteriores respecto a la ira y aplicarlas a estas emociones. El capítulo 11 ofrece dirección para esto ayudándote con la empatía y la sintonía.

Haz pruebas de evaluación

Hay herramientas de evaluación disponibles para medir tu habilidad de acceso y expresión de tus emociones. Recomendaría el cuestionario de consciencia emocional de Claude Steiner y la escala de consciencia emocional listadas en la bibliografía. Puede que prefieras buscar escalas de expresividad emocional, las cuales te ayudan a determinar cuán fuerte expresas tus emociones.

Cuando hayas medido, formal o informalmente, el grado y estilo de tu expresividad emocional, podrás controlarla tú mismo y seguir con el *status quo* o mejorarlo o cambiarlo. Esto incluso puede requerir que te "fuerces" para expresar más abiertamente tus sentimientos. Advertencia: asegúrate de analizar lo apropiado de la expresión. Para algunos de nosotros nuestro sentido común puede guiarnos en lo que es la forma adecuada de expresar e identificar lo que estamos sintiendo. Pero un gran número de personas son incompetentes en esta importante área de IE.

¿Realmente sabes cómo y cuándo expresar adecuadamente tu ira? ¿El gozo y la emoción? ¿La tristeza? ¿Aprecio o amor? ¿Compasión?

Si puedes identificar y realizar una evaluación de consciencia o expresividad emocional, piensa en los resultados. Luego hazle seguimiento a cómo estos resultados parecen encajar con lo que ves en ti mismo.

RESUMEN

Aprender formas de expresar tus sentimientos, sintonizarte con tu cuerpo, obtener opiniones, usar los ejercicios para relajarte y centrarte, llevar un diario, y practicar la buena comunicación te van a ayudar a tener acceso a tus sentimientos, a identificarlos y a expresarlos.

Todos somos diferentes y necesitamos experimentar para identificar qué funciona con nosotros. Por ejemplo, si decides obtener ayuda profesional, recuerda que algunas personas responden mejor a a psicoterapias centradas en el cuerpo, y otras a un estilo de conversación profunda. Y para otros es mejor una combinación de ambas. Lo mismo se puede decir para cualquiera de las técnicas que haces por sí mismo según lo señalado en este capítulo. Con el tiempo decidirás qué es mejor para ti.

En general, entre más expreses tus sentimientos (de forma adecuada, desde luego), más éxito tendrás en las relaciones afectivas comprometidas. Tal expresión también es buena para tu salud psicológica.

Sin importar cuán "rudo" e independiente seas, en algún punto querrás que tu pareja esté en contacto contigo a un nivel más allá que superficial, para realmente tratar de entenderte y poder ofrecer empatía o compasión cuando la necesites.

El capítulo 11 allana el camino para este componente tan bien recibido.

CAPÍTULO ONCE

Cómo tener empatía y estar en sintonía con tu pareja

"Empatía, el eco humano, es el elemento indispensable de bienestar emocional".
—Mike Nichols, Ph.D., en *The Lost Art of Listening*
(*El arte perdido de escuchar*).

¿Te gustaría una pareja que esté en sintonía contigo y entienda tus necesidades y sentimientos? ¿Alguien que escuche y esté interesado o sea compasivo? Para la mayoría de nosotros esta cualidad es muy valorada en una pareja.

Si no tienes o no puedes desarrollar la habilidad para sintonizarte con tu pareja y experimentar empatía hacia él o ella, no cuentes con tener una relación satisfactoria. Es importante hacer mucho énfasis en la importancia de la empatía y la sintonía en el matrimonio y otras relaciones sociales. Goleman se refiere a la empatía como la "habilidad fundamental de las personas". Ésta lleva a la compasión, una de las piedras angulares del fundamento de toda buena relación.

A medida que avanzas en el desarrollo o fortalecimiento de esta cualidad, ten presente que si permaneces en sintonía con tus propios sentimientos, la empatía hacia tu pareja fluirá más fácilmente. También presta atención a la progresión, la consciencia propia llega a estar en sintonía con tu pareja y ésta llega a la empatía, la cual a su vez llega a la habilidad de ser compasivo y la recompensa es una mayor satisfacción en la relación.

ENTRENAMIENTO INICIAL EN EMPATÍA

Todos nacemos con la capacidad de tener empatía y sintonía con los demás. Nuestra crianza la puede contaminar o mejorar y refinar (También puede verse disminuida por una condición fisiológica, pero esto no es común), si fuiste criado en una familia o entorno que no fue muy empático y no propiciaba la cercanía emocional, esta puede ser una tarea muy ardua para ti. Otras banderas rojas en las experiencias tempranas de la vida incluyen el estar en un entorno crítico y de juicio, o uno que te haya enseñado que la vulnerabilidad no es segura ni sabia.

Si de niño fuiste tratado con empatía, tendrás mucho éxito siendo empático contigo mismo y con otros ahora de adulto. Como primer paso para trabajar en esto, considera las siguientes preguntas. Pueden ayudarte a identificar de qué manera las primeras experiencias de la vida influyeron en tu desarrollo de este aspecto de la inteligencia emocional (IE). Este es un buen punto para registrar algunos de tus recuerdos al responder estas preguntas.

Figura 11-1

- ¿Tus padres o familiares te escuchaban atentamente cuando eras niño?

- ¿Parecían notar cuando tenías fuertes sentimientos en cuanto a algo?

- ¿Respondían ante tus lágrimas, ira, temor o risa de una forma que se sentía afirmante?

- ¿Trataban de "silenciarte" o degradaban tus emociones fuertes?

- ¿Sentías que tus padres realmente estaban interesados en ti y en tu vida?

- ¿Apoyaban tus actividades o intereses asistiendo a eventos en los que participabas?

- ¿Si realmente estabas enfadado, tus padres trataban de consolarte o sólo te decían que "lo superaras"?

- ¿En tu familia te enseñaron a cuidar de otros y de sus sentimientos, ya fuera dentro o fuera de tu familia?

- ¿Te parecía que tus padres estaban en sintonía entre sí y con tus hermanos?

- ¿Se trataban mutuamente con empatía o compasión?

EVALÚA TU NIVEL ACTUAL DE EMPATÍA Y COMPASIÓN

No hay duda que la empatía nos pone en contacto con las experiencias y sentimientos de los demás, ya sean extraños o personas cercanas a nosotros. Nadie quiere verse o ser visto por otros como cruel, pero es esencial que conozcas esa parte de ti. Responde las preguntas a continuación lo más honestamente posible.

¿Qué historias o imágenes de lo que ves en televisión o lees en las noticias de los diarios remueven emociones dentro de ti? Por ejemplo:

- ¿Niños abusados?

- ¿Refugiados?

- ¿Ancianos abandonados?

- ¿Animales maltratados?

- ¿Pobreza o hambre?

- ¿Víctimas de desastres?

- ¿Muestras de intolerancia o discriminación?

- ¿Guerra o escaramuzas militares?

- ¿Otros? _____

- ¿Qué sentimientos surgen? (Además de ira) _____

¿Cómo te sientes (además de enfadado) en las siguientes situaciones que encuentras cotidianamente?

- ¿Un padre que es áspero con su hijo? _____

- ¿Una persona con evidencias de sentirse afectada física o mentalmente?

- ¿Alguien que parece ebrio o drogado?

- ¿Un pordiosero? _____

- ¿Una pareja adulta discutiendo ruidosamente?

- ¿Una persona siendo degradada por otra, por ejemplo en una interacción cliente-vendedor o esposo-esposa?

- ¿Una persona con sobrepeso? _____

- ¿Alguien a quien se le ha averiado el auto al lado del camino?_____

- ¿Cuando tu hijo o un niño con el que estás se lastima? _____

- ¿Cuando un adulto con el que estás se lastima?

- ¿Si un amigo o alguien con quien trabajas te informa que acaban de despedirlo de un empleo que disfrutaba mucho? _____

- ¿Si un amigo o compañero de trabajo te informa que alguien cercano a él o ella acaba de morir? _____

- ¿Cuando ves llorar abiertamente a una mujer que conoces?

- ¿Cuando ves llorar abiertamente a un hombre que conoces?

- ¿Cuando ves a tu esposo o esposa llorar abiertamente?

- ¿Cuando sientes que tu ser amado está pasando por un tiempo difícil?

———

Si eres honesto respondiendo estas preguntas, puedes tener relativamente un sentido acertado de tu nivel de empatía o compasión. Si no lo logras y hacerlo es extraño para ti, discute estos puntos y tus reacciones ante ellos con tu pareja o un amigo de "confianza" o un profesional.

SUPÉRATE

Aunque "supérate" es una expresión popular, tiene sabiduría. Salir de ti mismo y superar tu autoabsorción es esencial para estar en sintonía con otra persona.

Todos podemos encontrar personas que ven como si todo se tratara de ellas o que en cierta manera girara alrededor de ellas. No saben salirse de sus propios sentimientos y entrar en los sentimientos, experiencias o perspectivas de otros, incluyendo los de su pareja. Es tierno ver a un bebé usando una camisa que dice, "todo se trata de mí". ¡Pero no es tan tierno verlo en un adulto! Y de hecho no es algo bueno para enseñárselo a los niños.

Si tiendes a ser ensimismado, reconocer esto en ti y cómo llegó a ser así, es apenas la mitad de la batalla. Entre más te entiendas a ti mismo, y cómo te ven los demás, más sintonía vas a tener con los sentimientos de tu pareja.

Las investigaciones muestran que salirte de ti mismo en un grado apropiado (no negación total) te beneficiará de muchas maneras. Es más probable que estés:

- Mentalmente saludable

- Generalmente interesado en los demás

- Socialmente preparado y no sólo entretenido con quien es agradable compartir

* Cómodo siendo abiertamente amoroso

* Capaz de mantener amistades cercanas y profundas

* Exitoso en el romance y en las relaciones amorosas

* Una persona de gran moralidad e integridad

Aunque parece casi contradictorio pedirle a una persona ensimismada que tenga una adecuada consciencia propia, nada es imposible. Si tienes la tendencia a pensar que el mundo gira alrededor tuyo y tiendes a hacer que todo se trate de ti, la tarea de estar en sintonía con los demás, incluyendo tu pareja, será sencillamente más difícil. La empatía y la compasión son difíciles de lograr, pero si realmente deseas ser emocionalmente más inteligente y crear relaciones más saludables, puedes hacerlo. Seguramente va a tomar toda una vida pero así también sucede con muchas otras cosas valiosas en la experiencia humana.

APRENDE A ESCUCHAR

El ingrediente más importante de la empatía y la sintonía es la habilidad para escuchar genuina y efectivamente. Una buena forma para comenzar a desarrollar esta cualidad de IE es evaluar tu habilidad de escucha. Pídeles a tus amigos y compañeros de trabajo que te den su opinión sobre qué tan buena es tu actitud para escucharlos. Pídeles que sean honestos contigo. Diles que estás tratando de desarrollar más IE en esta área y su opinión es valiosa para ti. ¡Hazlo muchas veces! Inténtalo por un tiempo, probablemente por varios meses.

Lo más importante para nuestros propósitos aquí es que escuches a tu pareja. Por lo tanto, también pídele su opinión. Cuando le digas, tu pareja debe verte como alguien con quien es seguro ser honesto. Si respondes defensivamente, herido o negando, las opiniones no serán útiles porque tu pareja no se sentirá segura(o) compartiendo contigo.

Hay menos cosas más hirientes que no ser verdaderamente escuchado y entendido por quienes dicen interesarse por nosotros o amarnos. Siendo niños, ser escuchados nos permite sentirnos valiosos, protegidos y seguros de sí mismos. También anhelamos ser entendidos, pero no hay manera de entender a menos que realmente escuches. ¡Escuchar es amar! Sostenemos nuestras relaciones escuchándonos el uno al otro. Si escuchas eficientemente, estás haciendo a un lado tus propias necesidades o palabras temporalmente y honras las necesidades de atención de la otra persona. Esto en sí es ser empático.

Miremos algunas de las cosas más importantes a considerar cuando estás aprendiendo a escuchar más efectivamente.

Escucha con tus ojos y tu cuerpo

Comienza escuchando con tus ojos. Entrénate para mirar directamente a la persona que te está hablando. Si ya eres un oyente muy efectivo, es posible que tangas la capacidad de estar adecuadamente en sintonía sin mirar directamente a la persona que te está hablando. Pero quien habla probablemente prefiera que lo mires cuando habla, especialmente tu pareja. Trata de mantener un nivel cómodo de contacto visual durante la conversación.

La otra manera para escuchar con tus ojos es entrenarte para entender el lenguaje facial y corporal de la gente. Observa tus propias respuestas cuando ves señales de tristeza en la cara de otra persona, o una sonrisa, el ceño fruncido, un rubor o si se sonroja, un gruñido airado, lágrimas que brotan, o una mirada perdida. También observa cosas como gestos, si se abraza, momentos nerviosos, y tu respuesta a esos mensajes corporales.

También puedes escuchar con tu propio cuerpo. Inclínate hacia adelante cuando la otra persona está hablando. Asiente con la cabeza con comprensión así no estés de acuerdo con lo que está diciendo. Sonríe si es apropiado y frunce el ceño con preocupación. Haz pequeños "gruñidos y gemidos" que manifiesten que estás conectándote con lo que está diciendo como "hmm", "ahh", o "uf". Usa una palabra o respuestas muy mínimas que no interrumpan la línea de pensamientos de tu interlocutor, como "veo", "vaya", "¿en serio?" o "no lo sabía..." Y finalmente, asiente o mueve la cabeza, según sea apropiado, para comunicar que estás siendo atento.

Prueba este ejercicio: durante las siguientes semanas (y luego de por vida) presta mucha atención al lenguaje facial y corporal de quienes te rodean, compañeros de trabajo, amigos, tus hijos, y tu pareja. Conserva un registro de la clase de cosas que observas y de tus reacciones a esa información. ¿Eso te ayuda a sentirte más sintonizado con las personas? ¿Qué más te dice eso acerca de ti mismo? ¿Acerca de los demás?

Cómo escuchar con tus oídos y tu alma

Como lo sugiere Heitler en *The Power of Two (El poder de dos)*, nuestros oídos resultan ser más esenciales para una relación amorosa, fuerte y saludable que nuestros órganos sexuales. La mayoría de nosotros nos sentimos mejores oyentes de lo que somos. Evalúa tus hábitos de escucha actuales usando la siguiente lista de chequeo. Recuerda que no hay valor en un inventario como este si no eres completamente honesto contigo mismo. Algunos de estos son aplicables para escuchar a cualquier persona. Otros se relacionan específicamente con tu relación amorosa.

Cuando estás escuchando:

* ¿Concentras toda tu atención en la otra persona?

* ¿Realmente haces a un lado tus propias necesidades y tu necesidad de hablar?

* ¿Te abstienes de discrepar, dar consejo, o hablar acerca de tu propia experiencia?

* ¿Sabes permanecer genuinamente concentrado y atento y no sólo pretendes escuchar?

* ¿Puedes escuchar que te critiquen?

* ¿Identificas cuándo estás muy cansado o preocupado como para escuchar?

* ¿Le dices a la otra persona que necesitas esperar y escucharás después?

* ¿Escuchas sin demasiada simpatía y preocupación exagerada?

* ¿Sabes qué significa mantener tus propios límites en su sitio cuando estás escuchando?

* ¿Puedes escuchar los sentimientos?

* ¿Te sorprendes diciendo: "Ah, no deberías sentirte así"?

* ¿Te parece incómodo escuchar los sentimientos?

* ¿Te sorprendes enfadándote cuando la persona que habla está enfadada (te sientes arrastrado hacia sus sentimientos)?

* ¿Eres consciente de tus propias intensiones cuando estás escuchando?

* ¿Puedes evitar el reaccionar exageradamente a lo que dice tu pareja?

* ¿Sabes cómo hacer preguntas de indagación para obtener claridad de quien habla?

* ¿Crees que escuchas activa o pasivamente?

* ¿Sabes cómo repetir adecuadamente a la persona que está hablando, lo que le escuchas decir?

* ¿Puedes hacer a un lado tus juicios sobre la otra persona así como de lo que está diciendo?

* ¿Logras manejar tu propia ira o reacciones lo suficiente como para hacerlas a un lado y escuchar la ira que tu pareja sienta hacia ti?

* ¿Eres consciente de la diferencia que hay entre cuando estás *teniendo* interés, contrario a cuando sólo estás *mostrando* interés?

* Cuando estás escuchando a tu pareja, ¿evitas pensar en qué quisieras que cambiara?

* ¿Reconoces lo que dice tu pareja así no estés de acuerdo con eso?

* ¿Piensas que tu pareja diría que es seguro para ella decirte la verdad?

* ¿Tratas de "masticar y digerir" lo que la otra persona te dice?

* ¿Puedes evitar una actitud de cierto-falso o ganar-perder cuando tu pareja está hablándote acerca de un tema en el que no están de acuerdo?

Las respuestas apropiadas a las preguntas de este inventario son obvias. ¿Cómo te fue? ¿Fuiste honesto contigo mismo? Ahora haz que tu pareja se evalúe a sí misma y luego comparen las notas y evalúense mutuamente. Después que los dos hayan logrado una perspectiva sobre sus habilidades de escucha, vuelvan y usen la lista como una herramienta de trabajo. En otras palabras, extrae aquellas en las que necesitas trabajar y haz una lista aparte, la cual puedes mantener en un lugar visible. Luego practica, practica, practica. Esto definitivamente podría mejorar su habilidad de empatía y sintonía mutua como pareja.

> Ser escuchado significa ser tomado en serio. Eso satisface nuestra necesidad de sentirnos conectados con los demás... el oyente ayuda a confirmar nuestra humanidad común. La necesidad de ser conocido... entendido y aceptado por alguien que realmente escucha, es una necesidad esencial humana.
> —Mike Nichols, Ph.D., en *The Lost Art of Listening*
> (*El arte perdido de escuchar*).

SUGERENCIAS ADICIONALES PARA AYUDARTE A ESTAR EN SINTONÍA Y TENER EMPATÍA EN TU RELACIÓN

Tener empatía es saber cómo recibir los sentimientos de otro y responder de una forma que muestre que los has entendido. A menudo tenemos miedo de los sentimientos de nuestra pareja y nos incomodan. ¡Esto es especialmente cierto si lo que ellos expresan tiene que ver con nosotros! Practica mostrando tu comprensión y aceptación de lo que tu pareja está compartiendo, conversando con ella acerca de lo que ha expresado, invitándolo(a) a decir y explicar más. Anima a tu pareja a ser abierta respecto a sus sentimientos y haz a un lado tu incomodidad si la preocupación es acerca de ti o de algo que no necesariamente quieres oír. Da espacio para la libre expresión.

Advertencia: se honesto. No seas condescendiente. Tu pareja se aprovechará de eso. Ser condescendiente de esta manera es similar a simpatizar en lugar de ser empático. La empatía requiere que uses tus sentimientos con alguien. La simpatía es un proceso cognitivo más remoto que no necesariamente involucra tus verdaderos sentimientos ni te conecta con la otra persona.

La empatía también implica algo que va más profundo que sólo escuchar y conversar, la habilidad de ser intuitivo. Mientras no te pongas a leer la mente y decirle a tu pareja lo que está sintiendo o pensando, está bien usar tu intuición o sexto sentido para conectarte con ella y ayudarla a sentir que le interesas. Puedes ser intuitivo por naturaleza, si no, es posible desarrollarla.

Si te conoces y entiendes a ti mismo, estás en la capacidad de confiar más tranquilamente en tu intuición acerca de tu pareja. Pero la mejor prueba de precisión de tu intuición es propiciar la opinión honesta de tu pareja. Pregúntale si tus percepciones o corazonadas acerca de ella son acertadas. Puedes hacer preguntas como: "Parece que te estás sintiendo _____. ¿Es correcto?" Lo ideal sería que él o ella sea honesto(a) contigo.

El mismo proceso es aplicado a ti cuando tu pareja está expresando sus corazonadas intuitivas acerca de ti. Practiquen esto juntos una y otra vez. Los dos se harán más intuitivamente maduros por medio de este proceso, pero las observaciones honestas son esenciales. El resultado es una conexión más amorosa.

> Muy pocos de nosotros queremos que otros vengan a solucionar nuestros problemas. ¡Sólo queremos que estén ahí! ¡No arregles las cosas!

Recuerda que empatía es tener la habilidad de sentir con alguien, no por alguien. Ten cuidado de no confundir tus sentimientos con los de tu pareja. El estar en sintonía o tener empatía no es para enfadarse porque tu pareja está enfadada, o ser arrastrado a la depresión porque tu pareja está deprimida. Eso es codependencia. Si estás tratando de simpatizar en lugar de tener empatía, los límites entre los dos pueden volverse borrosos o disolverse. Esto no ayuda a nadie.

Puede que sientas cierto grado de ira o indignación si tu pareja te dice que ha sido descaradamente insultada o humillada por otra persona. Pero no es apropiado asumir su ira. Lo mismo es cierto para una experiencia que genere dolor, tristeza o temor o cualquier otro hecho cargado de emociones. Si tienes la tendencia a querer alejar sus sentimientos o hacerlo(a) sentir diferente, realmente estás propiciando tu propia incomodidad y no estás ayudando.

Primero cuídate a ti mismo. Así es más probable que tengas la capacidad de cuidar de otros. Por ejemplo, concéntrate en tu propia salud por medio del sueño adecuado, la dieta propicia y el ejercicio regular. También asegúrate de conocer cuáles son tus límites personales y cuánto puedes dar. Quienes sólo complacen a los demás casi siempre se ven expuestos porque se desgastan, se enferman o se enfadan. Puedes aprender a encontrar un equilibrio y saber cuánto tienes para dar a otros.

Desde hace mucho tiempo hay un debate acerca de si somos o no responsables de los sentimientos de los demás. Mi posición es que, aunque no somos directamente responsables de lo que otros sienten, debemos estar en sintonía lo suficiente como para discernir cuándo están teniendo ciertos sentimientos, y debemos responder a ellos de una forma que sea de ayuda. Esta habilidad de "interpretar" a tu pareja sin "leerle la mente" es una muestra evidente de IE.

Dar demasiado y ser un mártir no es un acto de nobleza

También podemos afectar los sentimientos ajenos por medio de nuestras acciones y las actitudes que proyectamos. Es factible, por ejemplo, a través de un comportamiento insensible y cruel, herir o amedrentar a alguien e incluso contribuir a su ira en ocasiones. Esto no quiere decir que "hacemos enfadar a los demás" sino que contribuimos en su ira.

Advertencia: si tu pareja procede inadecuadamente con tu herida o ira, no debes dar cuentas por ese comportamiento. Lo importante es entender la conexión entre las acciones y los sentimientos, tanto los tuyos como los de la otra persona. Es posible que mis acciones tengan un efecto en ti, y las tuyas también tengan un efecto en mí.

Prueba este ejercicio: por varios días vigila tus reacciones ante las emociones de tu pareja. Observa si hay alguna manera en la que hayas influenciado (no que seas responsable de eso) su comportamiento o sentimientos. Luego intenta por unos días vigilar tus propios sentimientos y comportamiento y observa si tu pareja influye en ellos de alguna forma. De nuevo, no lo/la hagas responsable, sólo busca la influencia.

Intenta esto: otra forma de mejorar tu sintonía es observar y sintonizarte con tus reacciones corporales a las expresiones emocionales o verbales. Puedes escuchar e interesarte con todo tu cuerpo. Puedes sentir un leve dolor en la zona de tu pecho o corazón, un sentimiento de vacío en tu estómago o una urgencia de lágrimas. Tu cuerpo puede ser una fuente importante de información y prestar atención a lo que puede ser de ayuda. Ten cuidado de no reaccionar exageradamente ni proyectar tu experiencia sobre tu pareja o la persona con quien estás tratando de tener empatía. Puedes también necesitar usar tu cuerpo para calmarte si tus sentimientos son muy fuertes y se interponen para que estés disponible para tu pareja.

La empatía también te permite evitar que veas a tu pareja como en lo cierto o equivocada. Si los dos están tratando de estar en sintonía y tener empatía no se estancarán en discrepancias entre sí ni tratando de "ganar" discusiones.

Intenta este ejercicio: la próxima vez que ustedes dos comiencen a discrepar sobre algún asunto que ya han discutido en el pasado, detente y sinceramente trata de entender los sentimientos y opiniones de tu pareja

> Valida lo que asumes respecto a lo que la otra persona está sintiendo o pensando antes de felicitarte a ti mismo por estar "sintonizado".

en ese problema. Practica todas las técnicas presentadas previamente antes de intentar interponer tu punto de vista. Sería ideal que tu pareja haga lo mismo. Esto les ayudará a respetar las opiniones del otro en las ideas que no están de acuerdo sin sentirse amenazados. ¡Y esto requiere madurez!

Este proceso no es de una sola vía. Debemos hacer preguntas y dar respuestas honestas. Si sientes tristeza, comunica tu preocupación con una pregunta y no diciendo: "Tú sabes lo que estás sintiendo". Luego tu pareja puede ser franca y no sólo estar de acuerdo con tu apreciación sino decir qué es lo que está sintiendo. ¡Y después de todo puedes tener razón!

La empatía conecta la brecha entre dos personas, pero se requiere esfuerzo y sinceridad de ambas partes para ser efectivo. Por un lado, se necesita escuchar, hacer preguntas, ser receptivo, observar y ser perceptivo. Por otro lado, se necesita sinceridad, honestidad y revelación propia. Todos tenemos necesidades emocionales y formas de comunicación, pero éstas son cosas básicas para todos. Toma algo de tiempo ahora mismo y escribe una breve descripción o lista de tus necesidades emocionales. Incluso, a lo mejor quieras mantenerla exhibida en un lugar conveniente para recordarlo fácilmente.

Mis necesidades emocionales:
1. Necesito que mis sentimientos sean respetados.
2. Por favor pregúntame qué estoy sintiendo, no me lo digas.
3.
4.
5.
6.
7.
8.

No he dicho mucho respecto a la sensibilidad en éste u otros capítulos pero sería descuidada si no mencionara este concepto quizás más utilizado o utilizado exageradamente. En cierto modo, la empatía y la sintonía son términos simplemente más acertados para lo que todos llamamos sensibilidad. Toma unos momentos para pensar y luego haz una lista de las formas como tu pareja es sensible para ti y para tus sentimientos y necesidades. Haz lo mismo para la forma como eres sensible para él o ella.

Formas en que mi pareja es sensible conmigo
1. Siempre pregunta cómo fue mi día
2.
3.
4.
5.

Formas en que yo soy sensible con mi pareja
1. Escucho cuidadosamente cuando mi pareja está enojada respecto a algo
2. Hago preguntas apropiadas
3.
4.
5.

¿Esta sensibilidad refleja los mismos ingredientes señalados previamente para la empatía, la sintonía y la compasión? ¿Esto incluye el escuchar, el reconocer los sentimientos, hacer preguntas y respetar las necesidades cuidadosamente? Algunos de nosotros decimos que somos personas sensibles cuando la realidad es que podemos ser sensibles acerca de, mas no sensibles con. Piensa en la diferencia. Lo primero se trata de ti, lo segundo se trata de los demás. ¿Por ejemplo, te sientes herido fácilmente, pero sabes cuándo hieres a alguien?

Usa estas preguntas y afirmaciones de forma constante para ayudarte a evaluar tus interacciones. Consérvalas disponibles en tarjetas de 3 x 5 o ponlas en la puerta de tu refrigerador:

* ¿Qué piensas respecto a _____? (Invitando honestamente a dar opinión).

* ¿Te sientes _____? (Se abierto a recibir una respuesta honesta o corrección).

* "¿Por favor me dices qué necesitas?".

* "¿Me permites decirte lo que te escuché decir?".

* "Déjame decirte qué estoy sintiendo".

* "Siento mucho que hayas tenido o estés experimentando _____".

* "Lo siento, pero no estaba prestando atención. ¿Lo dices de nuevo?".

* "Déjame hacerte una pregunta al respecto". (Un pensamiento, sentimiento o experiencia compartidos).

* "Me interesa saber acerca de _____".

Si practicas e interiorizas los ejercicios sugeridos en este capítulo, probablemente dominarás el componente de IE más importante.

Avancemos ahora a trabajar en una cualidad de IE que te ayudará a buscar lo mejor en ti y tu pareja, el rayo de luz, el lado opuesto de las cosas, las posibilidades y las soluciones. En el capítulo 12, te mostraré cómo desarrollar o mejorar una actitud de esperanza y optimismo. Si este ya es tu enfoque de vida y para tu relación, ¡bien por ti!

CAPÍTULO DOCE

Una actitud positiva

Cómo mantener la esperanza
y el optimismo

"La vida es un naufragio pero no debemos olvidarnos
de cantar en los botes salvavidas".
—Voltaire

"Siempre arranqué un cardo y sembré una flor donde pensé que crecería".
—Abraham Lincoln

¿Dirías que el matrimonio es una relación que funciona? O ¿estarías más dispuesto a decir que hay muy pocos matrimonios felices?

Los psicólogos positivistas dirían que para lograr lo anterior se necesita una actitud optimista y que esta posibilidad existe dentro de todos nosotros. Hay matrimonios felices y es posible que tú tengas uno. Creer esto ayuda a las relaciones o a los matrimonios a tener éxito. Hay muchas razones, así que sigue leyendo.

LA PIEDRA ANGULAR

En este segmento estoy tratando la actitud positiva como la cualidad clave de la inteligencia emocional (IE) para trabajar, con esperanza y optimismo siendo subconjuntos de esta actitud. Esto también incluye conceptos como la fe, la fidelidad y la confianza.

....

Si explicas losbuenos eventos o el éxito en términos permanentes y universales pero los eventos malos o adversidades en términos temporales y específicos, te ayudará.

Algunos expertos en personalidad dicen que una perspectiva positiva o negativa es un temperamento innato, un rasgo natural. De forma similar, otros investigadores etiquetan esta cualidad como "optimismo disposicional" o también como "pesimismo disposicional", queriendo decir que es una parte relativamente consistente de tu personalidad. Esto implica que en algún grado refleja quién eres tú. Ya sea innato y consistente o no, esta cualidad de IE también puede desarrollarse o aprenderse con esfuerzo. Si no eres una persona positiva por naturaleza, ¡trabaja en mejorar eso! Enriquecerá tu vida. Tu temperamento innato no es necesariamente tu destino.

Como ejercicio de consciencia propia, recuerda tus años de niñez, tu juventud y vida adulta y trata de recordar si siempre tuviste una perspectiva más positiva o una más negativa. ¿Al haber manejado los altibajos de la vida, tu enfoque ha sido optimista y esperanzador o pesimista y negativo? O ¿tu actitud fundamental ha cambiado con el tiempo? Esto puede ayudarte a decidir si esta cualidad viene de forma natural o no. También trata de recordar cualquier ocasión en tu vida en la que tuviste que hacer un esfuerzo concertado para verte a ti mismo, a la vida y a las personas y circunstancias de una forma más positiva.

Todos desarrollamos lo que se llama el "estilo explicativo". Tiene que ver con la forma como explicamos lo que nos sucede. Si eres pesimista, es más probable que veas cosas malas como permanentes o incómodas y las cosas buenas como sólo cuestión de suerte. Es probable que uses frases como "esto *siempre* sucede", "tú *nunca* haces...", o "las cosas *nunca* van a cambiar".

Si eres un optimista, es probable que veas las cosas malas como temporales y controlables y las cosas buenas como merecidas o esperadas. Puedes decir, "eso rara vez sucede", "a veces no haces esto", o "las cosas se pondrán mejor".

Un pesimista se desanima y se rinde. Un optimista tiene una tendencia saludable automotivada y autoproductiva de que las cosas saldrán bien. Esto lo discutiremos más adelante en la siguiente sección de autoeficacia. Basta con decir que las cosas son más como las percibes o interpretas, no como se ven en la superficie.

El positivismo, la esperanza y el optimismo constituyen una tendencia que está en toda la IE. También, como con todos los otros aspectos de la IE, la consciencia propia es clave. Puedes no siempre ser consciente de cuándo estás siendo negativo y pesimista, por eso, de nuevo, examina tu nivel de consciencia propia o cómo mejorarla.

Es importante saber que las emociones positivas y negativas no son polos opuestos. En otras palabras, es normal tener ambas clases de sentimientos; sin embargo, es mejor si lo positivo es predominante en la forma como te ves a ti mismo, a tu pareja, a la vida en general y a tu relación o matrimonio. Una buena fuente para ayudarte a probar la medida de este aspecto de tu IE es leer y luego hacer los autoexámenes de *Authentic Happyness (Auténtica felicidad)* de Martin Seligman, Ph.D.

UN EJERCICIO DE PRÁCTICA

Para practicar la consciencia propia para este aspecto de IE, comienza sintonizándote con tus propios sentimientos, percepciones, actitudes, pensamientos, palabras y comportamientos; para en seco y piensa que para transformar lo que es negativo en positivo, lo que es sin esperanza a esperanzador, lo que es pesimista en optimista, usarás el siguiente ejercicio para ayudarte en este proceso:

Primer paso: cuando comiences a trabajar en esto, presta mucha atención a tus sentimientos, pensamientos, actitudes, palabras y acciones durante el día. ¡Recuerda, esto es ser consciente sin ensimismarse!

Segundo paso: en cualquier punto de tu día observa si estás diciendo cosas negativas, pensando de forma pesimista, actuando negativamente, o sintiéndote sin esperanza. Deja por completo lo que estás haciendo.

Tercer paso: toma tres o cuatro profundos y purificadores alientos, toma aire por la nariz y suéltalo por la boca. Este ejercicio de respiración te ayuda a dejar ir las distracciones y relajarte por unos momentos.

Cuarto paso: cambia tu enfoque de la negatividad que estás sintiendo y hazte tres preguntas: ¿Por qué estoy pensando, sintiendo, actuando de esta manera?

Quinto paso: tengas o no una respuesta, avanza y pregúntate qué opciones esperanzadoras, optimistas o positivas tienes con las que puedas reemplazar la negatividad.

Sexto paso: aplica este nuevo pensamiento, sentimiento o comportamiento a la situación actual o cualquier otra que surja en las próximas horas.

Séptimo paso: si sientes que es esperanzador, haz una pequeña anotación en tu diario o en tu computador acerca de esta experiencia y ponle fecha. Puede ser útil después.

Recordatorio: Prueba este ejercicio por lo menos durante un mes de forma regular. Presta mucha atención a tu relación a medida que usas este proceso. Aplícalo más que todo a tus interacciones con tu pareja.

Con el tiempo no tendrás que hacer este ejercicio porque serás más fácilmente positivo y optimista en tu vida y en tu relación. Es una excusa o discusión común decir que "sólo eres realista" y no estás siendo negativo, que tu situación de vida realmente es terrible, o que tu pareja realmente es irritante y tienes derecho a quejarte. El realismo, el positivismo y el optimismo no se excluyen entre sí. Son perspectivas compatibles. Puedes ser realista y optimista al mismo tiempo. La vida es terrible a veces y nuestra pareja puede ser irritante. Eso no sugiere un pensamiento "excesivamente optimista" ni tampoco negatividad. Una persona emocionalmente inteligente es realista y aún así sigue aplicándole optimismo a la vida, dándole en lo posible un giro positivo a las circunstancias.

Todas las relaciones pasan por dificultades, y todos nos comporta-
mos como "idiotas" con nuestra pareja en algún momento u otro. Creer
lo mejor de tu pareja y de ti mismo traerá muchos más beneficios que
creer lo peor.

Prueba este ejercicio: por varios días presta mucha atención a los
eventos de tu pareja que usualmente te hacen enojar. En lugar de pre-
ocuparte por esos asuntos, piensa en algo positivo acerca de tu pareja
en lo cual concentres tu atención. Es útil escribirlo.

Aquí hay ejemplos para comenzar:

Cosas que me hacen enfadar	Alternativas en las que puedo concentrarme
1. Mi pareja necesita perder peso.	1. Mi pareja quiere ser saludable y activa.
2. Mi pareja se enfada fácilmente.	2. Mi pareja es consciente de esto y está esforzándose por mejorar.
3. Mi pareja siempre está malhumorada después del trabajo.	3.Mi pareja necesita algo de "tiempo de inactividad" después de un día estresante.
4.	4.
5.	5.
6.	6.
7.	7.
8.	8.

Después de haber hecho esto por varios días, discútanlo entre us-
tedes. Puedes tener que pedir un cambio si ha estado sucediendo algo
inadecuado. Pero puedes hacer tu solicitud con empatía y usando las
otras habilidades que estás aprendiendo. O puedes compartir con tu
pareja que ves cosas positivas en ella y que estás tratando de hacer que
éstas eclipsen lo negativo. ¿Te gustaría que también hicieran eso conti-
go? Decidan como pareja utilizar este método de forma consistente. Tu
IE aumentará. Hazlo de por vida.

EL OPTIMISMO OFRECE ÁNIMO

Los optimistas tienen relaciones más tranquilas y satisfactorias que los pesimistas. Esto es especialmente cierto porque los pesimistas son más dados a esperar lo peor y a deprimirse más cuando suceden cosas malas.

Como bien sabes, las cosas que admirabas de tu pareja cuando la conociste pueden haberse desvanecido con el tiempo. Es importante tratar de conservar la admiración viva o de encontrar nuevos rasgos que aprecien el uno en el otro. Ésta es un área de tu relación en la que se necesita pensamiento positivo y optimismo.

Durante aproximadamente un mes, concéntrate en las buenas cualidades o fortalezas de tu pareja y para nada en sus debilidades o cualidades negativas. Si tienes problemas con este ejercicio, escribirlas te será de utilidad. Haz una lista de por lo menos diez de sus cualidades más agradables. Consérvala a mano como referencia.

Un proceso como este tiende a aumentar o alimentarse por sí mismo.

Si espero lo mejor de ti, soy más dado a recibir lo mejor, si me concentro en lo que no me agrada de ti y espero lo peor, probablemente lo obtenga.

DETENCIÓN DE PENSAMIENTOS Y DISPUTA DE PENSAMIENTOS

La perspectiva dominante actual sobre la relación causa y efecto entre los pensamientos y los sentimientos es que los pensamientos llevan a emociones. En el pasado era visto al contrario, que la emoción lleva al pensamiento. La verdad yace en una parte en el medio. Para el desarrollo de IE, me inclino hacia pensamientos que llevan a sentimientos, pero esto de hecho también sucede de la otra forma.

Vas a ser más positivo al luchar contra tus propios pensamientos, percepciones y creencias. Como con otros aspectos de la IE, primero debes ser consciente y reconocer tus pensamientos y creencias negativos para disputarlos. Este paso inicial se llama detención de pensamiento. Puedes aprender a reconocer cuándo estás teniendo un pensamiento negativo o improductivo y sólo "detente en seco" y reemplázalo con algo más.

Un ejemplo común en tu relación puede ser: "Mi esposa ya no es divertida", o "Mi esposo siempre se comporta como un tonto". Entrénate para observar cuándo estás teniendo tales pensamientos y en lugar de eso decir "Necesito encontrar más actividades divertidas para que hagamos juntos porque ella no suele sugerir cosas así", o "Me frustro mucho con mi esposo pero debo recordar que él también puede ser... (Una buena cualidad)". Esto es disputar con un pensamiento y no tan sólo reemplazarlo.

Durante las siguientes semanas lleva un registro de tus reacciones ante ciertos eventos que suceden en tu vida, especialmente entre tú y tu pareja. Presta mucha atención a tus reacciones negativas y haz una lista de lo opuesto en tu registro de eventos. Finalmente, en la parte opuesta de este registro escribe cosas que disputan tu negatividad. Esos puntos pueden incluir formas alternativas de pensamientos, hechos que demuestran que los pensamientos negativos son incorrectos, posibles soluciones a los problemas acerca de los cuales estás preocupado, y cualquier otra cosa que encuentres útil para disputar tu negatividad y reemplazarla con algo más positivo.

Puedes hacer un gráfico como el que hay a continuación para ayudarte con este proceso:

Evento →	Pensamiento o creencia negativo →	Pensamiento o creencia positivos alternativos
Tu pareja no escucha algo que hayas dicho.	"Mi pareja nunca me escucha".	"Mi pareja ha estado bajo mucha presión y está concentrada en algo más en este momento".

Este ejercicio requiere algo de trabajo, pero esa es la naturaleza de las relaciones o los matrimonios. ¡Vale la pena!

Otro mal hábito común es fomentar y conservar pensamientos negativos acerca de asuntos actuales o recuerdos del pasado. Estos son pensamientos más destructivos que negativos acerca de problemas actuales. Por ejemplo, es posible que pienses persistentemente en tu pareja como alguien que te ha maltratado o lastimado y siempre te maltratará o lastimará. Si no tomas una acción apropiada en respuesta a lo que está sucediendo entre tú y tu pareja y sólo sigues rumiando acerca de problemas pasados, estos pensamientos se harán habituales y erosionarán la relación.

De manera similar, si consistentemente piensas en tu pareja como de alguna forma inferior y en ti como superior, corres el riesgo de desarrollar pensamientos tóxicos que pueden volverse erosivos. Las cosas se deterioran en parte porque puedes incluso no notar esos momentos en los que él o ella está siendo la pareja ideal o realizando los cambios que has pedido. Esta venenosa reflexión usualmente es muy poderosa. Se convierte en un formador de hábitos y en algo automático.

El perdón a veces es difícil, porque no puedes estar casado sin tenerlo. Te sorprenderá cuando comienzas a hacerle seguimiento y luego reversas estos patrones más profundos y tóxicos. Primero, te resistes a dejarlo debido al dolor, la ira y el enojo. Pero si puedes conquistar estos pensamientos negativos, tendrás mayor paz mental (¡una IE mejorada!)

LA INTERACCIÓN ENTRE TU AUTOESTIMA Y EL PENSAMIENTO POSITIVO O NEGATIVO

El optimismo y conservar una actitud positiva y esperanzada se relacionan con la autoestima. Si tiendes a tener una autoestima más elevada, es más probable que tengas un estilo optimista y explicativo respecto a lo que sucede en tu vida. Si tu autoestima tiende a ser más baja, eres más pesimista y esperas resultados negativos para ti y tu futuro. Esto se lleva a tus relaciones.

A continuación encontrarás una lista de temas a considerar para lograr o mejorar tu autoestima. Úsala con el tiempo para evaluar tus esfuerzos en la construcción y sostenimiento de tu propia autoestima. Mantenla a mano y practica algunas de estas sugerencias de forma frecuente:

- Evita ser muy duro contigo mismo o criticarte excesivamente.

- Se auténtico, permítete ser quien realmente eres.

- Afírmate con frecuencia.

- Se consciente de tus sentimientos y exprésalos.

- No te apoyes en la validación de otros. Esta debería ser más interna.

- No te dediques a complacer a los demás; se fiel a ti.

- Hazte responsable por tus propios comportamientos, sentimientos y tu vida en general.

- No seas una víctima o alguien que culpa a otros.

- Mantente alejado lo que más puedas de personas críticas o que emiten juicios.

- Replantea comentarios negativos que te hagan acerca de ti u otro, de tal forma que te resulten útiles.

- Haz una lista de tus cualidades o atributos positivos así como éxitos, y mantenla a mano como referencia rápida. Con el tiempo ve añadiendo puntos a esa lista.

- Cuídate en todas las áreas: física, emocional, espiritual, social y profesionalmente.

- No entregues tu poder. Dirige tu propia vida.

- Expresa tus necesidades y encuentra medios para lograr que sean satisfechas.

- Ríete de ti mismo pero no de forma destructiva.

- Traza metas y alcánzalas, pero se realista, no las pongas tan altas al punto de prepararte para el fracaso.

EL PAPEL DE LA ESPIRITUALIDAD

Esta cualidad de IE (ser positivo, con esperanza y optimista) se traslapa significativamente con tu religión y/o creencias espirituales. La esperanza es el aspecto de la actitud positiva que está más conectado con tu vida espiritual. Tener esperanza es la piedra angular de las enseñanzas de la mayoría de religiones del mundo y es un aspecto de lo que significa ser maduro espiritualmente. En esencia, si te desarrollas y eres maduro en tus creencias y comportamientos religiosos o espirituales, mejorará tu habilidad para ser optimista y con esperanza.

El optimismo y la esperanza en gran parte se tratan de algo en el futuro, ya sea algo dentro de diez minutos o diez años. Nos ayudan a concentrar en lo que podría ser, en lo que es posible. Se dice que la familiar frase reconfortante, "Esto también pasará", fue originada por Abraham Lincoln. ¡A pesar de tener una afección depresiva, él había decidido tener esperanza! Y es nuestra fe y camino espiritual o religioso lo que idealmente nos lleva a creer que las cosas mejorarán, a una actitud de esperanza.

Puedes aprender a usar un proceso imaginario autodirigido acerca de futuros eventos, interacciones con tu pareja, o retos que estás enfrentando en cualquier aspecto de tu vida.

Prueba este ejercicio. Podría tomar 30 minutos o más.

❖ Paso Uno: encuentra un lugar tranquilo y cómodo donde puedas relajarte y acostarte, sería lo ideal. En casa puede ser un sofá, una cama, o un sitio cómodo en el suelo. Si estás en el trabajo, puedes sólo alejarte del escritorio, estirar tus pies, y recostarte en una silla.

❖ Paso Dos: quita todas las distracciones (por ejemplo, apaga tus teléfonos, asegura la puerta, etc.).

❖ Paso Tres: pon música suave y tranquilizadora si la tienes disponible.

❖ Paso Cuatro: afloja un poco tu ropa, cierra los ojos, relájate y comienza a profundizar y retardar tu respiración; toma aire por la nariz y suéltalo por la boca tres o cuatro veces.

❖ Paso Cinco: sigue respirando lenta y profundamente; tensa y relaja cada parte de tu cuerpo comenzando con los pies, avanzando hasta tu cabeza.

❖ Paso Seis: imagina que estás en un lugar favorito como cerca a un arroyo, o en la cima de una montaña, cerca del mar, en el patio de tu casa. Visualiza que estás ahí por un par de minutos.

❖ Paso Siete: permítete concentrarte en una situación o persona con la que debes ser más positivo y con más esperanza. Visualiza cómo te gustaría que fueran las cosas, cómo podrían ser, e imagina tu papel o actitud siendo optimista y receptivo con un resultado positivo.

❖ Paso Ocho: concéntrate en esta situación (y permítete estar ahí) tanto como te gustaría.

❖ Paso Nueve: abre tus ojos. Reasume tu respiración normal. Levántate lentamente y muévete.

❖ Paso Diez: posiblemente desees escribir algunas notas acerca de las imágenes que surgieron para ti y acerca de cómo podrían ser las cosas.

❖ Paso Once: vuelve a tus actividades regulares, tratando de mantener esta imagen cuando encuentres a la persona o la situación acerca de la cual debes cambiar tu perspectiva.

Este ejercicio se presenta como espiritual porque te acerca a tu yo interior, a tu centro, tu espíritu o tu alma. Al usar este ejercicio, también es útil orar, meditar o tener comunión con Dios o la Fuerza Universal.

Algunas tradiciones religiosas o espirituales enseñan que afectas los resultados de tu vida por lo que piensas y crees. Estas tradiciones dicen que "obtienes lo que piensas". En otras palabras, si esperas lo mejor y tienes expectativas positivas, recibirás lo mejor y experimentaras resultados esperados. En términos tradicionales cristianos, es similar a creer que las oraciones son respondidas según el resultado esperado.

CONSERVA UN REGISTRO

Otra técnica que ayuda con este aspecto de IE es registrar los aspectos positivos de una situación, relación o persona, especialmente tu pareja. Cuando te encuentras quejándote y siendo negativo o sin esperanza acerca de algo, toma tiempo para capturar estos sentimientos de una forma constructiva que reverse o suavice las actitudes.

Algo que ha demostrado ser útil para millones es el uso de un "diario de gratitud". Toma unos minutos a diario para registrar o pensar acerca de las cosas por las cuales estás agradecido. Pueden ser pocos, entre cinco y veinte minutos y puede ser por algo tan simple como "hoy puedo respirar" hasta una situación compleja como "tengo una familia, trabajo, y estilo de vida maravillosos" o "mi pareja y yo solucionamos pacíficamente ese asunto". Este diario de gratitud es un verdadero regalo cuando se aplica a tu relación. ¿Por qué estás agradecido en tu relación? Regístralo. Luego compártelo.

Si para ti funciona registrar lo negativo en tu vida primero y luego lo positivo, y esto lleva a un cambio de pensamiento o sentimientos, hazlo. Se consistente con esto a diario por varias semanas o hasta que sea natural para ti el tener una "actitud de gratitud".

Esta es otra forma de replantear las cosas. La palabra raíz de gratitud es gracia, lo cual significa regalo de Dios.

Recuerda y registra cosas del pasado que tu pareja haya hecho por ti o te haya dado y por las que estás agradecido. Ahora haz lo mismo para el presente. Se consistente con esto, posiblemente haciéndolo a diario. Lo más seguido posible, agradécele a tu pareja por todo lo que has registrado. Esto no sólo te ayuda a ser más inteligente emocionalmente, sino que fortalece el lazo de amor entre tú y tu pareja. Un posible resultado es que puede ayudarte a perdonar a tu pareja por sus debilidades o errores. ¡Y mírate al espejo! Enfrenta tus propios errores y perdónate también.

SALUD Y BIENESTAR

Si haces ejercicio con frecuencia y te alimentas bien, descansas bien, y tienes buen estado físico, es más probable que puedas ser positivo y tener esperanza.

Un ejercicio final: encuentra momentos en los que puedas bajar el ritmo, relajarte, y concentrarte o estar atento a las cosas que realmente disfrutas. Respira profundo por un minuto y permite que tu mente recuerde esas experiencias o aspectos agradables de tu vida. Puede ser un baño caliente, la risa de tus hijos, una buena comida, un largo recorrido en bicicleta, o un tiempo especial con tu pareja. Encontrarás que esto fortalece tu habilidad para concentrarte en la gratitud, propicia una actitud más positiva en general y te ayuda a sentirte mejor físicamente.

La clave aquí es que el estrés crónico emocional (incluyendo la negatividad y el pesimismo) es tóxico para tu cuerpo mientras que las actitudes positivas y con esperanza propician la salud física, la sanidad y el bienestar. Hay muchas evidencias que respaldan esa idea.

Tener la habilidad para tener esperanza puede ser de beneficio en muchas áreas de tu vida. Si eres una persona con esperanza, es más probable que:

- Mantengas mejor salud y bienestar

- Persistas en encontrar diferentes formas de alcanzar tus metas

- Seas automotivado (lo discutimos en el capítulo 15)

- Seas más recursivo en la forma de encontrar una salida a los problemas

- Te autoafirmes cuando las ciercunstancias se tornen difíciles

Ahora, si logras mantener esta actitud optimista, estás listo para avanzar a la siguiente cualidad de IE: autoeficacia. ¿Qué es esto? Es creer que no eres una víctima de las circunstancias sino que en lugar de eso eres "el capitán de tu barco" y que tienes algo de poder sobre cómo salen las cosas para ti y para tu pareja.

CAPÍTULO TRECE

Cómo mantener un sentido de autoeficacia

"Las personas que creen tener el poder para ejercer control sobre sus vidas en alguna medida, son más saludables, más efectivas y más exitosas que quienes carecen de fe en su habilidad para efectuar los cambios que requieren".
—Albert Bandura, Ph.D.

Ahora sabes que es posible cambiar tu forma de pensar y que incluso puedes cambiar cómo te sientes. ¿Alguna vez has pensado que la forma como interpretas las cosas (tu sistema de creencias) es más poderoso que lo que realmente sucede? Si tú y tu pareja desarrollan y mantienen un sentido de autoeficacia, se sentirán más exitosos como equipo.

¿Qué es autoeficacia?

La autoeficacia se refiere a tener un sentido de confianza en que puedes impactar el resultado de lo que te sucede. Juega un papel importante en tu habilidad para usar cualquiera de tus habilidades para tratar con los problemas o circunstancias que enfrentas.

Este componente de la inteligencia emocional (IE) requiere persistencia y entusiasmo. No puedes ser autoeficaz sin persistencia ni entusiasmo; a la inversa, estas cualidades seguramente te llevarán a más autoeficacia. Es cíclico.

....　　No se trata de tus destrezas actua-

Si crees que puedes, ¡puedes!　　les sino de tu confianza o juicio sobre

tu habilidad para afectar los resulta-
dos y enfrentar las situaciones. Como pareja, mientras mayor sea el
sentido de autoeficacia, de persistencia y entusiasmo, mayor confianza
tendrán para enfrentar juntos los retos que se les presenten. Difiere de
un comportamiento a otro y de una circunstancia a otra. Se hace más
importante cuando las cosas son muy difíciles. Lo opuesto a tener au-
toeficacia es sentirse impotente y dudar de tu habilidad para enfrentar
los retos y superar los tiempos difíciles.

Por ejemplo, hace poco hablé con un hombre muy exitoso y profe-
sionalmente competente que no creía poder reunirse a cenar con su pa-
reja actual y quien fue su pareja en el pasado, las cuales mantenían una
amistad. Aunque esta evidentemente era una situación difícil, no era
imposible y tenía el potencial de dar un resultado positivo. Finalmente
fue a la cena y como consecuencia se sintió más fortalecido.

CÓMO PRACTICAR LA AUTOEFICACIA

Es mejor comenzar con estas actividades y comportamientos más
fáciles para ti, pero no te detengas en ellos o nunca fortalecerás este
aspecto de tu IE. Es asombroso lo que puedes hacer cuando crees que
puedes y te esfuerzas. Serás menos dado a sentirte como víctima o ser
un cobarde.

Intenta esto: haz una lista de las cosas en tu relación acerca de las
que te sientes confiado o que te dan un fuerte sentido de poder perso-
nal. Presiónate a listar lo que más puedas:

1.　Tengo la habilidad de escuchar pacientemente a mi pareja.

2.　Estoy cómodo siendo afectivo con mi pareja.

3.　Fácilmente puedo expresar mi necesidad de ＿＿＿＿＿＿.
　　(Continúa por lo menos hasta 10).

También es útil mirar esta lista lo más seguido posible y darte crédito por tus éxitos y las cosas que puedes controlar o con las que puedes ser eficaz. Afirmarte a ti mismo, y hacerlo mutuamente, por el esfuerzo y las fortalezas, ayudará a enfrentar aquello en lo que hace falta confianza.

Ahora haz una lista de esas actividades o situaciones entre tú y tu pareja que los hacen renunciar o sentirse impotentes:

1. No soporto cuando pasamos todo el día con su familia.

2. No aguanto las exigencias sexuales de mi pareja.

3. Nunca podré mantener mi posición en un desacuerdo con mi pareja.
   (Continúa por lo menos hasta 10).

De nuevo, presiónate a listar lo que más puedas. Identificar los problemas que te parecen retadores o que producen ansiedad es un paso importante en el desarrollo de un sentido de autoeficacia. Está arraigado, como todos los otros aspectos de la IE, en la consciencia propia y el conocimiento propio.

Ahora, para cada uno de estos asuntos o circunstancias, piensa en una solución o una forma de cómo sentirte más poderoso cuando los enfrentas. Es fácil concentrarse en los problemas y no detenerse a pensar en las soluciones, quejarse y continuar con lo que "no puedes controlar". Pero el reto de construir soluciones puede hacerte sentir fortalecido y en control de tu vida o relación.

Cuando estás dudando del resultado de una situación trata de usar el:

Ejercicio de *parar, respirar, centrarte, pensar o sentir, actuar o hablar.* A continuación hay una versión abreviada de este ejercicio para usarlo en la construcción de tu autoeficacia:

1. *Detente y concéntrate* en cualquier reto o situación que estés enfrentando.

2. *Respira* para que puedas *relajarte* y estar más preparado para enfrentar el reto.

3. Ve a tu *centro* y escucha la voz de la sabiduría que te da reafir-
    mación o dirección.

4. Se lo más claro posible respecto a lo que estás *pensando y
    sintiendo.*

5. Construye un plan de acción para tratar con ese reto.

6. Imagínate teniendo éxito en lo que intentes. Concéntrate en
    los detalles.

7. Repite esto lo más frecuentemente posible.

PUEDES CAMBIAR TU FORMA DE PENSAR

A veces debes modificar tus pensamientos y pasar de pensamien-
tos desesperanzados a determinación. Puede ser necesario que des un
paso atrás y evalúes o tomes notas sobre lo que es adecuado para una
situación difícil. Por ejemplo, si tú y tu pareja están teniendo una gran
discusión, toma el tiempo que necesitas para ser completamente ho-
nesto contigo mismo. No racionalices ni niegues las cosas para hacerlo
más fácil o cómodo. Reemplaza los pensamientos que no sean útiles o
que sólo empeorarán las cosas con pensamientos que ayudarán a solu-
cionar su discusión. Luego, cuando estés listo, toma las acciones o di las
palabras que darán el mejor resultado.

Parece ser un hábito universal el concentrarse en los problemas y
no en las soluciones. ¡Asegúrate de dirigir tu atención a una solución!
Este método puede aclarar tu cabeza y te permite concentrarte en un
resultado positivo. Puedes aprender a pensar mejor bajo estrés cuando
realmente crees en tu efectividad para solucionar problemas.

Piensa en una situación que surja para ustedes dos y toma un mi-
nuto para imaginarte usando ese proceso. Luego, cuando sea adecua-
do, practica el ejercicio completamente en determinada circunstancia.
Usar el cambio de pensamiento de forma regular es importante para
el esfuerzo consistente de proponer. Recuerda que el entusiasmo y la
persistencia son dos aspectos adicionales de la IE que forman el fun-

damento de la autoeficacia. Si generalmente eres una persona entusiasta y persistente ante las dificultades, es muy probable que ya tengas la cualidad de la autoeficacia. Si no, estos componentes tendrán que ser desarrollados para mejorar tus interacciones con tu pareja.

Otra técnica efectiva es:

1. Identifica a personas en tu vida que se vean autoeficaces en las áreas que tienes dificultad. Recuerda que nuestro enfoque está en la IE en las relaciones amorosas comprometidas así que es necesario observar las interacciones de otras personas que tienen ese tipo de relación.

2. Probablemente puedes confiar y apoyarte en el reporte de quienes son ejemplo o pedirles que te ayuden con unas entrevistas informales.

3. Conserva un registro de todo lo que observas, aprendes o ganas de estas personas y luego imítalo lo más seguido posible.

4. Mantenlas informadas sobre tus esfuerzos por emular sus actitudes o comportamientos.

5. Pídeles ayuda.

Puedes trabajar en esto solo o como pareja. Contar con ayuda y ánimo es esencial cuando estamos aprendiendo nuevas y difíciles formas de ser, así que también querrás discutir tus esfuerzos con un amigo cercano o terapista. Si estás trabajando en esto de forma independiente y tu pareja es de apoyo, comparte con ella lo que estás haciendo y pídele que te apoye.

DATE UN IMPULSO

Haz un inventario de tu éxito

1. Haz una lista de las situaciones en las que pudiste superar probabilidades difíciles y hacer algo que te ayudó a sentir autoeficaz. Alguien llamaría esto un sentimiento de empoderamiento personal.

2. Trata de hacer una lista de la mayor cantidad posible de estos éxitos. Pueden ser grandes logros como "haber terminado la universidad" u obstáculos menores como "invité a alguien a salir que no creía que accediera a salir conmigo. Se rehusó y lo manejé bien".

3. Luego haz una lista de qué fue lo que hiciste para superar cualquier temor, inseguridad, deseo de rendirte y renunciar, y pensamiento errático.

4. Concéntrate en situaciones que tengan que ver con tu relación amorosa.

5. ¡Recuerda que el éxito engendra éxito!

Cuándo mostré autoeficacia	Qué hice para que sucediera
1. He aprendido a estar cómodo con mi familia política	1. Me esforcé para llegar a conocerlos mejor.
2.	2.
3.	3.
4.	4.
5.	5.
6.	6.
7.	7.

Recuerda, esto va más allá de sólo sentirte confiado. Implica convencerte a ti mismo que puedes afectar los resultados a pesar de las circunstancias o exigencias adversas. Te sentirás menos víctima. Esto requiere decisión. Toma una decisión consciente de enfrentar los cambios que sean necesarios y luego hacer todo el esfuerzo necesario. Cree que puedes *hacer que las cosas pasen* y lo harás. No puedes cambiar a tu pareja pero puedes cambiar la forma como interactúas con ella.

Imita a los famosos

Otra herramienta útil es leer las biografías de algunos de los personajes más grandiosos e influyentes del mundo. Pueden ser personajes políticos, héroes deportivos, científicos, grandes artistas, filósofos, actores o autores de renombre. Si estudias las vidas y sistemas de creencias de estas personas y tratas de emularlos, los resultados serán satisfactorios. Piensa en personas exitosas muy conocidas a quienes admires. Lee acerca de su historia de vida y lo que hicieron para tener éxito o qué obstáculos tuvieron que superar. Luego escribe en tarjetas algunas de sus perspectivas y acciones que los llevaron a tener grandes logros. Tu meta puede no ser un gran logro, pero tu relación verdaderamente se beneficiará de un mayor empoderamiento personal.

Cambia tu conversación con con tí mismo

El proceso de cambiar tu conversación contigo mismo es esencial cuando se usan las otras herramientas. Puedes aprender esto por medio de la lectura, la observación a otros, terapia o sencillamente deteniéndote a tomar el tiempo para practicar y decirte a ti mismo qué es lo que necesitas escuchar. Considera lo siguiente y conserva esta lista al alcance:

- Puedo aguantar y seguir intentándolo.

- Tomará mucho tiempo, pero valdrá la pena.

- He tenido éxito al crear un resultado similar a este en otras situaciones. Puedo hacerlo en esto.

- Enfrentar la derrota o las adversidades es sólo parte de la vida.

- Aunque esto es frustrante, tengo la habilidad para enfrentarlo.

- Mi relación afectiva es tan importante que vale la pena el esfuerzo; puedo hacerlo.

- Si doy un paso a la vez, sé que puedo hacerlo.

La perspicacia es útil. Puedes beneficiarte al revisar tu historia. ¿Quiénes o qué influyó en tu propio poder personal? El grado en el que fuiste animado como hijo para creer en tu habilidad para tener éxito y enfrentar los obstáculos, afecta la forma como lo haces hoy.

Prueba algo nuevo

Otro método útil para mejorar tu autoeficacia es elegir algo en qué desarrollar una competencia. Por ejemplo, podrías aprender a nadar, jugar golf, esquiar, tocar un instrumento, volver a estudiar, obtener un empleo o dar una charla en público. Esto seguramente aumentará tu confianza y autoestima así como creará un sentido de que tienes algo de poder en tu vida. Después de lograr algo avanza a otro reto que sea igual o más retador y luego a otro y otro. Haz una lista de posibilidades y obtén sugerencias de tu pareja, un amigo o un terapista. Puede ser divertido hacerlo juntos en tu relación.

Examina tus explicaciones

En términos generales, no nacemos con tendencias específicas para interpretar o darle sentido a lo que nos sucede. Estas tendencias se aprenden y por lo tanto pueden reaprenderse. Todos estamos familiarizados con el término atribuir, lo que significa "dar crédito a". En otras palabras, atribuimos este evento a esa causa, o atribuimos este resultado a esa influencia. Un ejemplo puede ser: "Le atribuyo mi dolor de cabeza al hecho de haberme golpeado", "Le atribuyo este conflicto en nuestra relación a nuestra necesidad de aprender mejores habilidades de comunicación", o "Le atribuyo mi calificación A+ en esta clase al hecho de que estudié mucho".

Esto está relacionado con la idea de estilo explicativo, la cual discutimos anteriormente. Si usan explicaciones positivas y ven causas positivas detrás de las cosas, se sentirán menos derrotados por las adversidades o dificultades que tengan en la vida como pareja.

Puedes cambiar las formas habituales para interpretar las causas de las cosas que suceden así como puedes aprender a cambiar las interpretaciones pesimistas por más optimistas. Esto te puede ayudar más a ver a tu pareja y las cosas que suceden entre ustedes a través de lentes "color rosa".

Presta atención a cuánto poder y optimismo personal usas en este proceso. Completa esta frase para hacerte más consciente de tu sistema de creencias cuando surjan situaciones difíciles en tu relación o matrimonio:

Le atribuyo _____ a _____
             (Suceso)   (Causa)

REVISA EL VALOR DE LA PERSISTENCIA

Algunos de nosotros muestran una persistencia obstinada y un entusiasmo inflexible al enfrentar cualquier reto. Tú, o alguien que conoces, puede tener el don innato de estas cualidades; éstas pueden representar rasgos inherentes a la personalidad. Si no eres tan afortunado, recuerda que tu temperamento puede ajustarse por medio de la experiencia. Así que si no eres persistente por naturaleza, y tienes la tendencia a rendirte ante la derrota, es necesario que practiques las técnicas aquí sugeridas, ¡una y otra vez!

La investigación muestra que entre más persistente y más motivado estés, más sientes que tienes control en tu vida y puedes enfrentar sus retos. Considera estas palabras de sabiduría: "Las personas más exitosas son quienes saben fracasar". En esencia, si persistes o rebotas cuando fracasas, sentirás tu autoeficacia. Puedes aprender a buscar qué saldrá bien y no qué saldrá mal en la vida y en tu relación amorosa.

Verás una relación constructiva entre tus acciones y tus actitudes y los resultados en tu vida y tus relaciones. Eres el capitán de tu propio barco.

"Quiero lo que quiero, cuando lo quiero". ¿Te suena familiar?

La cualidad de IE referida en el capítulo 14 tiene algo de difícil. Vas a necesitar algunas de las otras habilidades que has estado practicando como ayuda para trabajar con esta. Nuestro "pequeño niño en cuerpo de grande" no siempre quiere posponer el obtener lo que quiere o refrenarse. Pero tu meta es una relación que fluya sin contratiempos, posponer la gratificación y resistir tus impulsos es obligatorio.

CAPÍTULO CATORCE

Cómo retrasar la gratificación y resistir los impulsos

"Posponer la gratificación es un proceso de programar el dolor y el placer en la vida de tal forma que mejore el placer al enfrentar y experimentar el dolor".
—M. Scott Peck, M.D., en The Road Less Traveled
(El camino menos transitado).

¿QUÉ ES GRATIFICACIÓN?

Hay diferentes formas de ver el concepto de gratificación. En *Authentic Happiness (Auténtica felicidad)*, Seligman se concentra en la gratificación que viene de tener un sentido de logro por un trabajo bien hecho y estar completamente inmerso en algo significativo y retador que hace uso de tus mejores habilidades y requiere que estés completamente concentrado. Piensa en eso. No hemos dicho todos: "Tengo mucha satisfacción al _____ (cuidar un jardín, enseñar, pintar, trabajar en carpintería, mi trabajo)".

La gratificación también se puede ver como la búsqueda de placer. En otras palabras, todos buscamos ciertos placeres que nos gratifiquen, comida, bebida, la televisión, el sexo, el juego, el gastar dinero, desahogar nuestra ira sobre otros. Como un aspecto de la inteligencia emocional (IE), el posponer la gratificación está vinculado con resistir tus impulsos. Tener la habilidad para posponer, o resistir gratificaciones o impulsos como los listados anteriormente, es una evidente señal de madurez y un reflejo de tener una fuerte IE. Lo opuesto a esto es "quiero lo que quiero cuando lo quiero" o "haré o diré lo que quiera y cuando lo quiera". Evidentemente esto no funciona en una relación comprometida.

Hay algunas evidencias que dicen que tu habilidad para posponer la gratificación es un determinado rasgo fijo, algo con lo que naces. Lo mismo es cierto para tu nivel de impulsividad. Ya sea que sean innatas o aprendidas, estas son cualidades que puedes identificar en ti mismo y cambiarlas.

Si pospones tus necesidades para cuando es necesario y resistes el seguir tus impulsos, es probable que seas fundamentalmente consciente, autodisciplinado y confiable. Y piensa en cuán valiosas son estas cualidades para tu pareja. Ya tienes IE en esta área. La carencia de estas cualidades lleva a unos malos hábitos. Pero no te desesperes, puedes deshacerte de ellos.

TU HISTORIA PERSONAL

Este aspecto de la IE está claramente relacionado con tu crianza y primeras experiencias de vida. Puedes comenzar a trabajar en esto al hacerte preguntas acerca de tus primeros años como:

- ¿Me pedían que esperara las cosas que quería?

- ¿Tuve que ganar mis recompensas?

- ¿Me pedían cuentas por mis acciones?

- ¿Me dieron límites y debía vivir según reglas?

- ¿Me dieron responsabilidades adecuadas?

- ¿Mis padres o quienes cuidaban de mí siempre cedían ante mis demandas o deseos?

- ¿Yo era visto como un niño o adolescente exigente o impaciente?

- ¿Era yo un bravucón?

- ¿Mis protectores usaban disciplina apropiada conmigo?

El manejo inadecuado de cualquiera de éstas puede resultar en que tengas muchas dificultades posponiendo la gratificación o resistiendo los impulsos siendo adulto.

Tus padres, hermanos y otros son influencias adicionales. Trata de recordar si tus padres posponían su gratificación y controlaban sus impulsos.

- ¿Eran ellos exigentes contigo y/o con otros?

- ¿Pedían ellos cuentas a otros pero no lo hacían ellos?

- ¿Insistían ellos en que las cosas se hicieran a su manera a pesar de las necesidades y sentimientos de otros?

- ¿Eran impacientes y esperaban que otros hicieran las cosas de inmediato?

- ¿Ellos siempre satisfacían sus propias necesidades de forma egoísta e ignoraban las de los otros?

Goleman dice que resistir los impulsos es la más fundamental de todas las habilidades psicológicas y la raíz de todo autocontrol emocional, una declaración muy fuerte. Si aprendiste a resistir los impulsos y tentaciones siendo niño, seguramente puedes lidiar de forma más eficiente con las frustraciones de la vida y evidentemente, una relación o matrimonio también nos traen frustracion.

¿DÓNDE ESTÁS AHORA?

Puedes evaluarte a ti mismo en tu nivel actual de postergación de gratificación y control de impulsos:

- ¿Te enojas mucho cuando enfrentas una situación estresante? ¿En el trabajo? ¿En tu relación?

- ¿Permaneces concentrado y calmado cuando estás bajo presión? ¿En el trabajo? ¿En tu relación?

- ¿Persistes o tiendes a rendirte ante los obstáculos? ¿En el trabajo? ¿En tu relación?

- ¿Tienes confianza en ti de que sabes solucionar problemas, o confías en otros para su solución?

- ¿Te encantan los retos o te encoges ante ellos?

- ¿Trazas metas y trabajas en pro de ellas posponiendo los deseos que interfieran?

- ¿Esperas pacientemente las cosas materiales que quieres?

- ¿Haces exigencias a tu pareja sólo para gratificación tuya?

- ¿Eres paciente con tu pareja en la satisfacción de tus necesidades?

Así no seas una persona que por naturaleza le agrade aplazar el obtener lo que desea y controlar tus impulsos, puedes, por medio de tus propios esfuerzos y la ayuda de otros, aprender a estar cómodo al hacerlo. Algunos dirían que tener esas habilidades muestra tu nivel de desarrollo moral y carácter. Puede haber algo de verdad en eso porque éstos dependen mucho de tu templanza y control.

Considerar las siguientes preguntas te ayudará a trabajar en este aspecto. Además pregúntale a tu pareja cómo respondería estas preguntas aplicadas a ti:

- ¿Eres autodisciplinado, haces lo que hay que hacer así no quieras hacerlo?

- ¿Expresas tus apetitos, deseos o anhelos de una manera adecuada y moderada?

- ¿Eres exigente?

- ¿Actúas para satisfacer tus necesidades de una forma que no te haga daño o prive a otros, como tu pareja?

- ¿Revisas tus impulsos y te resistes a proceder de acuerdo a ellos hasta cuando es el momento indicado, o no lo haces en absoluto?

- ¿Sabes esperar las cosas que quieres sin agitarte, enfadarte o ponerte ansioso?

- ¿Logras controlar tus impulsos y pasiones, tanto emocionalmente como en tus comportamientos?

EJERCICIOS DE PRÁCTICA

Si no eres una persona paciente, querrás concentrar algo de tiempo y energía en desarrollar esta virtud porque la paciencia está íntimamente relacionada con posponer la gratificación y resistir los impulsos. Haz una lista de las cosas acerca de las que generalmente eres más impaciente en tu vida, por ejemplo, estar estancado en el tráfico, esperar en la fila en el supermercado o en el teatro, oír niños ruidosos, esperar el servicio en un restaurante, escuchar a alguien que habla muy lento, tratar con un hábito irritante de tu pareja, no obtener lo que quieres.

Durante varias semanas escoge un punto para ponerte en esas situaciones o asegúrate de observar cuando sucedan. Luego practica la técnica de parar, respirar, centrarte, pensar o sentir, actuar o hablar. Por ejemplo, cuando te sientas tentado a ser exigente o impaciente, para obtener gratificación de alguna manera, intenta los siguientes pasos:

1. Deja lo que estés haciendo

2. Toma tres alientos profundos

3. Relájate y céntrate

4. Concéntrate en lo que te está haciendo sentir impaciente

5. Piensa en una forma alternativa de sentir y pensar acerca de tu frustración

6. Habla o procede de una forma que refleje más madurez e IE

7. Observa cómo te sientes y compáralo con cómo te has sentido en situaciones similares antes cuando exigiste gratificación inmediata y actuaste según tus impulsos

Este ejercicio no te hará una persona más paciente automáticamente, pero te enseñará que tienes la capacidad para ser paciente si lo intentas. Aprender a ser paciente garantiza que contribuyas de manera positiva a tu relación amorosa. Hay muchas situaciones con nuestra pareja que exigen que aplacemos el obtener exactamente lo que queremos y el hacer lo que dicen o dictan nuestros impulsos.

La inteligencia emocional implica usar el autocontrol pero esto no debería percibirse como supresión. Resistir los impulsos implica algo de autonegación e interés por las necesidades de tu pareja, pero no debes suprimir tus deseos por completo. Es sólo cuestión de esperar el momento o la situación oportunos para expresarlos.

Como es cierto con el desarrollo de otras cualidades de IE, es útil identificar un grupo de personas que conoces y muestran hacer un buen trabajo aplazando su gratificación e impulsos. Obsérvalos y entrevístalos en detalle. Pregúntales desde cuándo tienen ese comportamiento, cuándo y cómo aprendieron a ser así. Pregúntales cómo conservan esa disciplina y cómo los ha beneficiado. Usa a estas personas como modelos para emular sus comportamientos y actitudes.

A veces es sabio observar y estudiar a alguien que es exactamente lo opuesto, alguien que muestra no tener habilidad para posponer su gratificación o controlar sus impulsos. Estudia a esa persona así como estudiarías a la persona que es fuerte en el manejo de sus deseos e impulsos. Probablemente llegar a entender la historia, pensamientos, sentimientos y comportamientos de este tipo de individuo, te ayude a entenderte a ti mismo y dé un impulso a tu decisión de ser lo opuesto.

CÓMO POSPONER LA GRATIFICACIÓN EN TU RELACIÓN

Como puedes haber experimentado, la insistencia en la gratificación inmediata y los impulsos desenfrenados crea verdaderos estragos. Anteriormente te pedí que hicieras una lista de aquellas cosas acerca de las cuales eres impaciente y que hicieras un plan para trabajar sobre éstas durante varias semanas. Ahora examina tu relación amorosa de la misma manera.

- ¿Insisto en salirme con la mía con mi pareja? ¿Soy exigente?

- ¿Cómo manejo el que mi pareja no siempre quiera tener sexo cuando yo sí?

- ¿Expreso otros deseos adecuadamente en mi matrimonio?

- ¿Qué tan frecuentemente hago a un lado mis necesidades en cortesía hacia las de mi pareja?

- ¿Actúo impulsivamente en mi relación?

- ¿Le digo lo que quiero decir a mi pareja sin preocuparme por el resultado?

- ¿Gasto dinero de la forma que quiero sin preguntarle a mi pareja?

- ¿Espero lo que deseo sin ponerme ansioso?

Tu pareja es de gran ayuda para tratar con el tema de la gratificación y el control de tus impulsos. Pídele que comparta contigo aquello que siente que debes tratar. Luego pídele que te recuerde cuándo estás fuera de control. Las observaciones adecuadas pueden ser notablemente útiles para aprender a redirigir tus deseos. Mantén esto en estricta confidencialidad entre tú y tu pareja.

Este ejercicio debería hacerse durante varios meses para que sea efectivo. Si tienes un deseo sincero de hacer que estas áreas de tu vida estén bajo control, se abierto y no defensivo. Tu pareja tendrá que decirte que ve que estás comiendo o bebiendo demasiado. Este es un tema quisquilloso. O va a sentir que tus hábitos de gastos parecen estar fuera de control. Otro asunto quisquilloso. Como todos los demás, ¡esta es una área de la IE en la que la autoconsciencia es esencial!

Si tienes la inclinación a comer demasiado, gastar mucho, beber mucho, ver demasiada televisión, exigir mucho sexo, o tienes otras tendencias desenfrenadas, intenta beneficiarte de un grupo de apoyo o un programa de doce pasos. Posponer la gratificación o controlar los impulsos es mucho más difícil si tienes hábitos con los que sientes como si estuvieran fuera de control. Si eres alcohólico o drogadicto, o sufres de algún otro desorden adictivo, muy seguramente vas a necesitar un apoyo similar y posiblemente un tratamiento específico. Es mucho más difícil desarrollar estas habilidades de IE si se trata de adicciones serias.

Una clave para el control de impulsos es lograr diferenciar entre tus sentimientos y tus acciones o palabras. Cuando ya tienes consciencia propia y puedes identificar tus sentimientos, aprende a detenerte a mitad de camino y reprimir tu impulso a hacer o decirle algo a tu pareja de lo que después te tengas que arrepentir. Practica pensar en comentarios o acciones alternativos para que no sientas que "quedas colgado" en tus interacciones.

Intenta este ejercicio:

1. Cuidadosamente recuerda u observa varias interacciones difíciles o menos que agradables o incidentes entre tú y tu pareja.

2. Primero será de más ayuda si eliges algo que sucede con frecuencia entre ustedes, un asunto que parece que no logran resolver.

3. Toma nota de lo que sucedió y esfuérzate lo que más puedas en ser completamente objetivo y honesto contigo mismo.

4. Da un paso atrás y decide si sólo estabas tratando de satisfacer tus propios deseos en este incidente y/o si diste rienda suelta a tus impulsos verbales o de comportamiento.

5. Discute esto con tu pareja. Obtén su opinión.

Interacción o incidente	Qué sucede	Causa o comportamiento verbal intercambio	Una solución
1.Discutimos respecto a no tener sexo con la suficiente frecuencia.	Me alejo y mi pareja se enfada.	Mi pareja está pensando en sus necesidades, no en las mías.	Necesitamos tomar tiempo para discutirlo, escuchar el punto de vista del otro y encontrar una solución que funcione
2.			
3.			
4.			
5.			
6.			

Con el tiempo evitarás que la autosatisfacción y los impulsos des-enfrenados se hagan cargo en situaciones estresantes.

El capítulo 15 (el último) podría haber sido el primero porque ser automotivado hace un ciclo completo por todos los fundamentos para asumir el reto de mejorar tu relación.

CAPÍTULO QUINCE

Automotivación

"Mira un día en el que estés completamente satisfecho al final. No es un día en el que has estado recostado haciendo nada, es cuando has tenido todo para hacer ¡y lo has hecho!".
—**Margaret Thatcher**

"Dentro de veinte años vas a estar más decepcionado por las cosas que no hiciste que por las que hiciste. Así que suelta las amarras. Navega lejos del puerto seguro. Atrapa los vientos alisios en tus velas. Explora. Sueña. Descubre".
—**Mark Twain**

En un sentido técnico, la motivación se refiere a la incitación o al inicio, dirección, intensidad y persistencia del comportamiento o inversión de esfuerzo. La raíz latina de motivación es *movere*, o "mover". (Irónicamente, también es la palabra raíz para emoción). Los estudios más actuales sobre motivación son en relación con el trabajo o entornos académicos. Hay muy pocos que tratan el efecto de la motivación, automotivación, o la falta de la misma en las relaciones personales.

Para nuestros propósitos, digamos que la motivación es acción esforzada y dirigida. Sin embargo, aquí estamos concentrados en el yo como el factor clave. La automotivación se refleja en tú tomando la iniciativa, trazando la dirección, decidiendo la intensidad y persistiendo en el esfuerzo, la acción o comportamiento con el que te enfrentas.

La automotivación aplicada a la inteligencia emocional (IE) requiere que sepas manejar tus pensamientos, emociones y acciones a fin de hacer el esfuerzo necesario para alcanzar una meta, lograr una tarea o hacer un cambio.

Los ejemplos más dinámicos de personas altamente motivadas son atletas famosos, artistas, músicos, escritores y otros, que enfrentan entrenamiento o rutinas y regímenes de práctica rigurosos y persistentes. Usa a estas personas como modelos, así como lo has hecho con otras cualidades de IE.

AUTOMOTIVACIÓN EN TU RELACIÓN

Fácilmente se observa cómo la automotivación se aplica a tu trabajo o intereses especiales y pasatiempos, pero ¿puedes pensar en formas en las que se aplique a tu relación o matrimonio? Hay muchas situaciones en las relaciones amorosas en las que esta cualidad de IE es ¡toda una necesidad! Probablemente pensar lo opuesto sería de ayuda.

La carencia de automotivación puede mostrarse como:

- Tu necesidad de que te recuerden o presionen para hacer las cosas

- La necesidad de recompensas externas a fin de que actúes o hagas cambios

- Una carencia de confianza haciendo que dependas del apoyo constante o ánimo de otros

- Una simple indisposición a hacer el esfuerzo requerido para hacer cambios importantes

- Estar tan preocupado por la imagen que sólo actuarías para impresionar a otros

- Usar o crear excusas para no terminar las cosas

Tu relación viene con mucha responsabilidad. Aunque puede ser menos esencial que otras cualidades, la automotivación es definitivamente un componente de IE que tú y tu pareja necesitan. Hay muchas situaciones que requieren esta habilidad; un ejemplo clave es tener un deseo general y disposición a trabajar en la relación en sí.

Es posible que llegues a estar altamente motivado en tu trabajo o actividades de ocio pero tengas poca motivación para hacer esfuerzos serios en tu relación. Esforzarte por ella exige que leas, hagas inventarios, practiques habilidades de edificación de relaciones, tengas citas, vayas a talleres de parejas, o incluso vayas a terapia de pareja.

En gran parte para el desánimo de uno de los dos, no es raro que una persona no logre ir hasta el final. ¿Te identificas con eso? ¿Tú o tu pareja han pospuesto cosas con la excusa de "en algún momento lo haré" o "nuestra relación está bien como está" (cuando en realidad necesita trabajo)? Se requiere autodisciplina para enfrentar directamente esfuerzos tan incómodos pero importantes.

A continuación hay una lista de otros ejemplos de situaciones que requieren autodisciplina en tu relación o matrimonio. Añade más puntos a esta lista y mantenla a mano para evaluar cómo tú o tu pareja reaccionan a las exigencias normales de la vida:

- Hacerse cargo de los oficios o deberes de la casa

- Responsabilidades financieras o el sostenimiento de la familia

- Participación de los dos en actividades de compañerismo

- Enfrentar sus responsabilidades de paternidad

- Practicar y usar buenas habilidades de comunicación

- Practicar y usar buenas habilidades de manejo de conflictos

- Ser persistentes en el ejercicio físico

- ¿Otros?

MOTIVACIÓN INTRÍNSECA *VS.* EXTRÍNSECA

Un tema potencialmente pegajoso en tu relación consiste en observar cómo manejas la motivación intrínseca *versus* la extrínseca. La motivación intrínseca se refiere a hacer lo que haces porque lo disfrutas o quieres hacerlo por tu propio bien, por la satisfacción que genera, o porque sabes que es tu responsabilidad llevarlo a cabo. No requiere recompensas externas o sanciones de cualquier clase. Es el tipo de motivación más efectiva. La motivación extrínseca es la que requiere un impulso o tirón externo. Es menos autodirigida y más dirigida por otros. Ejemplos en el lugar de trabajo pueden ser una promoción o un descenso, o un aumento o reducción de salario; en un entorno académico puede ser una buena o mala calificación, o muchas felicitaciones o burlas; en tu relación pueden ser expresiones afectivas de gratitud o una amenaza de alguna clase.

Así que si eres una persona intrínsecamente motivada, eres más autodeterminada y seguramente eres una mejor pareja marital. Si estás extrínsecamente motivado, puedes depender de tu pareja para "que te haga mover" o te elogie o haga cumplidos, o puedes apoyarte en otras recompensas o sanciones externas, lo cual puede crear una pérdida en tu relación.

Cualquier tipo de motivación es aprendida y puede ser reforzada y fortalecida o no aprenderse bien. Seguramente siendo niño desarrollaste tu nivel de automotivación o falta de la misma debido a la atmósfera de tu hogar, ya fuera alentadora o no.

Para evaluar esto, considera las siguientes preguntas y al pensar en ellas, ten presente que la automotivación se ve ahogada por mucha alabanza y muchas recompensas así como muchas sanciones o desprecios. Sí, tu motivación llegará a ser disminuida si depende demasiado de influencias externas, incluso elogios y recompensas. Es más probable que tengas resultados positivos en lo que hagas si tienes autodeterminación y no eres influenciado demasiado por fuerzas externas.

- ¿Dentro de la rutina de la familia te asignaron responsabilidades? O ¿te pagaban por hacer algo para ayudar o te castigaban si no ayudabas?

- ¿Hacías tu tarea regularmente y de forma adecuada por tu propia iniciativa? O ¿tus padres o quienes te cuidaban te regañaban, recordaban, presionaban o castigaban si no hacías tu tarea de manera puntual y por iniciativa propia?

- ¿Sentías satisfacción y placer por un trabajo bien hecho? O ¿te apoyabas en elogios y recompensas por tus logros?

- ¿Recuerdas logros y realizaciones alcanzados sólo por tu propio sentido de satisfacción sin ninguna recompensa o sanción externa?

- ¿Al recordar, ves que tus padres fueran automotivados y tuvieran iniciativa propia? O ¿tus padres se apoyaban mucho en la presión externa o recompensas para alcanzar sus metas y responsabilidades?

- ¿Te daban la oportunidad de ayudar a tomar decisiones que afectaran tu vida? O ¿tus padres tomaban todas las decisiones y en esencia te decían qué hacer?

- ¿Te enseñaron a no hacer ciertas cosas sólo porque estaban mal y posiblemente podían lastimar a otras personas? O ¿recuerdas que te hubieran enseñado a no hacer ciertas cosas que estaban mal porque te podían atrapar o castigar?

- ¿Recuerdas ser más motivado por un deseo de éxito o por un temor al fracaso?

- ¿Recuerdas haber hecho cosas para retarte a ti mismo? O ¿Recuerdas necesitar ser retado por fuerzas externas ya fueran positivas o negativas?

AUTONOMÍA

Tener el nivel adecuado de autonomía aporta al desarrollo de tu automotivación. Si tú y tu pareja respaldan la autonomía del otro es más probable que sean automotivados o que desarrollen mayor automotivación.

Las recompensas interfieren con la autonomía de la misma manera como el control excesivo. Puedes hacerte demasiado dependiente de las recompensas, por ejemplo, entre más recompensas obtengas para tener éxito, vas a necesitarlas más para triunfar. Los castigos pueden controlarte con fuerza, pero las recompensas pueden controlarte con seducción. Crear un entorno que respalde la autonomía ofrece muchos beneficios.

O probablemente sólo quieres por naturaleza alcanzar tus retos directamente, dominar muchas destrezas y obtener competencias por la satisfacción que esto te da. ¡No necesitas ser recompensado constantemente (extrínsecamente)! ¡Puedes recompensarte (intrínsecamente)!

Si tienes una seria carencia de automotivación, puede ser que necesites adquirir los servicios de un profesional o participar en alguna forma de reentrenamiento intensivo.

Depende de ti. Puedes hacer de los ejercicios de IE tu varita mágica, una combinación de varios te dará resultados sorprendentes.

Eres el orgulloso propietario de una IE mejorada y una mejor relación amorosa. Eso es si usaste este libro como tu propio "entrenador personal" y practicaste para poner en forma tu IE. ¡Felicitaciones!

NOTAS AL PIE

1. P. Salovey y J.D. Mayer, *Emotional Intelligence, Imagination, Cognition, and Personality* (Amityville, N.Y.: Baywood Publishing Company, 1990), pp. 185-211.

2. J. Ciarrochi, J.P. Forgas, y J.D. Mayer, Eds., *Emotional Intelligence in Everyday Life* (New York: Psychology Press, 2006).

3. D. Goleman, *Inteligencia emocional, La* (Barcelona: Editorial Kairós, 1996).

4. Ibid.

5. M. Matoon, *Jungian Psychology in Perspective* (New York: Simon & Schuster, 1990).

6. S. Johnson, *Práctica de la terapia matrimonial concentrada emocionalmente: creando conexiones* (New York: Routledge Taylor and Francis Group, 2008).

7. F. Pittman, *Grow Up! How Taking Responsibility Can Make You a Happy Adult* (New York: St. Martin's Press, 1999).

8. D. Goleman, op. cit.

9. Ibid.

10. E. Fromm, *El arte de amar* (Barcelona: Paidós, 2000).

11. H. Hendrix, *Getting the Love You Want: A Guide for Couples* (New York: Henry Holt, 2001).

12. F. Pittman, op cit.

13. M. Scott Peck, *The Road Less Traveled* (25th Anniversary Edition) (New York: Simon & Schuster, 2002).

14. L. Buscaglia, *Love: What Life Is All About* (New York: Random House, 1996).

15. J. Gottman, *Los siete principios para hacer que el matrimonio funcione* (Vintage, 2010).

16. M. Williamson, *Volver al amor: reflexiones basadas en los principios de un curso de milagros* (Barcelona: Ediciones Urano, 2002).

17. S. Johnson, op cit.

18. F. Pittman, op cit.

19. Ibid.

20. D. Goleman, op cit.

21. P. Coleman, *How to Say It for Couples: Communicating with Tenderness, Openness, and Honesty* (Paramus, N.J.: Prentice Hall Press, 2002).

22. R. Bednar, M. Wells, and S. Peterson, *Self-Esteem: Paradoxes and Innovations in Clinical Theory and Practice* (Washington, D.C.: American Psychological Association, 1993).

23. Ibid.

24. G. Null, *Power Aging* (New York: New American Library, Penguin Group, 2003).

25. S. Keen, *Himnos a un dios desconocido: una guía para nuestra búsqueda de esa plenitud que no podemos imaginar ni nombrar si no es llamándola espiritual* (Barcelona: Ediciones Urano, 1995).

26. M. Sinetar, *A Way Without Words: A Guide for Spiritually Emerging Adults* (New York: Paulist Press, 1992).

27. J. Segal, *Su inteligencia emocional: una guía práctica* (Mondadori, 2001).

BIBLIOGRAFÍA

Bandura, A. *Self Efficacy: the Exercise of Control*. New York: W. H. Freeman, 1997.

Beattie, M. *Beyond Codependency: And Getting Better all the Time*. San Francisco: Harper and Row, 1999.

Bednar, R., M. Wells, y S. Peterson. *Self-Esteem: Paradoxes and Innovations in Clinical Theory and Practice*. Washington, D.C: American Psychological Association, 1996.

Bernard, J. S., y J. Bernard. *The Future of Marriage*. New Haven: Yale University Press, 1982.

Bowlby, J. *Attachment and Loss. Volume 1: Attachment*. New York: Basic Books, 1969.

Bradshaw, J. *Bradshaw On: the Family*. Deerfield Beach, Fla.: Health Communications, 1990.

Bradshaw, J. *Homecoming: Reclaiming and Championing Your Inner Child*. New York: Bantam Doubleday Dell, 1992.

Branden, N. *Los seis pilares de la autoestima*. Barcelona: Ediciones Paidós Ibérica, 2001.

Burger, J. M. *Personality*. California: Wadsworth/Thomson Learning, 2000.

Buscaglia, L. *Love: What Life Is All About*. New York: Random House, 1996.

Chapman, G. D., G. Chapman, y J. Bell. *Los cinco lenguajes del amor: cómo expresar devoción sincera a su cónyuge*. Miami: Spanish House, 2002.

Ciarrochi, J., Forgas, J.P., and Mayer, J.D., Eds. *Emotional Intelligence in Everyday Life*. New York: Psychology Press, 2006.

Coleman, P. W. and P. Coleman. *How to Say it for Couples: Communicating With Tenderness, Openness, and Honesty*. Paramus, N.J.: Prentice Hall Press, 2002.

Cousins, N. *Anatomía de una enfermedad*. Barcelona: Editorial Kairos, 2005.

—————— *Healing Heart*. New York: Morrow, William, 1984.

Csikszentmihalyi, M. *Fluir (Flow): Una psicología de la felicidad*. Barcelona: Editorial Kairos, 2005.

DeMaria, R. y M.T. Hannah, Eds. *Building Intimate Relationships: Bridging Treatment, Education and Enrichment Through the PAIRS Program*. New York: Brunner-Routledge. 2003.

Fisher, B. y R. Alberti. *Rebuilding: When Your Relationship Ends*. Atascadero, Calif.: Impact, 1999.

Fowler, J. *Stages of Faith: the Psychology of Human Development*. San Francisco: HarperCollins, 1995.

Fromm, E. *The Art of Loving*. New York: HarperCollins, 2000.

Goleman, D. *Emotional Intelligence*. New York: Bantam Books, 1997.

Gottman, J. y N. Silver. *Why Marriages Succeed or Fail.* New York: Simon and Schuster, 1994.

Gottman, *Los siete principios para hacer que el matrimonio funcione.* Vintage, 2010.

J. Gray. *Marte y Venus en el dormitorio.* Rayo, 1996.

Griffith, J. y M. Griffith. *El cuerpo habla.* Madrid: Amorrortu Editores, 1996.

Heitler, S. *The Power of Two.* Oakland, Calif.: New Harbinger, 1997.

Hendrix, H. *Keeping the Love You Find.* New York: Simon & Schuster, 1993.

_____. *Getting the Love You Want: a Guide for Couples.* New York: Henry Holt, 2001.

Hopcke, R.H. *A Guided Tour of the Collected Works of C.G.* Jung. Boston: Shambhala, 1992.

James, W. *Las variedades de la experiencia religiosa.* Editorial Prana, 2005.

Johnson, S. *The Practice of Emotionally Focused Marital Therapy: Creating Connection.* New York: Brunner/Mazel, 1996.

_____. *Emotionally Focused Couple Therapy With Trauma Survivors: Strengthening Attachment Bonds.* New York: Guilford, 2002.

Jourard, S. *The Transparent Self.* New York: Van Nostrand Reinhold, 1971. Jung, J. The Portable Jung. New York: Penguin, 1976.

Jung, C. *The Archetypes & the Collective Unconscious (the Collected Works of C. G. Jung),* vol. 9. Princton, N.J.: Princeton University Press, 1980.

Keen, S. *Himnos a un dios desconocido: Una guía para nuestra búsqueda de esa plenitud que no podemos imaginar ni nombrar si no es llamándola espiritual.* Barcelona: Ediciones Urano 1995.

Matoon, M. Jungian *Psychology in Perspective.* New York: Simon & Schuster, 1990.

McGinnis, A. *The Friendship Factor: How to Get Closer to the People You Care For.* Minneapolis, Minn.: Augsburg Fortress, 2004.

Nichols, M. *The Lost Art of Listening.* New York: Guilford, 1996.

Peck, M. Scott. *The Road Less Traveled (25th Anniversary Edition).* New York: Simon & Schuster, 2002).

Pert, C. B. *Molecules of Emotion: The Science Behind Mind-Body Medicine.* New York: Scribner, 2003.

Pittman, F. *Grow Up! How Taking Responsibility Can Make You a Happy Adult.* New York: St. Martin's Press, 1999.

Powell, J. *La felicidad es una tarea interior.* México: Diana, 2006.

Reeve, J. *Motivación y emoción.* México: McGraw-Hill Interamericana Editores S.A, 2010.

Rossi, E. *The Psychobiology of Mind-body Healing.* New York: W.W. Norton, 1993.

Ruiz, M. *La maestría del amor: una guía práctica para el arte de las relaciones.* San Rafael, Calif.: Amber-Allen, 1999.

Satir, V. *Peoplemaking.* Palo Alto, Calif.: Science & Behavior Books, 1988.

Salovey, P., and J.D. Mayer. *"Emotional Intelligence," Imagination, Cognition, and Personality.* Amityville, N.Y.: Baywood Publishing Company, 1990.

Segal, J. *Su inteligencia emocional: una guía práctica.* Barcelona: Random House Mondadori, 2004.

Seligman, M.E.P. *La autentica felicidad: cómo usar la nueva psicología positiva para alcanzar tu potencial para la plenitud duradera.* Bogotá: Ediciones B, 2007.

Siegel, B. *Amor, medicina milagrosa.* Barcelona: Espasa, 2010.

Siegel, D. *La mente en desarrollo: cómo interactúan las relaciones y el cerebro para modelar nuestro ser.* Bilbao: Desclee De Brouwer, 2007.

Silberman, M. *Inteligencia interpersonal/Smart People: Una nueva manera de relacionarse con los demás.* Barcelona: Ediciones Paidos Iberica, 2001.

Sinetar, M. A *Way Without Words: A Guide for Spiritually Emerging Adults.* New York: Paulist Press, 1992.

Steiner, C. *La educación emocional: inteligencia con corazón.* Punto de Lectura, 2002.

Stern, D. *El mundo interpersonal del infante.*Barcelona: Ediciones Paidos Iberica,1991.

Tannen, D. *Tú no me entiendes.* Vergara Editor S.A., 1995.

Thorndike, E. *The Psychology of Learning.* New York: Teachers College, Columbia University, 1926.

Thorndike, E. *Human Learning.* New York, London: MIT Press, 1966.

Whitfield, C. *Healing the Child Within.* Pompano Beach, Fla.: Health Communications, 1987.

Williamson, M. *Volver al amor: reflexiones basadas en los principios de un curso de milagros.* Barcelona: Ediciones Urano, 2002).

ANEXO A

Teorías de personalidad

Hay teorías divergentes respecto a cómo se forma la personalidad, todas las cuales aportan a nuestro entendimiento. Las más comunes entre ellas son la psicoanalítica, la de rasgos, la biológica/fisiología, la humanista, la de aprendizaje de comportamiento y social, la cognitivo, el neofreudianismo y la teoría de sistemas.

Psicoanalítica: argumenta que nuestras mentes inconscientes son en gran parte responsables por nuestros comportamientos y nuestra forma general de funcionar en la vida. (Es importante notar que otras escuelas de pensamiento reconocen la influencia del inconsciente también).

La teoría de rasgos: está basada en la idea de que la personalidad está compuesta por un grupo de predisposiciones duraderas y de amplio alcance. Su enfoque está en la identificación y la medida de esos varios rasgos.

Biológica/fisiológica: explica quiénes somos y cómo nos comportamos en la base de predisposiciones heredadas y procesos fisiológicos.

Humanística: afirma que nuestro comportamiento y personalidad están determinados por nuestro concepto propio y nivel de autoaceptación. Se refiere a nuestras elecciones acerca de cómo usamos nuestra responsabilidad personal.

Aprendizaje conductual/social: afirma que funcionamos de la manera que lo hacemos basados en los resultados de acondicionamientos y expectativas, especialmente en nuestra juventud, aunque este proceso sigue, hasta cierto grado durante nuestros años de vida adulta.

Cognitiva: afirma que somos quienes somos y funcionamos como lo hacemos basados en la manera como procesamos la información; esta teoría a menudo se traslapa con la conductual.

Neofreudiana: expande el punto de vista Freudiano con la creencia de que también somos influenciados por fuerzas sociales y culturales y con el punto de vista más optimista que seguimos desarrollando a lo largo de nuestras vidas.

Teoría de sistemas: según como se usa en el campo de terapia de matrimonio y familia, generalmente se refiere a la noción de que somos quienes somos debido a las influencias del sistema familiar en el que somos criados y aquel en el que en este momento nos encontramos.

ANEXO B

Pruébate a ti mismo

Las siguientes preguntas te ayudarán a evaluar tu nivel de autoestima en relación con tu relación amorosa y tu inteligencia emocional.

Responde estas preguntas lo más honestamente posible. Por favor lee cuidadosamente cada una de ellas ya que todas son diferentes pero pueden parecerse. No te distraigas si ciertas preguntas parecen estar evaluando lo mismo que las otras.

Después de autoevaluarte, pídele a tu pareja que responda las preguntas en relación a ti. Te va a ayudar en tu sintonía con ella.

Usa la siguiente escala para responder estas preguntas:

(Esto es muy cierto en cuanto a mí)   5.....4.....3.....2.....1.....0   (Esto para nada es cierto en cuanto mí).

1. Tengo un claro entendimiento de por qué una persona no puede amar a su pareja o esposa si no se ama a sí mismo. _____

2. No tengo idea de mi nivel de autoestima. ____

3. Soy una persona exitosa. ____

4. No me amo en lo absoluto. ____

5. Sé cuándo mi pareja carece de confianza o se siente mal consigo misma. ___

6. Traigo inseguridad y necesidad a mi relación o matrimonio.

7. Mi nivel de confianza propia es muy elevado. ___

8. Me siento inferior ante la mayoría de la gente. ___

9. Creo que tengo un efecto sobre los resultados de varios aspectos de mi vida. ___

10. Soy celoso y posesivo en mi relación o matrimonio. ___

11. Tengo una autoimagen positiva. ___

12. Critico y juzgo a los demás. ___

13. Entiendo cómo llegué a tener el nivel de autoestima que tengo. ___

14. Me decepciona cuando no complazco a otros. ___

15. Soy una persona autónoma. ___

16. Me decepciono cuando no complazco a mi pareja o cónyuge. ___

17. Prefiero estar solo y realizar actividades por mí mismo sin mi pareja o cónyuge. ___

18. Me siento amenazado si mi pareja o cónyuge prefiere estar solo o realizar actividades por su cuenta. ___

19. Veo mi vida y sus posibles resultados con una actitud positiva y esperanzadora. ___

20. Necesito muchas opiniones positivas o afirmaciones de parte de mi pareja o cónyuge. ___

21. Puedo aceptar tranquilamente los elogios y opiniones positivas de parte de mi pareja o cónyuge. ___

22. Me siento amenazado cuando mi pareja o cónyuge tiene éxito en algo y se siente muy bien consigo mismo(a). ____

23. Puedo admitir delante de mi pareja o cónyuge los errores que cometo en nuestra relación. ____

24. Me comparo con mi pareja o cónyuge. ____

25. Puedo "aguantar" y persistir para alcanzar mis metas a pesar de los obstáculos. ____

26. Me siento amenazado cuando mi pareja o cónyuge está completamente en desacuerdo conmigo. ____

27. Me siento muy mal cuando mi pareja se siente derrotada o mal.
    ____

28. Tiendo a culpar a mi pareja o cónyuge cuando las cosas salen mal en nuestra relación. ____

29. Tengo una actitud esperanzadora y optimista ante el futuro. ____

30. Me siento superior a muchas personas. ____

El proceso de calificación para este inventario de autoestima es el siguiente:

Total de tus respuestas a las preguntas impares	Total de tus respuestas a las preguntas pares
0-25 Baja	51-75 Baja
26-50 Promedio	26-50 Promedio
51-75 Alta	0-25 Alta

ANEXO C

Religión y espiritualidad

Por siglos, teólogos, grandes pensadores y escritores han aportado una gran cantidad de información y sabiduría sobre religión y espiritualidad. Lo que sigue es un resumen de los pensamientos de muchos de estos renombrados contribuyentes que facilitan un marco que nos ayuda a ver la interacción entre la madurez espiritual o religiosa y la inteligencia emocional.

Erich Fromm, Ph.D.

- Afamado psicoanalista alemán; profesor en los Estados Unidos a mediados del siglo veintiuno.

- Obras clásicas: *The Art of Loving (El arte de amar), Escape From Freedom (Escape de la libertad), Man For Himself (Hombre por sí mismo), y The Sane Society (La sociedad sana).*

- Describe la persona religiosamente madura como alguien que:

  - Es libre de los sueños de la niñez de un dios como un marionetista, controlando cada aspecto de la vida.

  - Mantiene humildad y una consciencia de que en realidad no podemos conocer la verdadera naturaleza de Dios y por lo tanto no podemos juzgar las otras religiones.

  - Ama a otros como a sí mismo.

  - Hace énfasis en la productividad y en desarrollar potenciales.

Doctor Carl Jung

◆ Psiquiatra suizo; prolijo escritor y profesor por todo el mundo (años veinte a años sesenta).

◆ Sus obras escritas son usadas en todo el mundo.

◆ La perspectiva de Jung sobre la madurez religiosa dice que debemos:

  ▫ Concientizarnos de los factores religiosos inconscientes en la psiquis.

  ▫ Ser conscientes de nuestra vida interior y no depender extremadamente de credos y estándares éticos externos.

  ▫ Evitar conformarnos a muchas de las expectativas sociales comunes sobre religiosidad.

Doctor William James

◆ Filósofo y psicólogo; enseñó en Harvard a finales de los años 1800.

◆ Gran contribuyente a los campos de Filosofía y Psicología, incluyendo *The Principles of Psychology (Los principios de la Psicología)*.

◆ Describió la madurez religiosa como:

  ▫ Tener una consciencia de ser parte de un mundo más amplio y no quedar atrapado exclusivamente en los pequeños y egoístas intereses de este mundo.

  ▫ Cambiar el centro emocional de tu vida hacia afectos amorosos y armoniosos con otros.

  ▫ Tener una convicción de la existencia de un "poder ideal" (Dios) con quien mantienes una "continuidad amigable".

Doctor M. Scott Peck

◆ Conocido autor, conferenciante y psiquiatra americano que integró los conceptos y perspectivas psicológicas y espirituales.

- Es autor del libro *The Road Less Traveled (El camino menos transitado)*, el cual en su tiempo superó en ventas a todos los otros libros den los Estados Unidos y en todo el mundo, (a finales de los años setenta).

- Fue autor de los libros éxitos de ventas *The People of the Lie (Las personas de la mentira)* y *A Different Drummer (Un tamborilero diferente)*.

- Su teoría sobre desarrollo y madurez espiritual incluye:

  - Consciencia propia y responsabilidad sobre el propio comportamiento destructivo, opuesto a culpar y proyectar sobre otros.

  - Dejar la dependencia en instituciones por un sentimiento de seguridad y estabilidad.

  - Permitirse a sí mismo pasar por un periodo de escepticismo en la fe y convertirse en un "verdadero buscador".

  - Tener respeto por el misterio de Dios y la vida y una consciencia de cuán poco sabemos y cuánto más hay por aprender.

  - Mantener un amor por todas las personas.

  - Aceptar valores y puntos de vista que sean diferentes a los propios.

Doctor Bernie Siegel

- Médico americano muy conocido, dejó su práctica médica para escribir y hablar sobre la conexión entre la espiritualidad y la sanidad.

- Sus libros más conocidos incluyen *Love, Medicine and Miracles (Amor, Medicina y milagros)*; *Your Body Believes Every Word You Say (Tu cuerpo cree cada palabra que dices)*; *Peace, Love and Healing (Paz amor y sanidad)*; *y Language of Miracles (El lenguaje de los milagros)*.

- Dice que la vida espiritual tiene muchos aspectos:

  - Consciencia propia y responsabilidad sobre el propio comportamiento destructivo, opuesto a culpar y proyectar sobre otros.

  - Más que simple piedad o un compromiso con un cuerpo religioso.

  □　Una creencia en un significado u orden en el universo, visto como Dios para muchos.

  □　Una fuente de sanidad y una forma para encontrar paz.

  □　La capacidad para aceptar qué es y resolver las contradicciones entre las emociones y la realidad.

  □　Enseñanzas sobre amor no egoísta incluyendo amar a los enemigos como lo enseñó Jesús.

  □　Una puerta abierta para encontrar felicidad en un mundo imperfecto y aceptar la imperfección del yo.

◆　Siegel ve a Dios como una energía inteligente y amorosa y fuente potencial de sanidad en nuestras vidas. Él fue impresionado por la fe de los pacientes enfermos o agonizantes así como por quienes sobrevivieron al holocausto nazi. Incluyo una cita que él frecuentemente decía que estaba escrita en la pared de una prisión:

"Creo en el sol, incluso cuando no brilla.

Creo en el amor, incluso cuando no se demuestra.

Creo en Dios, incluso cuando no hable".

El Dalai Lama

◆　Líder espiritual budista tibetano, muy conocido mundialmente, maestro y orador.

◆　Ganador del premio mundial de paz (1989).

◆　Sus enseñanzas acerca de espiritualidad y religión incluyen:

  □　Asociarse con una religión en particular en sí sólo no es una condición para la felicidad o conducta ética.

  □　Las cualidades de amor, compasión, paciencia, tolerancia, perdón y humildad son cualidades espirituales esenciales que se pueden desarrollar en el contexto de religión si se emplean adecuadamente.

- Todas las principales religiones y caminos espirituales del mundo, a pesar de sus diferencias, se interesan en ayudar a las personas.

- Llegar a ser buenos humanos comienza con quienes tienen esas cualidades espirituales.

- Si una persona ha desarrollado una fe firme y bien fundamentada y está afirmada en una forma de práctica diaria, por lo general trata mucho mejor con la adversidad que quienes no lo han hecho.

- La religión o la espiritualidad, si se emplean adecuadamente, animan a la gente a desarrollar un sentido de responsabilidad hacia otros y a ser éticamente disciplinados.

Evidentemente, todas las perspectivas aquí señaladas reflejan aspectos de inteligencia emocional y es muy probable que mejoren o ayuden para la estabilidad y felicidad de tu relación o matrimonio.

ACERCA DE LA AUTORA

Patricia Covalt tiene un Doctorado en Psicología Clínica y ha sido psicoterapeuta con práctica privada desde 1980. Se especializa en diversas áreas, una de las cuales son las relaciones comprometidas entre adultos y el matrimonio. Como terapeuta matrimonial y familiar, la doctora Covalt ha tratado a cientos de parejas en el ámbito clínico y talleres. También proporciona supervisión y tutoría a estudiantes y médicos que buscan la acreditación adicional.

La experiencia profesional de esta autora incluye extensa enseñanza universitaria, conferencias, y talleres de facilitación.

Fundó y dirige un centro de retiro en las montañas de Colorado donde facilita talleres y retiros de fin de semana en este entorno tranquilo y remoto. La autora es miembro de la American Psychological Association y sirve en el Consejo de la Sociedad de Trauma y Disociación de las Montañas Rocosas. Ella es miembro clínico de la Asociación Americana de Terapia Marital y Familiar y se desempeña como Presidenta de la Oficina de Portavoces de la Asociación Terapia Marital y Familiar de Colorado.

La doctora Covalt es madre de dos hijas adultas, cada una comprometida en seguir carreras en profesiones de ayuda. Siendo una persona de gran energía y optimismo contagioso, mantiene un estilo de vida activo, montando en bicicleta, haciendo senderismo, esquiando, y viajando con su compañero de siete años, un ejecutivo aeroespacial.